# Hustle and Gig

Struggling and Surviving
in the Sharing Economy

# 공유경제는
# 공 유 하 지
# 않 는 다

**공유경제는 공유하지 않는다**
긱이코노미의 민낯과 무너지는 플랫폼 노동자

---

초판 1쇄 발행 2020년 8월 15일
초판 3쇄 발행 2021년 6월 30일

지은이 알렉산드리아 J. 래브넬 | 옮긴이 김고명 | 펴낸이 임경훈 | 편집 손소전
펴낸곳 롤러코스터 | 출판등록 제2019-000296호
주소 서울시 마포구 월드컵북로 400 서울산업진흥원 5층 2호
전화 070-7768-6066 | 팩스 02-6499-6067 | 이메일 book@rcoaster.com

ISBN 979-11-968749-6-4 03300

이 도서의 국립중앙도서관 출판예정도서목록(CIP)은 서지정보유통지원시스템
홈페이지(http://seoji.nl.go.kr)와 국가자료공동목록시스템(http://www.nl.go.kr/kolisnet)에서
이용하실 수 있습니다.(CIP제어번호: CIP2020030853)

롤러코스터
Rollercoaster
Press

# 공유경제는 공유하지 않는다

## 긱이코노미의 민낯과 무너지는 플랫폼 노동자

알렉산드리아 J. 래브넬 지음
김고명 옮김

SHARING

**Hustle and Gig**
Struggling and Surviving
in the Sharing Economy

ECONOMY

애나에게

우선 귀한 시간을 할애해 긱경제gig economy(비정규 프리랜서로 계약을 맺는 근로 형태) 경험담을 들려준 노동자 여러분께 큰 빚을 졌다. 그들의 진솔한 이야기가 없었다면 이 책은 세상에 나오지 못했을 것이다.

비영리단체에서 언론 관련 직무로 사회생활을 시작한 내가 공유경제를 연구하기까지 많은 멘토들과 동료, 가족, 친구들이 지원과 조언을 아끼지 않았다.

뉴욕주 머시대학의 초빙교수로 있으면서 이 책을 탈고하는 과정에서 캐롤 딘, 다이애나 주트너, 도로시 밸런시오의 끊임없는 격려와 지원이 있었다. 머시대학 학생들과 동료 연구자들이 수시로 긱경제와 관련된 글을 보내주고 연구 진행 상황에 대해 관심을 보여준 것 역시 큰 힘이 되었다.

편집자 네이오미 슈나이더는 이 책이 1쪽짜리 기획안에 불과했을 때부터 관심을 갖고 집필 과정에서 귀중한 피드백을 주었고, 부편집자 벤지 멀링스는 초보 작가의 수많은 질문에도 초인적인 인내심을 발휘해주었다. 제작팀의 제시카 몰과 보니타 허드도 인내심의 화신이었다. 색인을 제작해준 P.J. 하임에게도 감사한다.

미주리대학 대학원생 시절, 수업 과제로 바버라 캐츠 로스먼Barbara Katz Rothman의 에세이 '이제는 선택할 수 있다! 양육과 출산에 얽힌 문제들Now You Can Choose! Issues in Parenting and Procreation'을 읽은 적이 있다. 그때 주황색 형광펜으로 여기저기 표시하며 읽다가 여백에 '좋은 작가'라고 적고, 그녀가 이야기를 자연스럽게 주장에 편입하는 방법을 눈여겨봐야겠다고 메모해두었다. 그로부터 10년 뒤 뉴욕시립대학 대학원에서 바버라의 식품학 수업을 듣게 되었는데, 이를 계기로 학문적으로뿐만 아니라 인간적으로도 큰 가르침을 받았다. 그처럼 유능하고 사려 깊은 작가이자 멘토와 인연을 맺다니 나는 무척이나 운이 좋은 사람이다.

뉴욕시립대학에서 대학원생이자 강사로 있는 동안 사회학 박사 과정 총괄 교수였던 필립 캐시니츠는 내가 연구실을 불쑥불쑥 찾아가 논문 주제 선정과 구직 등 온갖 문제로 상담을 요청할 때마다 한 시간이 넘는 시간을 할애해주었고, 심지어 외국을 여행하는 와중에도 나에게 시간을 선뜻 내주었다. 폴 애티웰은 이론과 글쓰기에 대해 조언해주었고, 빌나 바시 트라이틀러는《낯선 사람에게서 배우기Learning from Strangers》에 설명된 매트릭스 면담법을 내가 속성으로 배울 수 있도록 가르쳐주었다. 그 덕분에 이 책에 실린 이야기들을 수집하는 데 큰 도움이 되었다.

존 토피와 샘슨 프랭클은 내 연구 계획이 아직 낙관적 희망사항이었을 때 그 가능성을 알아봐주었다. 존은 많은 시간을 내서 지원금 신청서를 검토해주고, 때마다 내게 절실한 피드백과 응원을 건네주었다. 샘슨의 격려가 없었다면 나는 대학원으로 복귀하지 못했을 것이다.

줄리엣 쇼어는 초보 연구자인 내게 녹취 자료를 기꺼이 넘겨준 결정적인 자료 제공자이자, 내가 연구자로서 자질을 갖출 수 있도록 도와준 멘토이기도 하다. 신임 조교수였던 웨인 브레커스는 연구와 수업을 연계하는 법을 알려주고, 내가 이 책에서 제시하는 '노동자의 범주'를 생각하는 계기를 마련해주었다. 원고를 개선할 수 있도록 값진 조언을 해준 제니퍼 실바와 타마라 모스, 능숙한 멘토인 데이비드 브래디에게도 감사를 전한다.

뉴욕시립대학 대학원 시절 동료 연구자들의 멘토링도 큰 도움이 되었다. 조너선 데이비스와 알렉산더 프레네트는 연구 계획서와 논문 작성법에 대한 피드백과 조언을 아끼지 않았고, 자신들의 계획서와 논문을 기꺼이 보여주었다. 또한 같은 연구회 소속이던 사라 댄드리아와 레이철 보건은 내가 힘들 때마다 큰 위로를 해주었다.

뉴욕시립대학 대학원에서 내 연구는 유잉매리언카우프만재단 연구 논문 지원 프로그램 사업 분과, 초기 연구 활동 지원 프로그램 공공지식 확장을 위한 학제 간 연구 분과, 연간 논문 작성 지원 프로그램, 박사 과정 연구 지원 프로그램의 후원을 받았다. 지속적으로 연구를 지원해주며 네트워킹 기회를 제공해주는 카우프만재단에 감사하고, 라티 카시얍과 린 챈서를 비롯한 뉴욕시립대학 대학원 사회학과의 지원에도 감사를 전한다.

연구에 몰입하다 보면 근시안이 되기 쉬운데, 그럴 때마다 지원과 격려와 응원을 아끼지 않은 가족과 친구들에게 감사한다. 데나 케슬러, 조엘 로스너, 딕스 마줌더, 아이제이아 아킨, 차니 카브카, 조너선 웨인버그, 제이미 무어가 훌륭한 비평가이자 든든한 버팀목이 되어주었다. 같은 글쓰기 모임 소속인 브라이언 케네디와 앨릭스 파머는 선의의 경쟁자이자 지원군이었다.

나의 어머니는 일찍부터 내 문필 활동의 열렬한 지지자로서 러시아워의 혼잡한 도로를 뚫고 나를 신문사 회의에 데려다주고 내 사업 활동을 적극 지원해주었다. 나의 이모 다이앤 르페브르는 언제나 내 가능성을 믿고 내 글이 출간되기를 독려해주었다. 다이앤 이모와 시어머니 에바 던컨이 귀한 시간을 내서 요리를 하고 아이를 돌봐주고 마감의 압박에 시달리는 나를 응원해준 것처럼 큰 선물은 없을 것이다. 내 형제 척은 직접 경험한 긱경제에 대해 이야기해주고 항상 긍정적인 태도로 나를 응원해주었다.

남편 샘 던컨은 매 끼니를 챙겨주고, 반려견을 산책시켜주었으며, 아이를 재우고, 항상 음식 그릇이 쌓여 있던 내 책상이 곰팡이 천지가 되지 않도록 정리해주었다(여보, 사랑하고 항상 고마워).

마지막으로 이 책을 애나 애디슨에게 바친다. 애나는 여름 동안 이 책의 여러 챕터를 쓸 수 있도록 내게 영감과 기운을 불어넣어준 주인공으로, 내가 글 쓰는 것을 행복하게 지켜봐주었으며, 내가 버린 원고를 즐겁게 가지고 놀던, 글 쓰는 엄마에게는 그야말로 최고의 아기였다. 딸아, 앞으로 네가 꿈꾸는 모든 것이 이루어지길 바란다.

## 차례

**일러두기**

- 단행본·잡지는《 》, 논문·신문·보고서·온라인 매체 등은〈 〉로 표기했다.
- [ ] 안의 내용은 글의 이해를 돕기 위해 저자가 첨가한 것이다.

# 분투자, 중간자, 성공자

# 1

분투자, 중간자, 성공자

공유경제란 무엇인가?

초기 산업사회로의 회귀

업무 중 사고

“공유는 사랑입니다”

더럽고 치사한 일

꿈같은 삶?

결론: 파괴의 결과

29세 사라는 무직이었다.[1] 캐스팅을 담당했던 넷플릭스 작품이 평단의 찬사를 받았으나 이후 같이 작업하기로 했던 작품이 줄줄이 엎어졌다. 그러자 친구가 태스크래빗TaskRabbit(단기 아르바이트 중개 서비스 플랫폼)을 권했다.

처음에는 시간 낭비라고 생각했다. 하지만 정시에 출퇴근하는 일자리를 찾아봐도 딱히 마음에 드는 게 없었다. "내가 하고 싶은 일은 다 영화 일처럼 벌이가 시원찮았어요. 그래서 어쩌다 보니 태스크래빗에 정착한 셈이 됐지요. 내 마음대로 일정을 짤 수 있고 일감도 제법 안정적으로 들어왔어요. 솔직히 그런 게 생계 수단이 될 줄은 몰랐죠."

얼마 후 소득에서 태스크래빗이 차지하는 비중이 90%를 넘어서자 사라는 푸에르토리코 섬으로 생애 최초의 '진짜 휴가'를 떠날 계획을 세웠다. 그런데 휴가를 일주일 앞두고 태스크래빗이 최초



1 분투자, 중간자, 성공자

의 피벗pivot(사업의 방향 전환)을 선언했다. 그 골자는 기존의 입찰제인력시장 시스템을 임시인력공급업체와 유사한 시스템으로 전환하고, 태스커(즉, 노동자)가 4시간 간격으로 의뢰 수주 가능 상태를 업데이트하게 만든다는 것이었다. 그뿐 아니라 노동자는 의뢰인의 메일에 30분 이내로 답신하고, 의뢰받은 일 중 85%를 수락해야 할 의무가 생겼다.

"이게 무슨 날벼락인가 싶었죠. 휴가 가서 노는 데 돈을 써도 될지 고민되더라고요. 앞으로 어떻게 되는 건지 전혀 감이 안 잡혔어요. [태스크래빗 측은] 계속 좋은 거라는데 [태스커들은] 더 안 좋은 거라고 걱정이었어요."

사라는 수락률이 85% 밑으로 떨어지지 않도록 웬만한 의뢰는 다 받아들여야 한다는 압박감에 시달렸다. "내가 언제, 어떤 일을 할지 마음대로 고를 수가 없었어요. 그래서 할 수 있는 일은 거의 다 했죠." 그중에는 그녀의 말을 빌리자면 '마약굴' 같은 아파트를 청소하는 일도 있었다. "진짜 찜찜했어요. (…) 딱 봐도 약 먹고 한바탕한 것 같았거든요. 온통 진흙에 오물투성이였어요. 베개랑 쿠션까지 그 꼴이었다니까요. 그런데도 나는 '화장실까지 깨끗이 청소해드릴게요.' 같은 자세여야 했어요."

그렇다고 일을 가려서 받기도 어려웠다. 사라의 경험에 비춰 보면 태스크래빗의 알고리듬은 의뢰 수락률이 높거나 장시간 수주 가능 상태인 사람을 우선적으로 보여준다. 사라는 "항상 대기하고 있으란 거죠. 대기료를 주는 것도 아니면서요"라며, 자신의 일정이 어떻게 짜일지 예측할 수 없기 때문에 "속이 터진다"고 했다. "자꾸만 그런 생각이 들어요. '한 다섯 달쯤 지나면 어디 벤치에서 [쪽잠 자는] 신세가 되겠구나'라는."

28세 바란은 대학에 다니면서 우버Uber와 리프트Lyft(승차 공유 서비스) 기사로 일하고 있다. 뉴욕에서 앱 기반 기사로 일하려면 택시 기사와 동일한 보험과 면허가 요구되기 때문에 보통 수천 달러의 초기 비용이 들고, 그 밖에도 연간 지출이 적지 않다. 일부 기사는 그런 부담을 지지 않으려고 우버가 인증하고 보험에 가입된 면허 차량을 렌트하거나, 우버에서 렌터카 회사와 운전자를 연결해 주는 서비스를 이용하기도 한다. 바란도 주당 400달러에 그런 차량을 렌트해서 몰고 있다. "일주일에 최소 사흘은 일해야 [차량] 유지비를 댈 수 있어요. 이틀은 렌트비를 벌고 하루는 유류비 같은 부대비용을 버는 거죠. 그 후에 버는 돈은 다 기사의 몫입니다."

아침 8시부터 밤 8시까지 꼬박 12시간을 일하는 바란은 하루 250달러를 버는 게 목표다. 이 250달러는 우버 수수료와 통행료를 제하지 않은 금액이다. 그의 주간 수입 내역을 보니 800달러를 넘기지 못한 주가 대부분이었다. 1,000달러를 넘긴 주는 한 번밖에 없었다. "그때는 운이 정말 좋았어요. 계속 공항을 왔다 갔다 했거든요. 유니콘을 찾은 것 같았죠."

기술업계에서 '유니콘'은 기업 가치가 10억 달러 이상인 비상장 스타트업, 즉 통계적으로 매우 드문 사례를 말한다.[2] 바란의 입장에서 우버로 일주일에 1,000달러(렌트비를 제하기 전 금액)를 버는 것은 그만큼 희귀한 경우다.



1 분투자, 중간자, 성공자

바란은 자신이 부담하는 비용이 "돈을 벌기 위해 써야 하는 돈"이라고 말한다. 그는 매주 큰 빚을 지고 시작해서 렌트비를 내고 생활비를 벌어야 하는 형편이다. 그나마 우버와 제휴한 산탄데르 은행Santander Bank의 자동차 대출 상품(123쪽 참고)을 이용하지 않은 게 다행이라고 했다. 그의 표현을 빌리자면 그것은 '현대판 노예'가 되는 '나락'으로 떨어지는 길이다. 하지만 일하기 위해 돈을 써야 하는 지금의 상황은 이미 100년도 더 전에 금지된 고용노예 indentured servitude(미국으로 건너오는 비용을 제공받고 정해진 기간 동안 노예로 일하는 것 - 옮긴이)와 비슷하다는 인상을 지울 수가 없다.

"말이 '공유경제'지, 실제로는 세금을 안 내려는 꼼수예요. (…) 난 파트너가 아니에요. 독립계약자죠. '파트너'는 뭔가를 공유한다는 뜻이잖아요. 그런데 난 모든 비용을 내가 다 감당하거든요. (…) 저쪽에서 나를 자르려면 언제든 자를 수 있어요. 내가 파트너였다면 안 될 말이죠. 저쪽에서는 뭐든 하고 싶은 대로 할 수 있어요. 이제 [우버는] 기업 가치가 400억 달러나 되잖아요. 그런 회사한테 내가 뭘 할 수 있겠어요?"

바란은 자신의 임시직 노동에 대해 너무 깊이 생각하지 않으려 한다. "나한테 우버는 뭐랄까, 격리소 같은 존재예요. 뭐가 됐든 그것과 관련된 게 내 일상생활에 끼어들지 않았으면 좋겠어요. 내가 그것과 관련이 있다는 걸 아무도 몰랐으면 좋겠어요."

37세 흑인 숀은 뉴욕 북부의 교외 지역인 웨스트체스터카운티에서 청소 용역 일을 하다가 청소업체가 더는 일감을 줄 수 없게 되자 태스크래빗에 의지하게 되었다. "뭐가 됐든 일거리를 찾아야 한다는 절박한 심정으로 뉴욕으로 넘어왔어요."

내가 만났을 때 숀은 두 개의 임시직 노동을 병행하고 있었다. 일주일 중 4일은 파트타임 비서로 일하고, 2~3일은 태스크래빗을 통해 일했다. "이틀 동안 최소 200달러를 벌면 일요일에는 쉬려고 해요. 딱 하나 아쉬운 게 있다면 사회생활을 할 시간이 없다는 거죠."

숀이 그런 불편을 감수하고도 주 7일을 일하는 이유는 갚아야 할 카드빚이 있고, 저소득으로 집을 구하는 게 얼마나 어려운지 겪어봐서 잘 알기 때문이다. "전에 두 번 노숙자가 된 적이 있어요. 말 그대로 길바닥에서 살았죠. 9월이라 아직 날씨가 따뜻해서 쉼터에 들어가느니 그게 더 낫다고 생각했어요. 가끔 에어비앤비에서 잠잘 곳을 구하기도 했지만 웬만하면 길에서 버텼죠. 그러다 여유가 좀 생겨서 일주일 단위로 세를 낼 수 있는 집을 구했어요. 처음에는 롱아일랜드시티(뉴욕 퀸스의 한 지역)에 있는 집이었는데, 룸메이트가 재수 없어서 나왔어요. 그다음에는 불법 호스텔에 있다가 거기도 지겨워져서 방을 하나 구했어요. 지금은 거기서 쭉 살고 있습니다."

"비서 일만 해도 방세와 생활비는 벌 수 있지만 카드빚을 갚고 저축을 할 만큼은 안 돼요. 이 일로 그 돈을 벌고 있는 거죠. (…) 이 일을 오래 할 생각은 없어요. 안정적인 일을 구할 때까지만 하는 거예요. (…) 나중에는 생계를 위한 부업으로 하는 게 아니라 가끔 용돈벌이로나 할 겁니다."

숀은 스스로를 사업가라고 생각하지 않는다. "나는 품팔이예요.



1 분투자, 중간자, 성공자

지금은 순전히 돈 때문에 일하는 거예요. 먹고살려면 가리지 말고 일하자는 주의예요. 그래서 남들이 보면 '너 정말 이거 할 수 있어?'라고 물을 만한 일도 해요. '할 줄 몰라도 별수 있나.' 하는 심정으로요."

우버 기사나 키친서핑Kitchensurfing(이용자와 전문 요리사를 연결해주는 서비스 플랫폼) 셰프와 달리 태스커들은 다양한 일을 수주한다. 숀은 이케아 가구 조립처럼 안 해본 일도 뚝딱 배워서 하곤 했다. "지금도 좀 후회가 되는 일이 하나 있는데, 문손잡이를 고치러 갔을 때였어요. 자동문 손잡이더라고요. 갈 때만 해도 자신 있었는데 막상 가보니까 막막했어요. 한 30분쯤 고민해서 원리를 알았다고 생각했는데, 하필 그때 [문이 활짝 열리면서] 유리가 책상에 부딪혔어요. '할 줄도 모르면서 온 것 같아요'라는 안 좋은 후기가 올라왔죠."

그 후로 숀은 자동문 고치는 일이라면 절대 사절이다. 그리고 가구를 옮기다 부상당한 뒤로 그런 일도 받지 않는다. "서랍장 옮기는 일이었어요. 서랍장을 짊어지고 계단을 올라가야 했죠. 서랍장이 두 개였는데, 보조가 있긴 해도 내가 든 무게가 한 55kg쯤 됐을 거예요. 사실 내 능력으로 들 수 있는 무게는 20kg밖에 안 되거든요. 그래서 허리를 삐끗했죠. 그래도 '괜찮아요'라면서 나왔어요. 그러고는 '아이고, 내 허리야!' 했죠. 나이 생각은 안 하고 무슨 이팔청춘인 줄 알았나 봐요.(웃음) 요즘은 '딱 몇kg만 더 빼자. 뱃살을 빼든가 최소한 유연성이라도 회복한 후에 다시 그런 일을 하자'는 마음이에요."

이 20~30대 노동자들의 사연은 21세기 긱경제gig economy 노동이 얼마나 불안정한지를 여실히 보여준다. 긱경제를 칭송하는 이들은 원하는 시간에 원하는 일만 골라 하면서 무제한으로 돈을 버는 유토피아가 도래할 것이라고 했지만, 정작 이 젊은 노동자들은 장시간 일하면서도 쥐꼬리만 한 돈을 받고 직업 안정성은 떨어지는 상황에 놓여 있다. 언제 어떤 일을 할지 자유롭게 선택할 수 있으리라 생각했지만, 그런 자율성은 알고리듬이 용인하는 수준의 수락률과 응답시간을 유지하자면 포기할 수밖에 없다.

사라와 숀은 탐탁지 않은 일을 수락해가면서 끊임없이 품을 팔아야 하고, 바란은 렌트비를 내고도 남는 게 있으려면 매주 400달러 이상을 벌어야 한다. 이들은 경제적 자유를 찾기는커녕 플랫폼에 '서비스 이용료'를 내는 것은 물론이고, 일반적으로 고용주가 부담하는 비용까지 자비로 부담해야 한다. 아웃소싱으로 인해 손해를 보는 쪽에 서 있게 된 셈이다. 많은 사람을 사업가로 만들어줄 것이라던 현대의 앱 기반 경제는 반대로 초기 산업사회처럼 암울한 노동과 생활환경을 만들고 있다.

## 공유경제는 과거 회귀다

바야흐로 공유경제의 시대다. 각종 온라인 플랫폼과 앱의 느슨한 집합체인 공유경제는 공동체성으로 자본주의를 초월하겠다고 약속한다. 공유경제 찬성론자들은 주문형 경제, 플랫폼 경제, 긱경제라고도 불리는 이 새로운 경제적 움직임이 공동체를 만들고, 경제



1 분투자, 중간자, 성공자

적 불평등을 해소하고, 생태계 파괴를 저지하고, 물질주의를 혁파하고, 노동자의 권리를 신장하고, 저소득층에게 생계 수단을 제공하고, 대중을 사업가로 만들어줄 것이라고 말한다.[3] 공유경제는, 노동자가 남 밑에서 이래라저래라 하는 소리를 듣지 않고, 언제 어떻게 돈을 벌지 스스로 결정할 수 있는 유쾌한 미래를 열고, 현대 사회의 난제를 말끔히 해소하는 만병통치약이 되겠다고 약속한다.

하지만 아무리 앱이 만드는 현대적 요소로 포장한다고 해도 긱 경제는 초기 산업사회와 유사한 형태를 보여준다. 당시에는 노동자가 장시간을 일하고도 시간이 아니라 생산량을 기준으로 임금을 받고, 산업 안전이란 개념조차 존재하지 않았으며, 산업재해에 대해 보상받을 길도 거의 없었다. 앱, 스마트폰, 비접촉 결제 시스템, 평점 및 후기 시스템 등 최신 기술을 강조해봤자 공유경제의 실체는 과거 회귀다. 노동자들은 차별과 성희롱에 무방비로 노출되어 있고, 노조를 결성할 권리가 없으며, 업무상 재해에 대한 보상조차 요구할 수 없다. 공유경제는 혁신이란 미명하에 지난 수 세대 동안 쌓아 올린 노동자 보호장치를 파괴하며 노동자 착취가 만연했던 과거로 시간을 되돌리고 있다.

이 책은 긱경제의 야심 찬 약속과 노동자의 실제 경험이 어떻게 다른지, 앱이 만드는 현대적 요소의 이면에서 어떻게 노동자 보호장치가 무너지고 있는지, 다시 말해 긱경제에 도사린 모순을 이야기한다.

공유경제는 탄력성을 보장하고 일과 생활의 균형을 맞춰주겠다고 한다. 하지만 바란은 주 4일밖에 일하지 않는다고 해도 하루 12

시간씩 일한다. 사라와 숀은 직장에 매이진 않아도 일에는 점점 더 강하게 매이고 있다. 품을 팔아 돈을 벌려면 항시 대기 중이어야 하기 때문이다. 알고리듬의 지배하에서 그들은 언제 무슨 일을 할지 자유롭게 선택할 수 없다. 긱경제는 '탄력성'을 말하지만 노동자가 너무 오랫동안 플랫폼을 떠나 있으면 '공동체에서 제명'되거나 '이용 정지'를 당할 수 있다.

대중을 사업가로 만든다는 약속도 실상은 정반대다. 사라는 자신을 사업가라고 생각하지 않지만, 태스크래빗은 그녀를 사업가라고 부르면서 일을 주고 수수료를 떼는 자사의 시스템이 그녀의 사업을 '장려'한다고 말한다. 그런가 하면 에어비앤비는 자사의 플랫폼으로 성공한 사업가들(7장 참고)을, 부업으로 가외 소득을 올리는 수준을 넘어 사실상 숙박업소를 운영하는 '악질 이용자'로 매도한다.[4] 숀은 어떤가? 그는 스스로를 품팔이라고 부른다.

긱경제 노동자는 신출내기 사업가처럼 일을 따내기 위해 무보수로 일해야 할 때가 많다. 예를 들면 프로필을 관리하고, 잠재적 의뢰인의 메일에 답을 하고, 앱에서 계속 '새로고침'을 누르는 게 모두 무보수로 하는 일이다. 사라와 숀은 항상 일을 하고 있지만 늘 보수를 받는 것은 아니다. 바란은 돈을 벌기 위해 돈을 쓰고 있지만 그가 언제, 어떻게, 얼마나 돈을 버느냐는 우버의 규정과 알고리듬에 좌우된다. 이런 모순이 공유경제의 한복판에 존재한다. 이에 의문을 제기하는 것은 단순한 연구 행위가 아니라 수많은 사람의 삶과 직결되는 중요한 문제다.

2016년 퓨리서치센터Pew Research Center가 조사한 바에 따르면, 미국 성인 중 약 4분의 1이 지난 1년간 '플랫폼 경제'에서 소득을 올린 적이 있는 것으로 나타났다.[5] 경제학자 로런스 F. 캐츠Lawrence F. Katz와 앨런 B. 크루거Alan B. Krueger의 연구에서는 2015년에 우버와 태스크래빗 같은 온라인 서비스에 종사하는 노동자가 전체 노동자 중 0.5%를 차지했는데, 이제 태동한 지 5년밖에 안 된 산업임을 고려하면 눈부신 성장세다.[6]

하지만 그 성장의 이면에 있는 긱경제 노동자의 현실에 대해서는 알려진 게 별로 없다. 그들은 누구인가? 그들은 왜 우리가 힘겹게 쌓은 노동자 보호장치 바깥에서 일을 하려고 하는가? 그들은 사업가 혹은 이상주의적 '공유자'인가, 아니면 준準실업자인가? 그들은 왜 자기 마음대로 할 수 없는 일에 시간과 재산을 투자하고 있는가? 그들은 정서적·신체적·경제적으로 어떤 문제와 위험에 노출되어 있는가? 이것이 노동의 미래에 시사하는 바는 무엇인가? 우리 사회에 시사하는 바는 무엇인가?

약 80명의 노동자에게서 직접 들은 생생한 이야기를 토대로 미국 사회의 구조와 동향을 분석한 책은 아마도 이 책이 처음이고 유일할 것이다. 그뿐만 아니라 에어비앤비, 우버, 태스크래빗, 키친서핑이라는 각기 다른 4개의 서비스에 초점을 맞춰 대다수 긱경제 노동자가 맞닥뜨리는 기술과 자본의 문제를 조명한 것도 이 책이 유일하다(이 중에서 2개의 서비스는 사상 최대의 실적을 거두고 있고, 1개는 선명한 정체성을 확립하기 위해 노력 중이며, 1개는 이미 폐업했다는 점에서 좋은 사례가 될 것이다).

지금까지 공유경제를 다룬 책은 언론인이나 경영학 교수의 저서 일색이었다. 대부분이 그런 변화가 바람직하고 문제는 미미하다는 식으로 공유경제를 찬양했다. 하지만 나는 사회학자로서 좀 더 비판적인 시각에서 공유경제를 바라본다. 이 책은 공유경제의 잠재력을 인정하는 동시에 노동자의 녹록지 않은 현실을 살펴본다. 단순히 공유경제를 설명하는 게 아니라 이 새로운 경제적 움직임에 대해 중요한 질문을 제기한다. 나의 목표는 독자가 이전에 어디선가 읽었던 내용을 다시 따져보게 만드는 것이다. 예를 들어 만약 이게 정말로 사업가가 될 절호의 기회라면 왜 노동자들은 긱경제에 종사하는 것을 부끄럽게 여기는가? 노동자들이 가족과 친구에게 우버 기사로 일하거나 태스크래빗으로 남의 집을 청소한다고 솔직하게 말하지 않는 데서 무엇을 엿볼 수 있는가? 이게 진정한 '공유'의 경제라면 왜 모든 것에 가격이 매겨지는가?

사회학자로서 내 관심사는 어떤 사회적 요인이 노동자들을 긱경제의 종사자로 만들고, 생계를 위해 투잡, 쓰리잡을 뛰게 하는가 하는 문제다. 나는 아웃소싱, 임금 정체, 소득 급변성, 대량 정리해고가 이 같은 '대안' 노동의 등장과 밀접한 연관이 있다고 본다. 내가 노동자의 사연에 초점을 맞추는 이유는 지난 200년간 소득 불평등을 초래하고 노동운동을 촉발한 사회적 흐름 속에서 공유경제를 논하기 위해서다. 이런 역사적 관련성을 알면 왜 '긱경제'가 새로운 도구, 새로운 역량, 새로운 모험을 내세우며 미래를 지향하는 개념임에도 그 기본적인 행태가 눈살이 찌푸려질 만큼 익숙한지 알 수 있다. 현재의 긱경제는 착취가 횡행하던 시대로 노동자를 돌려보내는 퇴행 경제다. 앱으로 혁신을 만든다고 하지만 실제로



1 분투자, 중간자, 성공자

새로운 것은 아무것도 만들어내지 못하고 있다.

## 공유에서 소득으로

대공황기부터 1970년대 초까지 미국 사회는 소득 분배의 평등성을 증진하는 쪽으로 움직였다. 전체 가구 소득에서 상위 1%가 차지하는 비중이 50% 이상 감소했다. 하지만 1970년대 중반에 접어들면서 흐름이 뒤집혔다. 1993~2010년에 소득 상위 1% 가구의 실질소득성장률은 58%였지만 나머지 99% 가구는 6.4%에 그쳤다. 실질소득성장분 중 절반 이상이 최상위 가구로 흘러 들어갔고, 이런 역전 현상을 폴 크루그먼Paul Krugman은 '대분기大分岐'라 불렀다. 지난 25년간 노동자 임금은 정체됐지만 최상위 경영진의 보수는 급등했다. "1979년에 CEO 평균 총보수 대비 생산직 노동자 평균 임금은 37.2:1이었으나, 2007년(대침체 직전 해)에는 277:1이었다."[7]

일각에서는 대공황과 대침체 직전에 나타난 심각한 소득 불평등 현상을 근거로, 소득 불평등의 심화가 경제 전반의 안정성을 떨어뜨리고 그것이 경제 위기로 이어졌을 가능성을 제기했다. 대침체 당시 최상위층의 소득도 하락하긴 했지만, 연방준비제도이사회에서 3년 주기로 발간하는 〈소비자 재정 조사 보고서Survey of Consumer Finances〉(2013)에 따르면 대침체 이후 3년간 미국 일반 가구의 소득은 5% 하락했다. 이로 인해 일반 가구의 재산이 전체적으로 2% 감소했다. 허리띠를 졸라매다 보니 노후 자금을 저축할 여력이 없는 가정이 생기고 학자금 대출이 꾸준히 증가했다. 같은 기간에 최상위층만 소득이 늘어나 최하위층과의 격차는 더욱 벌어졌다.[8]

2000년대 초반에는 소득과 지출의 격차가 벌어지면서 신용카드 사용률이 증가했다. 2001년 전체 가구 중 75%가 신용카드를 이용했는데, 이는 1970년보다 50% 증가한 수치다.[9] 카드빚을 지는 가구도 점점 늘어나 2007년에는 72%의 가구에 카드 미납금이 발생했다.[10]

연방준비제도이사회 발표에 따르면, 2008년 미국인의 소비자 부채는 2000년보다 22% 증가한 2조5,600억 달러였다. 주택담보대출과 카드 대금을 포함한 가계부채가 가계자산에서 차지하는 비중도 19%로, 1980년의 13%보다 높게 나타났다. 반면에 경제분석국에서 집계하는 가계저축률은 1968년 당시 가처분소득의 8% 이상이었으나 2008년에는 0.4%에 불과했다.[11]

소득보다 지출이 많을 때는 일반적으로 두 가지 해법이 있다. 지출을 줄이거나 소득을 늘리는 것이다. 공유경제가 협력적 소비라고 불리던 초창기에는 카우치서핑Couchsurfing(여행자가 머물 수 있는 집을 무료로 연결해주는 서비스 – 옮긴이)이나 크레이그리스트Craigslist(대표적인 중고 거래 사이트 – 옮긴이) 같은 무료 서비스로 소비 지출을 줄일 수 있었다. 또한 메이커스페이스makerspace(3D 프린터 등 장비를 갖추고 많은 사람이 이용할 수 있게 개방하는 공동 창작 공간 – 옮긴이)와 물물교환을 통해 무료 또는 저렴한 비용으로 필요한 물건을 이용하거나 마련할 수도 있었다.



1 분투자, 중간자, 성공자

그러나 공유경제가 성장하면서 무료 서비스는 수수료를 받는 서비스로 대체되었다. 카우치서핑은 에어비앤비에 자리를 내줬고, 의류 교환은 중고 명품 거래 사이트인 트레이드시Tradesy가 대체했다. 공유의 목적이 지출을 줄이는 것에서 빈방이나 저녁과 주말의 자유시간 같은 '잉여' 재화를 임대해서 소득을 늘리는 것으로 바뀌었다. 그렇게 공유경제는 노동자가 소득을 보충하는 방편이 됐다.

그런 점에서 공유경제는 노동자의 실질적인 필요를 충족시켜주는 것처럼 보이기도 한다. 경제정책연구소Economic Policy Institute에 따르면 1979년부터 2013년까지 중간임금 노동자의 시급은 고작 6% 증가하는 데 그쳤는데, 연간 증가율로 환산하면 평균 0.2%에도 못 미쳐 사실상 정체된 셈이나 다름없다.[12] 퓨리서치센터에서는 "1973년 1월의 평균 시급 4.03달러는 현재 가치로 22.41달러에 해당한다"며, 인플레이션을 고려하면 평균 시급이 정체 상태라고 밝혔다.[13] 현재 미국의 실업률은 역대 최저치지만 노동자가 충분한 소득을 올리지 못해서 소득 수준이 간신히 제자리걸음이거나 뒷걸음질치고 있다는 게 엄연한 현실이다.

밀레니얼세대(1980~2000년 출생자)는 이른 나이부터 첨단기술을 받아들인 세대이기도 하지만 대침체로 인해 가장 큰 타격을 입은 세대이기도 하다.[14] 노동통계국 자료를 보면 16~24세 미국인의 실업률은 2013년 15.5%, 2014년 초 14.2%를 기록했다. 그러다 보니 많은 청년이 집을 구하거나 가구를 구입할 여력이 없었다. 이와 대조적으로 2014년 초 25세 이상 미국인의 실업률은 5.4%였다. 더욱이 불황기에 대학을 졸업하면 소득 잠재력에도 장기적으로 악영향을 끼치게 된다. 불황기 졸업자는 졸업 후 15년이 지날 때까지 통계적으로 유의미한 수준의 임금 손실을 경험해야 한다.[15] 임금 손실과 고액의 학자금 대출을 감안하면 주요 도시에 거주하는 20대 청년 중 절반가량이 부모의 지원을 받아 월세를 내는 게 이상한 일도 아니다.[16] 따라서 사회적 지위가 하락할 위기에 처한 밀레니얼세대 사이에서는 공유경제를 통해 추가 소득을 올리는 게 임시방편으로나마 인기를 끌 만하다. 실제로 긱경제 노동자 중에는 18~34세가 가장 많다.[17]

## 분투자, 중간자, 성공자

실제로 노동자들을 만나 이야기해보니 고생하고 있는 사람이 있는가 하면, 잘나가는 사람도 있고, 또 그 둘 사이에 있는 사람도 많았다. 그래서 나는 그들을 분투자, 성공자, 중간자로 구분했다.[18]

성공자는 긱경제를 발판으로 자신(그리고 많은 사람)이 원하는 삶을 일궈나간다. 그들은 타인의 간섭을 받지 않고 자유롭게 일정을 관리하며 원하는 만큼 돈을 번다. 게다가 공유경제가 제공하는 탄력성 덕분에 책상 앞에만 앉아 있거나 어느 한 지역에 매여 있지 않아도 된다. 해변이나 바에서 느긋하게 시간을 보내면서 앱으로 사업을 운영하는 것도 가능하다.

그 반대편에는 분투자가 있다. 지푸라기라도 잡겠다는 심정으로 공유경제에 의탁한 이들이다. 그들 중 일부는 연방 정부에서 운영하는 고용적격성전자인증시스템E-Verify의 사용률이 높아지면서 일자리를 구하기가 어려워짐에 따라 장기 실업 상태에 있는 비합법 체류자들이다. 그리고 안 그래도 경제적으로 쪼들리는 상황에서 실직을 당했거나 개인적인 문제가 생겨서 일시적으로 곤경에 처한 대졸 노동자들도 있다. 이 대졸자들은 집세를 내고 밥을 먹는 것뿐만 아니라 빨래방에서 잔돈을 쓰는 것조차 버거운 형편이다. 그 밖에 한때는 성공자라고 자부할 만큼 잘나갔지만 사용하던 플랫폼이 사업 방향과 규정을 바꾸면서(기술업계 용어로 '피벗'을 단행하면서) 처지가 달라진 사람들도 있다. 자동차업계에서 자동화로 인해 대량 실직 사태가 벌어진 것처럼 피벗은 많은 사람이 분투자가 되어 변신을 꾀해야 하는 상황을 만들었다. 하지만 자동차업계와 달리 공유경제에서는 노동환경에 대대적인 변화가 예정되어 있어도 노동자에게 미리 알려주는 경우가 드물며, 실직자를 위한 안전망도 마련되어 있지 않다.

성공자의 사연에는 귀가 솔깃해지고 분투자의 사연에는 간담이 서늘해진다. 하지만 양극단에 있는 사람들의 이야기가 전부는 아니다. 공유경제 노동자에게는 제3의 길, 곧 중간자의 길도 존재한다. 중간자는 좋은 직업을 갖고 안정적인 삶을 영위하면서 뭔가 재미있는 일이나 가외 소득을 찾아 공유경제에 발을 걸치고 있는 사람들이다. 그들은 성공자와 달리 공유경제로 월 수천 달러를 벌려고 하지 않는다. 사업 규모를 키우거나 법인을 만들어야겠다는 생각도 하지 않는다. 개중에는 공유경제 노동을 주업으로 삼는 것을 고려하는 사람도 있지만, 대부분은 주류 경제의 직장이 제공하는 안정성과 복지 혜택을 쉽사리 포기하지 못한다. 아니면 이직이나 창업을 준비하는 동안 일시적으로 긱경제를 이용하기도 한다. 중간자는 분투자와 달리 긱경제로 버는 돈이 꼭 필요하지 않다. 하지만 그 돈으로 가끔 휴가를 다녀오고, 저축을 하고, 경제적 안정성을 강화함으로써 생활이 좀 더 윤택해진다.

내가 여기서 '노동자'라는 용어를 쓰는 이유는 편의성 때문만이 아니라 정확성을 기하기 위해서이기도 하다. 뒤(3장과 4장)에서 자세히 논할 노동자 분류법에 따르면, 공유경제 노동자는 종업원이 아니다. 그럼에도 노동을 하고 있는 것은 맞다. 에어비앤비에서 숙소를 빌려주거나 키친서핑에서 셰프로 일하는 것은 재미있고 없고를 떠나서 엄연히 노동이다. 많은 노동자가 인정하듯이 금전적 보상이 따르지 않는다면 굳이 그런 일을 할 사람은 없을 것이기 때문이다.[19]

하지만 이 책에서 말하는 공유경제 노동자 분류법이 완벽하다고 할 수는 없다.[20] 나는 그들이 서로 선명히 구별되는 것처럼 말하지만, 실제로 중간자이면서 분투자나 성공자와 공통점이 있는 사람도 적지 않다. 예를 들어 어떤 중간자는 주류 경제(즉, 비공유경제)의 관점에서 보면 성공자로 여겨질 법하지만, 가족에게 중산층의 삶을 제공하기 위해 분투 중일 수도 있다.

36세 백인 여성 에이미가 이런 모순을 여실히 보여준다. 에이미는 비영리단체의 간부로 일하다 변호사와 결혼한 후 아이들을 낳아 기르면서 막내를 임신 중이었다. 우리는 무더운 여름에 뉴욕 이스트빌리지에 있는 에이미의 브라운스톤Brownstone(폭이 좁고 정면

1 분투자, 중간자, 성공자

에 적갈색 사암 벽돌을 사용한 것이 특징인 3~5층 높이의 주택으로 뉴욕에서 흔히 볼 수 있다. 19세기에 건축될 당시에는 주로 한 가족이 사는 용도로 만들어졌으나 현재는 여러 세대가 사는 아파트로 많이 쓰인다 – 옮긴이) 근처 카페에서 만났다. 나는 그녀가 면담 요청을 수락한 게 기뻤다. 많은 에어비앤비 호스트가 아이를 낳을 때까지만 호스트를 할 생각이라고 말하는 데 반해, 에이미는 아이들 때문에 호스트를 시작한 경우였다.

에이미 부부가 임차한 브라운스톤은 뉴욕 제1학구에 속해 있었다. 제1학구는 학교를 배정받지 않고 '선택'할 수 있는 소수의 학구 중 하나였다. 로어이스트사이드와 이스트빌리지에 걸쳐 있는 제1학구에는 대안학교와 실험적인 학교가 여럿 있지만, 몇 블록만 더 가면 나오는 제2학구에는 뉴욕에서 손에 꼽히는 공립초등학교들이 존재했다.

에이미 부부는 아파트를 포기하고 싶지 않았지만, 맏이를 명문학교에 보내기 위해 제2학구에 있는 임대주택단지로 이사했다. 그리고 아파트는 에어비앤비 숙소로 내놓았다. "월세를 어떻게 감당해야 할지 고민하다가 나온 결론이었어요. 사립학교는 비싸서 못 보낸다고 해도 좋은 공립학교에는 보내고 싶었어요. 밑바닥 학교에 보낼 수는 없잖아요." 뉴욕에서는 거주지 근처에 형제자매가 다니는 학교가 있으면 다른 자녀도 그 학교에 우선적으로 들어갈 수 있는 자격이 생긴다. 그래서 에이미네가 나중에 다시 아파트로 돌아가도 동생들은 맏이가 다니는 좋은 학교에 입학할 수가 있다.[21]

물론 살던 집을 빌려주는 게 쉽진 않았다. 아파트를 이용하는 사람들 대부분이 가족 단위 투숙객이었는데, 그게 에이미와 아이들을 힘들게 했다. 에이미는 "가족 단위로 손님을 받으면 나중에 할 일이 더 많아져요"라면서 손님이 가고 난 후에 장난감을 닦고 정리하는 게 얼마나 고생스러운지 자세히 말해줬다. "한번은 베이비시터가 아파서 어쩔 수 없이 애들을 데리고 아파트에 갔어요. 애들을 두고 갈 수가 없어 같이 갔는데, 누가 자기 침대에서 자고 자기 장난감을 가지고 논 걸 아이들이 쉽게 받아들이지 못하더라고요. 정말 속상했어요."

많은 에어비앤비 호스트가 그렇듯이 에이미도 집주인에게 숙박업을 한다고 알리지 않았다. 집주인에게 들키지 않게 조심해야 하는 것도 스트레스 요인이다. 손님에게 긍정적인 평가를 받기 위해선 요구 사항을 잘 들어주면서도 집주인은 모르게 해야 한다. 에이미는 두 집의 월세를 감당하기 위해서 아슬아슬한 균형 잡기를 하고 있었다.

최근에 그런 어려움을 잘 보여주는 사건이 있었다. 집주인으로부터 수리 기사가 방문한다는 통보를 받은 에이미는 손님에게도 똑같이 전해줬다. 그런데 수리 기사가 몇 시간 동안 들락날락하면서 계속 초인종을 누르다 보니 손님들이 사실상 하루 종일 도어맨 역할을 해야 했다. 당연히 불만을 토로하며 숙박비를 깎아달라는 말이 나왔다.

"정말 조마조마했어요. (…) 후기를 안 좋게 쓰고 별을 두 개만 주면 어쩌나 싶은 거예요. 그래서 '저희가 저녁을 대접할게요 (…) 원하시는 식당을 말씀해주시면 예약해놓겠습니다.' 했죠." 손님들



1 분투자, 중간자, 성공자

은 어차피 오래 있을 것도 아닌데 굳이 외출하고 싶지 않다면서 그녀의 제안을 거절했다. "와인에 초콜릿에 애들이 좋아할 만한 것도 챙겨 가서 '그러면 있는 동안이라도 즐겁게 있다 가세요'라고 했어요. 우리도 어쩔 수 없는 일이었지만 결과적으로 우리 책임이니까요. 어떻게 보상을 해야 하나 전전긍긍했어요. 나쁜 후기나 1점짜리 별점이 한 번만 올라와도 타격이 크거든요. [검색 결과에] 잘 안 나오고 왠지 안 좋다는 인상을 줘요."

이런 일 말고도 에이미는 프리미엄 요금을 받기 위해서 마치 호텔 프런트 직원처럼 항시 대기하고 있으면서 베이비시터를 구해주고, 아이들을 위한 활동을 추천해주고, 식당 예약을 잡아주었다. 그녀도 다른 호스트들처럼 각종 안내와 추천 사항을 정리한 책자를 제공했으나, 그럼에도 특별한 요구나 질문을 하는 손님들이 있게 마련이었다. 우리가 만났을 때도 그녀는 손이 많이 가는 손님을 1시간 넘게 응대하고 온 후였다. 에이미의 가정은 주류 경제에서 보면 성공자지만 공유경제에서는 중간자다.

26세 백인 여성 애슐리는 분투자에 가까운 중간자의 위태로운 상황을 잘 보여준다. 애슐리는 직원 복지가 나쁘지 않은 직장에서 드러그스토어들을 관리하는 일을 했지만, 여전히 "하루 벌어 하루 먹고사는 처지"라고 말했다. 실직한 친구가 용역 중개 서비스인 태스크래빗에서 자율적으로 시급을 정해서 일하는 것을 보고 애슐리도 태스크래빗 일을 시작했다. "본업으로 버는 돈은 큰 지출에 쓰고 부업으로 버는 돈은 작은 지출에 써요. 큰 지출이라고 하면 월세, 휴가비, 병원비 같은 거죠. 그런 건 본업으로 해결해야 해요.

(…) 부업은 그 밖에 자잘한 데 쓰고요. 자잘한 것도 다 합치면 크거든요."

투잡은 가외 소득을 올리는 좋은 방법이지만 시간을 많이 잡아먹고 사람을 지치게 만든다. 그래서 애슐리는 대청소처럼 고된 육체노동과 심부름처럼 쉬운 일을 적절히 병행했다. 대청소 의뢰를 수락할 때는 에너지 소모량을 예측했다. "한번 생각해보는 거예요. '이게 피로를 감수할 만한 금액인가?' 물론 '아니야, 오늘은 하루 쉬어야겠어.' 싶을 때도 있어요. 문제는 이미 수주 가능 상태로 설정해뒀으면 아무리 피곤해도 어쩔 수 없이 해야 한다는 거예요. 일하러 가야 해요. 매일 무슨 일이 생길지 몰라도 계획은 세워놔야 해요. 근데 내가 무슨 일을 하게 될지도 모르는데 피곤할지 안 피곤할지 어떻게 알겠어요? 난감한 거죠. 피곤해서 쓰러질 것 같아도 일하러는 가요. 의뢰인한테는 내가 필요하잖아요. 나는 원래 '너무 피곤해서 못 갈 것 같아요.' 같은 말을 잘 안 하는 사람이에요. 앞으로도 그런 말은 안 할 거예요. (…) 일종의 프로 정신이죠."

그러다 보니 애슐리는 풀타임 본업과 파트타임 부업의 노동량을 잘 저울질해야 했다. "매장에 종일 죽치고 있어야 할 것 같은 날은, 끝나고 쉬려고 일부러 의뢰를 안 받아요. 근데 내 예측이 빗나가는 날도 있잖아요. 그러면 집에 가서 두세 시간 자고 일어나서 또 의뢰인의 집으로 가는 거예요. 하루에 3건을 처리하는 날도 많아요. 예를 들면 첫 번째 건은 8시에서 12시, 두 번째는 12시에서 4시, 마지막은 4시에서 8시로 예약이 잡히는 식이죠. 어떤 건 꼬박 시니 시간을 다 잡아먹지만 또 어떤 건 한 시간이면 끝나요. 그래



1 분투자, 중간자, 성공자

서 시간이 붕 뜰 때도 있는데, 그러면 여유 있게 이동할 수 있어서 좋죠." 하지만 이동 시간에 대해서는 보수가 지급되지 않는다. 그래서 12시간을 일해도 보수는 12시간 치를 다 못 받는다.

"처음에는 이 일 끝내고 저 일 하고, 또 저 일 하는 게 재미있었어요. '와, 나 성공하려나 봐!' 했죠. 근데 지금은 지쳤어요. 이 일 저 일 하면서 균형을 잡는 게 아슬아슬한 줄타기 같아요. 그러면서도 어떻게든 이익을 뽑아내야 하죠. 어느 순간 깨달았어요. 피로가 너무 극심해서 내 삶 전체에 악영향을 미치고 있다는 걸요. 그래서 이제는 균형을 중요하게 생각해요. 피곤하다 싶으면 태스크래빗은 일주일쯤 쉬는 거죠. 가끔은 이런 생각이 들 때도 있어요. '만사 제쳐놓고 그냥 누워 있고 싶다. 이렇게 정신이 흐트러진 상태에서는 본업도 부업도 제대로 못 해. 괜히 비몽사몽간에 다치기라도 하면 큰일이야.'"

애슐리와 에이미의 사례는 대학을 나온 중산층조차도 긱경제 노동자로 사는 게 근본적으로 위태로울 수 있음을 보여준다. 긱경제는 탄력성과 더 많은 여유 시간을 보장하겠다고 하지만, 노동자들은 의뢰인의 주문이 들어올 때마다 노동력을 제공해야 하기 때문에 점점 더 일에 매일 수밖에 없다. 탄력적으로 일할 수 있는 것처럼 보이지만 일이 끊임없이 이어진다. 또한 노동자를 마치 자영업자 사장님인 것처럼 포장하는데, 실제로는 기술이 만든 파놉티콘(중앙의 감시탑에서 소수의 감시자가 모든 수용자를 감시할 수 있도록 만든 원형 감옥 – 옮긴이) 안에서 항상 감시를 받는 처지다. 영국의 철학자 제러미 벤담이 처음으로 제안한 원형 감옥은 수용자가 감시자를 볼 수 없고 자신이 언제 감시를 당하는지도 알 수 없는 구조지만, 긱경제에서는 언제나 무엇이든 수집되고 열람될 수 있다. 태스크래빗 채팅 기록, 에어비앤비에서 주고받은 이메일, 우버 이동 경로가 모두 수집되어 플랫폼 운영자가 언제든 열람할 수 있기 때문이다.

긱경제의 현실은 더 큰 사회경제적 문제와도 연결된다. 2005년 2월에 조지 W. 부시 대통령은 이혼 후 세 아이를 키우기 위해 쓰리잡을 뛰는 여성을 만난 자리에서 그녀의 노동량이 '환상적'이고 '지극히 미국적'이라고 말했다가 구설에 올랐다. 당시에는, 생계를 위해 여러 직업을 가져야 하는 상황이, 사회안전망이 부족한 미국의 현주소를 고려할 때 지극히 미국적이라고 할 수 있을지는 몰라도 박수 칠 만한 일은 아니라는 여론이 우세했다.

그런데 왜 지금은 한 사람이 여러 직업을 가져야 하는 상황에 의문을 제기하지 않고 오히려 그것을 새로운 현실로 받아들이는 걸까? 왜 노동자들이 여가를 포기해야 한다는 압박감을 느끼는 걸까? 왜 박사 학위자가 시급 20달러를 받고 심부름을 하고, 한때 금융 전문가였던 사람이 집집마다 다니며 청소를 하는 걸까?[22] 왜 우버 기사로 운전을 하거나 남는 방을 에어비앤비에 올리는 게 불황의 여파로 임금이 정체되고 직업 안정성이 약화된 현실에서 살 길로 여겨질까? 왜 타인이 관리하는 플랫폼에 '자유' 시간을 바치고 디지털 기술에 의존해 부업을 뛰는 노동자를 사업가라고 치켜세우는 걸까?

미국인은 안 그래도 일을 많이 하고 있다. 데이터의 형태와 수집

법이 달라서 직접적인 비교는 어렵지만 미국인의 주간 노동시간은 대부분의 선진국보다 많다.[23] 노동자에게 유급 휴가를 제공하는 게 의무가 아니기 때문에 많은 노동자가 유급 휴가를 받지 못하지만, 조사 결과를 보면 유급 휴가가 있는 사람들도 유급 휴가를 안 쓰려고 한다. 2013년 유급 휴가가 있는 종업원이 사용하지 않은 유급 휴가는 평균 3.2일이었다.[24]

문제는 갈수록 심각해지는 것 같다. 줄리엣 쇼어Juliet Schor는 《과로하는 미국인The Overworked American》에서 1990년 미국인의 연간 노동시간은 1970년보다 평균 1개월 정도 늘어났다고 했다.[25] 밖에서 일하는 미국 여성은 저녁과 주말에 가사와 양육을 챙기는 부가적인 '일'도 수행해야 했다.[26] 남성도 비록 여성에는 한참 못 미치지만 가사와 양육 분담률이 증가했다.[27]

인간은 로봇이 아니다. 일하는 시간이 늘어나면 그만큼 수면, 여가, 양육에 쓸 수 있는 시간이 줄어든다. 2003년 로버트 퍼트넘Robert Putnam은 "이제 미국인들은 함께 볼링을 치지 않는다"고 말하면서, 한때 알렉시스 드 토크빌Alexis de Tocqueville이 지극히 미국적 현상이라고 칭했던 유형의 봉사 조직에도 다수가 참여하는 것을 볼 수 없게 됐다고 경고했다. 반면 갈수록 늘어나는 노동시간에서 오는 스트레스를 풀기 위해 텔레비전 앞에 진을 치고 있는 시간은 점점 늘어나고 있다.

공유경제는 사람들을 공동체로 만들겠다고 약속하지만 실제로는 일을 더 많이 할 기회를 제공함으로써 여가 시간을 감소시킨다. 직장에 몇 시간씩 붙어 있는 게 아니라 여기저기서 임시로 일을 받아서 처리하다 보면 아무리 탄력적으로 일정을 짠다고 해도 예상보다 노동량이 늘어나게 마련이다. 그리고 타인에게 돈을 주고 개 산책, 집 청소, 장보기, 운전 등을 맡기는 행위(아웃소싱)가 확산되면 이른바 '사생활의 상품화'가 더욱 심화되고, 서비스를 구입하기 위해 돈을 벌어야 한다는 압박감이 가중될 수밖에 없다.[28]

플랫폼에서 노동자를 고용하는 행위는 플랫폼 독점 현상으로 이어질 위험이 있다. 앤드루 맥아피Andrew McAfee와 에릭 브린욜프슨Erik Brynjolfsson에 따르면, 특정한 플랫폼이나 도구를 이용하는 사람이 증가하면 자연스럽게 '네트워크 효과'가 발생한다. 네트워크 효과란 어떤 재화를 사용하는 사람이 늘어나면서 그 가치가 커지는 현상을 가리키는 경제학 용어다. 가장 많이 언급되는 예가 팩스 머신이다. 팩스 머신은 쓰는 사람이 한 명뿐이면 그다지 유용하지 않다. 하지만 사용자가 많아지면 많아질수록 유용성이 커진다. 팩스 머신 하나로 수많은 사람과 자료를 주고받을 수 있게 된다. 그렇게 사용자가 많아지면 급기야 팩스로 사기성 홍보물을 보내는 사람들(스패머)도 생겨날 것이다. 팩스 머신은 요즘 사용하는 사람이 거의 없다는 점에서도 좋은 예가 된다. 팩스 머신 회사에 투자하거나 어떤 이유로든 팩스를 고집하는 사람이 아니라면 그런 변화가 문제로 다가오지 않는다. 사람들이 안 쓰기 시작하면 팩스 머신의 유용성도 사라지게 된다.

맥아피와 브린욜프슨은 "네트워크 효과의 경제학을 모르고는 디지털 세상의 성공 공식을 알 수 없다"며 왓츠앱WhatsApp을 거론한다. 왓츠앱의 인기가 높아지자 일반 문자메시지SMS를 이용하



1 분투자, 중간자, 성공자

2017년 10월 뉴욕 유니언스퀘어공원. 젊은 남성이 "우버이츠의 배달원으로 고용됐습니다. 증거도 있습니다. 일을 하려면 앱을 이용해야 하는데 폰이 없어서 아직 일을 시작 못했습니다. 폰을 개통하기 위해 30달러를 모으고 있습니다. 꼭 일하고 싶습니다"라고 적힌 종이를 세워놓았다.(저자 촬영)

던 사람들도 왠지 도태되는 느낌이 들어 하나둘 왓츠앱을 이용하기 시작했다. "그런 사람이 늘어나면서 네트워크 효과가 강해졌다. 컴퓨터업계의 선구자 미치 케이퍼Mitch Kapor는 '구조가 곧 정치'라고 했다. 플랫폼에서는 구조가 곧 경제이기도 하다."[29]

하지만 플랫폼에서 구조가 곧 경제라는 생각은 위험할 수 있다. 플랫폼의 규모가 커지면서 가구 조립자, 택시, 숙소를 구하는 사람들이 한 플랫폼으로 쏠리면 독점이 생길 우려가 있다. 태스크래빗이 최초의 피벗을 통해 웹 기반에서 앱 기반 서비스로 전환했을 때, 스마트폰이 없거나 데이터 제공량이 많지 않은 요금제를 사용하는 노동자는 지극히 불리한 상황이 됐다. 팩스 머신으로 치자면 이들 노동자는 팩스 머신을 갖고 있지만 다른 사람들은 모두 이메일을 이용하는 것과 같다.

분투자에게 공유경제는 실업을 막기 위한 최후의 수단이다. 그런데 그 일을 하기 위해 일단 30달러를 내고 스마트폰을 개통해야 한다면 어떻게 될까? 노동이란 것이 시장 진입 비용을 지불하거나 플랫폼의 요구 조건을 충족할 수 있는 사람만 누릴 수 있는 사치재가 된다면 과연 그게 좋은 세상일까? 40쪽의 사진은 이미 일부 노동자에게 그런 우려가 현실화됐음을 보여준다.

## 성공자에게 따르는 위험성도 커지고 있다

성공자는 폰 개통비를 구걸하는 청년 실업자와 달리 공유경제에서 넉넉한 수입을 올린다. 하지만 성공자라고 해서 독점 플랫폼의 등장과 위험의 외주화에 끄떡없다는 보장은 없다.

27세의 백인 남성 라이언은 누가 봐도 성공한 사업가다. 세탁기를 보유한 집이 별로 없는 뉴욕에서 확실한 수요가 보장된 빨래방을 여러 개 운영 중이다. 원래 뉴욕 근교에 살았던 그는 대학 졸업 후 뉴욕으로 이주할 때 한 가지 바람이 있었다. 좋은 아파트에서 사는 것이었다. 그래서 동업자와 룸메이트가 되어 방 3개 딸린 아파트를 월세 6,000달러에 계약했다. 그는 "방 하나를 내놓은 게 계기가 되어" 에어비앤비에 진입한 후 "방 하나로 월 4,000달러 정도를 벌었다"고 했다.

거기서 수익 창출의 가능성을 본 라이언과 동업자는 곧 에어비앤비용 숙소를 늘리기 시작했고, 지금은 뉴욕에서 아파트 여섯 채를 순전히 에어비앤비 임대용으로 쓰고 있다. 라이언은 평소에는 느긋하게 생활하지만 새 아파트를 구할 때만큼은 '열일 모드'가 된다. 그때는 일주일 안에 아파트를 완벽한 에어비앤비 숙소로 변신시켜야 한다. "새 아파트를 구하면 하루 종일 거기에만 매달려요. 눈코 뜰 새 없이 바쁘죠. 뉴욕은 텔레비전이나 선반을 기막히게 설치하는 업체가 많아요. 소파 놓고 가구 놓는 것도 해달라면 다 해주고요. 그래서 일이 일사천리로 진행되죠. 보통은 아파트 구하고 5일 뒤에 촬영 스케줄을 잡아요. 그러니까 5일 만에 작업을 끝내야 하죠. 에어비앤비에 올리는 게 하루라도 늦어지면 그만큼 손해잖아요."

그 수익률은 상당한 수준이다. 라이언은 1박에 최소 300달러의 요금을 매긴다. 방 2개짜리 아파트는 300~400달러, 3개짜리는 450~650달러다. 웹사이트 렌트카페RentCafe의 자료를 보면 2018년을 기준으로 맨해튼에서 방 1개 딸린 아파트의 월세는 평균 3,757달러, 방 2개 딸린 아파트는 평균 5,474달러다.[30]

라이언은 성공한 에어비앤비 사업가다. 하지만 누구나 그와 같은 사업가가 될 수 있다는 공유경제의 약속에는 의문을 제기한다. 진입 장벽이 존재하기 때문이다. 아파트를 구해서 단기임대로 차익을 내려면 어느 정도 자본금이 필요하다. "아무나 할 수 있는 건 아니죠. 나는 돈이 있으니까 아파트를 빌려서 숙소로 만들 수 있었어요. 아파트 한 채에 초기 비용이 2만~3만 달러 정도 들어요. (…) 첫 달과 마지막 달 월세 선납금 내고, 보증금 내고, 중개수수료가 나갈 때도 있고, 가구 사고 꾸미는 것도 다 돈이잖아요."

이렇게 큰돈이 들어간 투자물이 한순간에 사라질 위험도 존재한다. 우선 법적인 문제가 있다. 2010년부터 아파트를 30일 미만 단기임대용으로 쓰는 것은 불법이고, 적발 시 하루당 최소 2,500 달러의 벌금이 부과된다. 그리고 에어비앤비는 과거에 전문 숙박업자들을 단속해 플랫폼에서 내쫓은 전력이 있다. 라이언은 아파트 여섯 채의 월세로 한 달에 2만 달러가 넘는 돈이 나가는데, 호스트 자격을 박탈당하면 이 돈을 자비로 감당해야 한다. 에어비앤비 외에도 홈어웨이HomeAway 같은 단기임대 사이트가 있지만 사이트 간에 투숙객의 평가와 후기가 이전되지 않을뿐더러 뉴욕 시장은 에어비앤비가 꽉 잡고 있다. 다시 말해 라이언의 사업 모델은 안정성이 크게 떨어진다.

그래서 라이언과 동업자는 집주인과 당국의 눈을 피하기 위해 전략을 세웠다. 두 사람은 각자의 프로필에 아파트를 나눠서 올렸다. 그리고 아파트를 구할 때는 관리인이나 경비가 상주하지 않고 현관 열쇠가 카드형이 아니라서 쉽게 복제할 수 있는 건물 위주로 봤다. "로어이스트사이드에 사실 전체가 내 거라고 할 만한 건물이 있어요. 1층과 2층은 식당이고 그 위로 아파트가 두 채 있는데, 모두 내 앞으로 되어 있거든요. 아주 안전한 건물이죠. 내가 원하는 게 그런 거예요."



1 분투자, 중간자, 성공자

투자물의 '안전한' 보유를 위해서는 집주인의 의심을 사지 않아야 한다. 그래서 라이언은 웬만한 문제는 관리인을 부르지 않고 직접 처리한다. "아파트마다 예약이 꽉꽉 차 있기 때문에 되도록 관리인을 멀리하려고 해요. 물론 수리비가 5,000달러쯤 나가는 일이면 관리인에게 얘기해야겠죠. 하지만 '파이프가 망가졌는데 몇백 달러면 된다' 하면 내 선에서 처리해요. 괜히 관리인이 왔다가 뭐라도 꼬투리 잡히면 곤란하잖아요. 기본적으로 신중에 신중을 기해야죠."

이렇게 법적인 문제와 운영상의 문제가 존재하는 상황에서 라이언은 두 가지 감정이 교차한다. 한편으로는 시 당국이 에어비앤비에 세금이나 규제를 가해서 사업의 불확실성이 줄어들기를 바란다. 하지만 그렇게 되면 수입이 감소하리란 것 역시 잘 알고 있다.

라이언은 공유경제에서 큰 성공을 거둔 사업가지만 사람들에게는 그런 이야기를 쉽게 꺼내지 않고 되도록 숨기려고 한다. 말하자면 성공하고도 속 시원히 성공담을 말하지 못하는 성공자랄까.

## 나의 공유경제 연구법

내 연구는 에어비앤비, 우버, 태스크래빗, 키친서핑 노동자 약 80명을 면담한 내용을 토대로 한다. 내가 긱경제 연구에 관해 이야기하면 대개 사람들은 이런 말을 한다. "나도 우버(또는 에어비앤비, 태스크래빗) 좋아해요! 여기 오는 길에(또는 외국에 갔을 때) 기사(또는 호스트)와 얘기해봤는데, 그 일로 자기 인생이 바뀌었다고 하더라고요. 이제 사무실에 갇혀서 상사한테 이래라저래라 하는 소리 안 듣고 신나게 산대요!" 그럴 때 내가 하는 대답도 항상 비슷하다. "와! 정말 만족도가 높은 사람을 만나셨나 봐요. 그런데 회사에서 사장님이 지금 하는 일 마음에 드냐고 물으면 뭐라고 답하실 거예요?"

공유경제는 P2Ppeer-to-peer, 즉 개인 간의 대등한 연결을 표방하지만 현실은 그렇지 않다. 당신이 우버 차량에 탑승하거나 태스크래빗으로 일을 의뢰하면 일시적으로나마 사장님이 된다. 수수료를 떼긴 해도 돈을 주고 사람을 쓰는 입장이기 때문이다. 당신이 상대방을 평가하고 점수를 매긴다. 당신이 태도나 역량을 어떻게 평가하느냐에 따라 상대방은 알고리듬이 매기는 순위가 달라지고 일감을 얼마나 수월하게 구할 수 있느냐가 결정된다. 이 정도 권력을 보유한 사람에게 노동자가 저마다 허심탄회한 이야기를 하긴 어렵다. 더군다나 우리가 늘 듣는 말이 현재의 상사나 앞으로 상사가 될 수도 있는 사람 앞에서 전 상사를 욕하지 말라는 것이니, 이 또한 솔직한 대화를 가로막는 걸림돌이 된다.

에어비앤비와 우버를 포함해 많은 앱에서 노동자 역시 의뢰인을 평가할 수 있다. 그러나 뒤에서 말하겠지만 평점을 5점 만점에 4점만 받아도 얼마나 큰 타격을 입을 수 있는지 잘 아는 노동자들은 낮은 점수를 잘 안 준다. 그리고 평점이 낮은 의뢰인에게 서비스를 제공하고 싶지 않아도 돈 때문에 어쩔 수 없이 의뢰를 수락해야 하는 노동자가 분명히 존재한다. 그래서 낮은 평점은 의뢰인보다 노동자에게 훨씬 큰 영향을 미친다.

면담 때 내가 공통적으로 하는 질문이 있긴 하지만(부록 참고), 면



1 분투자, 중간자, 성공자

담을 주도하는 쪽은 어디까지나 노동자였다. 면담에는 평균 2시간이 소요되고 길면 3시간이 넘어가기도 했다. 대부분의 경우 노동자를 두세 차례 만난 자리에서 본격적인 면담이 이뤄졌고, 간혹 다섯 번째 만났을 때까지 미뤄지는 경우도 있었다. 나는 노동자와 의뢰인이 대화할 때 흔히 발생하는 권력 불균형을 방지하기 위해 내가 상대방을 전문가로 신뢰한다는 것을 확실히 밝히고 주로 점심을 같이 먹거나 카페에서 간식을 대접하며 대화를 나눴다. 이 책에 실린 이야기 중에는 내가 친밀감을 형성하려고 노력했음에도 면담이 한참 진행된 뒤에 비로소 나온 이야기가 많다. 15~20분 정도 만난다고 나올 수 있는 이야기가 아니었다.

먼저 문답지를 통해 기본적인 인적 사항을 확인한 후 정성적 면담을 통해 더 자세한 이야기를 들었다. 면담은 상대방의 말을 듣고 왜 그런 일이 일어났는지 묻거나, 당시 어떤 기분이었는지 말해달라고 하는 등 그때그때 질문을 던지고 필요한 부분을 확인할 수 있다는 강점이 있다. 그리고 응답자가 면담을 주도하는 만큼 간혹 이야기가 샛길로 빠지기도 하지만 그래서 더 풍부한 데이터를 얻기도 했다. 내가 성희롱(5장)과 범죄(6장)에 주목하게 된 것도 그런 샛길 덕분이다.

## 이 책의 구성

2장에서는 공유경제를 개괄하고 내가 연구한 네 개 플랫폼, 즉 에어비앤비, 우버, 태스크래빗, 키친서핑에 대해 간략히 알아본다. 면담자 모집 방법과 면담자들의 인적 사항에 대해 좀 더 자세히 설명하고, 공유경제에 대해 지금까지 발행된 연구 자료를 토대로 이 연구의 이론적 근거를 제시한다.

3~4장에서는 노동자의 실제 경험을 소개하고 노동의 비정규화라는 큰 흐름 속에서 긱경제가 위험과 책임을 노동자에게 전가하면서 발생하는 문제점을 논한다.[31] 긱경제가 초기 산업사회와 비슷하다는 점을 보여주기 위해 노동자가 장시간을 일하고도 시간이 아니라 생산량을 기준으로 임금을 받고, 노동자 보호장치가 마련되지 않아 불이익에 대한 보상을 받을 길이 전무하다시피 했던 과거의 노동환경을 살펴본다. 이와 함께 노동자에 대한 책임을 인정하지 않는 긱경제 기업의 행태로 인해 산업안전보건청이 요구하는 보호장치와 산재보험이 사실상 무력화됨으로써 노동자가 아무 장비도 없이 맨손으로 연못과 공사 분진을 청소하는가 하면, 개에 물리기도 하고, 업무상 재해를 당하고도 경제적 보상을 받지 못하는 오늘날의 현실을 보여준다.

노동자 보호장치와 노동자의 단결권은 초기 산업사회부터 1900년대 초에 걸쳐 확립됐지만, 미국에서 성희롱 보호장치가 마련된 것은 2세대 페미니즘(1960년대에 미국에서 시작된 페미니즘의 흐름으로, 여성의 법적 지위 개선을 목표로 했던 1세대와 달리 가정과 직장 등 생활 속 성평등에 중점을 뒀다 – 옮긴이)과 최근 미투 운동의 산물이다. 하지만 최근에 생긴 규정조차도 불도저처럼 보호장치를 밀어버리는 공유경제를 당해내지 못한다.

5장에서는 공유경제 내 성희롱 실태를 알아보고, 대등함을 강조



1 분투자, 중간자, 성공자

하는 P2P라는 개념으로 인해 노동자가 성희롱을 성희롱이라고 말하지 못하는 언어 상실 현상을 살펴본다.

6장에서는 공유경제 노동 중에 불법적인 일이나 합법성이 의심되는 일에 연루된 노동자들의 이야기를 통해 공유경제의 음지를 들여다본다. 그리고 공유경제의 익명성으로 인해 준법 시민인 노동자가 마약 배달원이 되고 순진한 노동자가 사기극에 휘말리는 상황을 살펴본다. 긱경제는 노동자 보호장치를 퇴행시키면서 새로운 범죄의 가능성을 만들고 있다.

7장에서는 고도의 기술과 자본으로 공유경제에서 훨씬 큰 선택권을 보유한 노동자들, 곧 성공한 에어비앤비 호스트와 키친서핑 셰프에 대해 이야기한다. 이 두 플랫폼의 노동자들은 스스로를 사업가로 보고 긱경제의 특성인 아웃소싱을 적극 활용해 다른 노동자를 고용하는 비중이 훨씬 높았는데, 성공을 구가하는 사람들과 간신히 버티고 있는 사람들을 대조함으로써 긱경제에서 자본과 기술의 역할을 고스란히 보여준다.

마지막 장에서는 공유경제의 현실을 개선하기 위해 노동자에게 생활임금, 복지 혜택, 보호장치를 제공하는 업체의 리더들과 인터뷰한 내용을 살펴본다. 그리고 분투자, 중간자, 성공자가 저마다 겪고 있는 고충을 해소하기 위한 원칙을 제안한다.

자본주의와 공동체성을 따지는 논의 속에서 노동자의 현실은 쉽게 외면받는다. 노동자의 사연을 들어보면, 공유경제가 선택받은 소수에게는 소규모 사업을 운영할 기회를 제공하지만 그 외의 다수에게는 절대로 호의적인 곳이 아니라는 사실을 알 수 있다. 공유경제는 여러 측면에서 바바라 에렌라이크Barbara Ehrenreich가 《노동의 배신Nickel and Dimed: On (Not) Getting by in America》에서 말한 "최저임금 불안정 노동의 2000년대판"이라고 할 수 있다.[32] 노동자가 부당하리만큼 적은 임금을 받고, 업체의 독단적인 규정 변경(피벗)에 속수무책으로 당하는 것으로도 모자라 소모품 취급까지 받는 게 현실이다. 이러한 시대적 상황에서 공유경제 노동자들의 실제 사례와 분투자, 중간자, 성공자가 저마다 겪는 고충을 살펴보면 이 새로운 경제적 움직임이 초래하는 비용, 편익, 사회적 영향을 좀 더 잘 이해하게 되고, 변함없이 착취가 횡행하는 뒷이야기가 아니라 완전히 새로운 이야기를 써내려갈 수 있을 것이다.



1 분투자, 중간자, 성공자

# 공유경제란 무엇인가?

# 2

분투자, 중간자, 성공자

**공유경제란 무엇인가?**

초기 산업사회로의 회귀

업무 중 사고

"공유는 사랑입니다"

더럽고 치사한 일

꿈같은 삶?

결론: 파괴의 결과

오늘부터 사장님이 되세요. 12월 수입 7,000달러 보장합니다.

_ 우버

좋아하는 일만 골라서 자유롭게 하세요. 요금은 직접 매기시고요.

_ 태스크래빗

이미 수만 명의 뉴요커가 에어비앤비로 부수입을 올리고 있습니다.

_ 에어비앤비

뉴욕에서 레스토랑 운영하려면 여러모로 골치가 아프고… 그런 불편함과 불안함 없이 어디서나 레스토랑과 동일한 경험을 제공하기 위한 최고의 플랫폼입니다.

_ 키친서핑

누구나 직장을 그만두고 마카롱 가게를 차린다든가, 전업 작가나 여행 가이드가 되는 것처럼 좋아하는 일을 하면서 사는 인생을 꿈꾼다. 많은 사람이 그런 상상으로 일상의 스트레스와 압박감에서 잠시나마 벗어난다.

그런데 이제 평범한 사람들도 사장님으로 만들어, 일하고 싶을 때 일하고 보수도 받고 싶은 만큼 받을 수 있게 해주겠다는 꿈의 경제 시스템이 등장했다. 에어비앤비, 우버, 태스크래빗, 엣시Etsy(온라인 공예품 거래 사이트), 키친서핑으로 대표되는 공유경제가 바로 그것이다.

'공유경제'는 "재화와 서비스를 분배, 공유, 재사용하기 위한 목적으로 사람들을 연결시키는 P2P 업체"를 통칭하는 용어다.[1] 여기에는 에어비앤비(숙박)와 우버(주문형 택시)처럼 기업 가치가 수십, 수백억 달러에 이르는 기업뿐만 아니라 네이버굿즈Neighborgoods 같은 무료 물품 공유 사이트도 포함된다.

공유경제에 무엇을 포함시키느냐에 대해서는 의견이 분분하고 때로는 그 기준이 모호하게 느껴지기도 한다. 예를 들어 에어비앤비는 공유경제의 대명사로 간주되지만 기존의 민박집은 공유경제에 속하지 않는다. 없는 게 없는 온라인 시장인 이베이Ebay는 공유경제의 원조 격으로 대우받지만 공공도서관과 공원은 아니다. 도서관은 공유가 기본이고 이베이는 돈이 오가는데도 그렇다. 이 분야의 대표 연구자인 줄리엣 쇼어는 공유경제가 "엄밀한 분석이 아니라 편의주의적 시각에서 정의되는 경향이 강하다"면서 "플랫폼에서 자체적으로 정의하는가 하면 언론에서 무엇이 해당되고 해

당되지 않는지를 정한다"고 지적했다.[2]

2000년대 후반 대침체 이후 미사용 자산을 이용해 경제적 이득을 취하는 것에 대한 관심이 고조되면서, 특히 '잔디깎이, 공구, 특수 용도의 고가 장비' 같은 내구재가 주목을 받았다.[3] 이런 움직임을 이야기할 때 흔히 집카Zipcar(공유경제 초기 진입자인 시간제 자동차 렌트 서비스)가 언급되지만,[4] 어떤 면에서는 수십 년 전에 저소득층 주거지를 중심으로 형성된 공구 대여소가 가장 비슷하다고 볼 수 있다. 공구 대여소가 그랬던 것처럼 스냅굿즈Snapgoods, 네이버로Neighborrow, 크라우드렌트Crowd Rent, 셰어섬슈거Share Some Sugar 등 초창기에 공유경제를 구성했던 무료 서비스도 이제는 대부분 사라졌다.[5] 그나마 이름이 좀 알려진 네이버굿즈는 한 투자자의 애정으로 간신히 명맥을 유지하고 있을 뿐 전체 회원 4만2,000명 중에서 실제로 활동하는 회원은 1만 명에 불과하다.[6]

온라인화된 공유경제는 연대적 소비, 협력적 소비, 긱경제라고도 불리는데, 그 기원은 크레이그 뉴마크Craig Newmark가 크레이그리스트를 만들고, 피에르 오미디야르Pierre Omidyar가 페이팔을 만든 1995년으로 거슬러 올라간다.[7] 이후에는 2003년에 설립된 무료 숙박 주선 사이트 카우치서핑이 큰 영향을 끼쳤다. 그리고 기술의 발달로 스마트폰이 널리 보급되고, 안전한 비현금 결제 시스템이 구축되고, 고객 평점 등록 사이트가 등장하면서 공유경제에 대한 관심이 급증했다.

그러나 기술이 전부가 아니다. 불황의 여파도 간과할 수 없다. 불황이 닥쳐 일자리가 부족해지자 대졸자 중 절반 정도가 대학 졸업장이 없어도 할 수 있는 일을 찾기 시작했고, 많은 사람들이 줄어든 수입으로도 버틸 수 있도록 기존에 갖고 있던 것으로 소득을 창출해야 하는 처지가 됐다.

학술지 《콘텍스트Contexts》에 실린 표현을 빌리자면, "공유경제는 다양한 유형의 활동에 대한 텅 빈 기표로, 그중에는 진정한 의미에서 협력적이고 공동체적인 활동이 있는가 하면, 치열한 경쟁 속에서 이윤을 목적으로 하는 활동도 있다"고 정의했다.[8]

줄리엣 쇼어는 공유경제 활동을 크게 네 가지로 분류했다.

- 재화 재순환: 여기 속하는 서비스는 거래 비용(중고 위탁판매점 수수료, 경제적 손실의 위험성 등)을 줄이고, 판매자에 대한 평판 정보를 제공함으로써 낯선 사람과 경제적 거래를 하는 데 따르는 위험성을 감소시킨다.
- 내구재 이용률 향상: 에어비앤비와 그보다 앞서 나온 무료 웹사이트 카우치서핑 등이 여기 속한다. 이런 서비스는 타인에게 저렴한 비용으로 재화와 공간에 대한 이용 권한을 제공함으로써 전통적인 형태의 소득을 보충할 수 있게 한다.
- 서비스 교환: 태스크래빗, 핸디Handy, 잘리Zaarly[9]가 대표적이다. 일을 맡기고 싶은 사람과 일을 찾는 사람을 연결해준다.
- 생산재 공유: 여기에 해당하는 서비스는 소비가 아닌 생산에 초점이 맞춰져 있다. 함께 쓸 수 있는 도구와 공간을 제공하는 해커스페이스(프로그래머용)와 메이커스페이스가 좋은 예다.[10]

**공유경제와 그 밖의 유사한 플랫폼 경제**

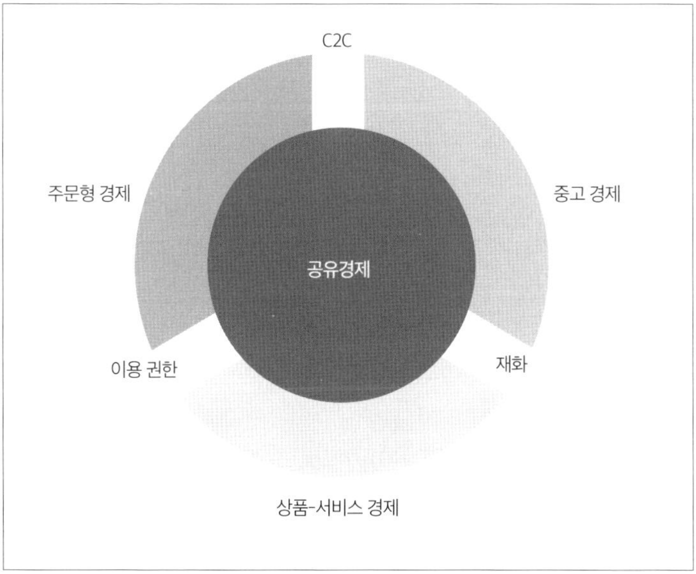


출처: Frenken, Meelen, Arets, van de Glind(2015)

쇼어가 공유경제를 명확하게 정의한 것 같지만 일각에서는 공유경제와 주문형 경제를 엄밀히 구별해야 한다고도 말한다. 예를 들어 네덜란드의 한 연구팀은 공유경제를 "충분히 사용되지 않고 있는 유형 자산(유휴 생산 능력)에 대한 임시적 이용 권한을 영리 혹은 비영리 목적으로 상호 간에 부여하는 소비자(혹은 기업)에 국한되는 개념"으로 봤다(상단 도표 참고).

이 정의에 따르면 고급차 호출 서비스인 우버블랙은 혁신적이긴 해도 앱 기반 고급차 호출 서비스에 불과하다. 우버풀은 이미 운전 중인 차에서 남는 자리를 이용하는 카풀 서비스이므로 공유경제에 속하지만, "우버X는 운전자가 요청을 받지 않았어도 똑같은 코스를 운전했을 경우에만 공유경제에 해당"한다. 태스크래빗과 키친서핑은 주문형 경제에 속하고, 이베이는 고객 대 고객 거래(C2C)가 중심이 되므로 중고 경제에 해당한다. 에어비앤비는 임대 방식에 따라 범주가 달라진다. 호스트가 같은 집에 거주 중이거나 휴가로 잠시 집을 비운 경우라면 공유경제지만, "거주지가 아닌 집을 지속적으로 임대할 경우에는 숙박업소(대부분 불법) 운영"에 해당한다.[11]

## "단어는 오직 내가 선택한 의미만 의미할 뿐, 그 이상도 그 이하도 아니다"

이 정도만 해도 혼란스러운데 공유경제는 앨리스가 들어간 거울 나라(모든 현상이 거꾸로 일어나는 나라 – 옮긴이)나 슈퍼맨 만화에 나오는 비자로 월드Bizarro World(지구와 반대되는 특성을 가진 행성 – 옮긴이) 같은 느낌까지 준다. 일반적인 단어의 의미가 변형, 왜곡되었기 때문이다. 그중에서도 으뜸은 '공유'다.

초창기에 카우치서핑과 셰어섬슈거 같은 사이트는 수수료를 요구하지 않았지만, 현재의 '공유경제' 사이트는 대부분 수수료를 부과한다. 에어비앤비 호스트가 집을 빌려주는 것은 엄밀히 말하면 손님을 '초대'해서 집을 '공유'하는 것이라 보기 어렵다. 태스크래빗 대행자와 키친서핑 셰프는 서비스를 '공유'하는 게 아니라 보수를 받는다. 마찬가지로 우버와 리프트가 '승차 공유'를 표방하지만 차량을 이용해 사람을 나르고 돈을 받는 것은 명칭이야 무엇이든 간에 사실상 택시와 다르지 않다. 리프트(이 회사의 슬로건은 "차를 가진 친구"다)는 초기에 "승객처럼 뒷좌석에 타지 말고 친구처럼 앞좌석에 타세요"라고 권했지만, 그런 '우정'과 별개로 요금은 지불해야 한다.[12]

기업만 용어를 재정의하는 게 아니라 연구자들이 서비스를 설명할 때도 똑같은 일이 벌어진다. 일례로 많은 연구자가 태스크래빗과 핸디를 '서비스 교환' 범주에 넣는다.[13] 하지만 이 두 서비스는 내가 오늘 이만큼 도와줬으니까 당신도 나중에 이만큼 도와달라는 식의 품앗이 플랫폼이 아니다. 즉, 서비스를 '교환'하는 곳이 아니라 돈을 받고 파는 곳이다. 비슷한 예로 중고 거래 사이트도 공유경제로 분류될 때가 많다. 하지만 그런 서비스가 공유경제를 탄생시키는 데 일조했을지는 몰라도 일단 이베이에서 판매된 중고품은 더 이상 '공유'를 위해 존재하지 않는다.

공유경제에서 또 빼놓을 수 없는 개념이 '신뢰'다. 신뢰와 신원조회는 서로 상충하는 개념인 것 같지만 많은 사이트가 신뢰성의 증거로 신원조회와 신분 확인을 내세운다. 에어비앤비 웹사이트에서 신뢰와 안전에 관한 페이지에 들어가려면 우선 이용약관에 동의해야 하는데, 아이러니하게도 이 약관은 중재조항(분쟁 발생 시 법원의 재판이 아니라 중재로 해결하겠다고 합의하는 조항 – 옮긴이)으로 시작한다. 신뢰를 말하면서도 변호사부터 찾겠다는 것이다.

공유경제 쪽에서는 이제 디지털 흔적으로 누가 어떤 사람인지 쉽게 알 수 있게 된 만큼 신뢰도 더 쉬워질 것이라고 주장한다. 예전에 사람들이 좁은 동네에 살 때 이 집은 어떻고 저 집은 어떻다는 말이 평생 따라붙었던 것처럼 요즘은 페이스북에 남긴 흔적이 평생을 간다. 많은 공유경제 서비스가 페이스북 계정을 연동한 신분 확인으로 "산업화 이전 사회의 특성이던 이웃 간 교류를 디지털 세상에서 재탄생"시킨다.[14] 페이스북 연동 외에도 사진 등록을 요구하고, 에어비앤비와 태스크래빗은 예약이나 의뢰가 들어오면 먼저 투숙객이나 의뢰인과 대화할 것을 요구한다.

거의 모든 공유 플랫폼이 프로필 작성을 요구하고, 평점과 후기 시스템을 이용한다. 더 나아가 트레이티Traity나 이제는 없어진 트러스트클라우드TrustCloud처럼 사용자가 페이스북, 링크드인, 트위터, 트립어드바이저 같은 소셜미디어에서 타인과 교류하며 남긴 발자취와 정보를 토대로 온라인 평판 데이터를 수집하는 업체까지 존재한다.[15] 어쩌면 이 데이터는 "신뢰성, 일관성, 응답성을 계산해… 오프라인의 신용등급처럼 웹상의 신뢰등급"을 만드는 데 사용될 수도 있다.[16] 신용등급이 필요하다는 것은 기본적으로 신뢰가 존재하지 않는다는 뜻이기도 하다.

일반적으로 '신뢰'는 그 대상의 진실성과 역량에 대한 확실한 믿음을 뜻한다. 하지만 공유경제에서는 신뢰라는 말이 남발되고 있다. 에어비앤비 웹사이트에는 공동 설립자 조 게비아Joe Gebbia가 '신뢰를 만드는 디자인'이란 주제로 강연한 TED 영상이 게시되어 있다. 태스크래빗도 '신뢰와 안전'을 보장하기 위해 노동자의 신분과 전과를 확인하고 2시간에 걸친 오리엔테이션을 통해 성공을 위한 바람직한 작업 수행법을 가르친다고 홍보한다. 태스크래빗 웹사이트에는 "[태스커들이] 안전하고 우월한 경험을 제공할 수 있도록 탁월함의 요건에 대한 지식을 전수합니다"라고 쓰여 있다. 여기서도 신뢰는 사용자가 태스크래빗과 그 노동자에게 보여주는 것이지, 태스크래빗이 직접 신뢰하는 것은 아니다. 공유경제는 이처럼 '신뢰'와 '공유' 같은 긍정적인 용어를 마케팅의 필수 요소로 사용하며, 노동자와 임시 고용주의 관계를 믿음직한 친구라는 이미지로 포장한다.

'혁신'이라는 말도 공유경제 기업에서 많이 쓰지만 실제로 그 말이 무색한 경우가 많다. 다시 말해 획기적이라고 할 만큼 큰 변화를 불러오는 게 아니라, 단순히 기존에 있던 서비스를 앱으로 제공하는 수준에 그친다. 가령 택시를 대체하기 위해 하늘을 나는 스케이트보드를 만드는 게 아니라, 영업용 차량을 좀 더 쉽게 호출할 수 있게 만들 뿐이다.

공유경제라는 개념이 인기를 끄니까 너도나도 공유경제 기업을 자처한다. 일례로 프라이스워터하우스쿠퍼스PWC에서 최근에 발간한 백서를 보면 에어비앤비, 우버와 함께 스포티파이Spotify(음원 스트리밍 서비스), 아마존이 공유경제 기업으로 분류되어 있다.[17] 아마존 패밀리는 성인 가족이 각자의 계정으로 구입한 도서와 영상을 같이 이용할 수 있게 하는 서비스다. 이것은 물론 공유 행위이고 에어비앤비로 아파트를 빌려주는 것보다 공유성이 강하다. 하지만 따지고 보면 집 안에서 가족이 함께 이용하는 DVD장이나 책장을 온라인에 옮겨놓은 것에 불과하다. 식구들이 TV나 치약을 공유하는 것도 공유경제라고 한다면 그 말이 무슨 의미가 있을까.

이 책에서는 공유경제를 이윤이나 대의를 위해 자산이나 서비스를 빌려주는 것에 초점이 맞추어져 있는 앱 기반 기술의 집합체로 정의한다. 음식 교환이나 메이커스페이스가 실제로 유익하고, 또한 인종, 계급, 소속감과 관련해 학문적으로 여러 가지 흥미로운 질문을 제기하는 것은 사실이다. 하지만 내 관심사는 어디까지나 노동자가 소득을 올리기 위해 일을 구할 수 있는, 그리고 대중에게 사업가가 될 기회나 경제적 지속 가능성을 제공한다고 주장하는 공유경제 플랫폼이다.[18] 나는 이들 플랫폼이 단기 소득 기회를 제공하는 데 중점을 두고 있다는 점에서 긱경제에 속한다고 본다. 공유경제와 긱경제가 완전히 일치하지는 않지만 플랫폼 기반 긱경제 서비스는 공유경제에 해당하므로 이 책에서는 두 용어를 같은 뜻으로 사용한다.

이 책에서 내 연구의 핵심 질문은 이것이다. 공유경제 노동자는 어떤 삶을 사는가? 그들은 자신이 새로운 유형의 경제를 창조하는 사업가, 노동자, 공유자라는 인식을 얼마나 갖고 있는가? 그들은 어떤 기술과 자본을 갖고 긱경제에 유입되는가?

이에 대한 이론적 바탕은 크게 세 가지 주제로 압축된다. 첫째는 공동사회/이익사회의 신뢰 분열, 둘째는 노동의 비정규화 심화와 위험의 전가, 셋째는 그에 따른 사회 불평등 심화다.

### 공동사회/이익사회, 혹은 기술을 이용한 신뢰와 공동체성의 회복

상업·행정·문화·종교의 중심지였던 도시는 산업혁명을 거치며 또 하나의 중책을 맡게 됐다. 어제까지 소작농이던 사람들을 시민으로 만드는 것이었다. 도시의 규모와 중요성이 커지자 정치 지도자들은 의구심이 생겼다. 토머스 제퍼슨Thomas Jefferson은 "도시 문화가 자유에 대한 미국인의 갈망을 무너뜨릴 것"이라 우려했고, 알렉시스 드 토크빌은 신시내티를 "걸음마다 하나씩 타격하는 산업과 노동의 표상"이라고 비판했다.[19] 도시는 무질서한 것을 넘어서 인간성을 파괴하는 공간으로 여겨졌다. 보니 미니스 칸Bonnie Menes Kahn의 말을 빌리자면 "인간을 야만인, 사리사욕의 노예… 낯선 이로 전락시켜 서로에게서 멀어지게 만들고 인간성을 퇴락시킴으로써" 인간관계를 파괴하는 게 도시 생활의 가장 큰 폐해로 간주됐다.[20]

사회학자 게오르그 짐멜Georg Simmel은 도시인이 낯선 사람들로 가득 찬 세상에서 오는 과도한 자극 때문에 수많은 정신적 자극을 외면할 수밖에 없고, 그 결과 냉담하고 둔감해진다고 내다봤다.[21] 도시는 사람들을 '고독한 군중'으로, 즉 어떻게 행동해야 할지 몰라 항상 주위를 두리번거리지만 "영예롭게 기릴 과거도, 수호해야 할 땅도, 지켜야 할 전통도 없는 탓에, 한마디로 역사가 없는 탓에 도덕적 책임감을 느끼지 않는" 존재로 만들었다.[22] 이런 관점에서 도시는 공동체, 연대라는 개념과 대치되는 공간이었다.

이처럼 공동체를 파괴한다며 도시를 꺼림칙하게 보는 시각은 페르디난트 퇴니스Ferdinand Tönnies가 주창한 '공동사회Gemeinschaft'와 '이익사회Gesellschaft'라는 개념에서도 엿볼 수 있다. 퇴니스가 말하는 공동사회는 본질의지Wesenswille에 기초한, 즉 가정이나 마을을 통해 형성되는 일차적 관계를 주축으로 하며 집합

의식과 집합 열광을 중시하는 곳이다. 구성원들이 서로 얼굴을 보고 교류하는 것을 당연시하고, 분업이 되어 있지 않기 때문에 서로 다양한 상황에서 관계를 맺는다. 낙인, 비공식적 제재, 전통을 통해 규범이 준수되므로 유혈 분쟁은 있을지언정 송사는 없다.

반면 도시는 '이익사회의 전형'이다. 이익사회는 구성원들의 관계가 추상적이고 유대감은 상상의 산물이다. 약속이나 악수를 신뢰하지 않기 때문에 계약을 통해 관계가 형성된다. 법원, 경찰, 변호사를 통해 규범이 지켜진다. 따라서 '현대화된' 사회 혹은 도시로 이주하는 사람은 더 이상 공동사회의 공동체성을 누릴 수 없게 된다. '가정의 쇠퇴'도 이익사회의 특징이다.[23]

여기서 공유경제는 사람들을 다시 마을 중심의 삶으로 복귀시키는 해결사를 자처한다. 뉴욕대학 스턴경영대학원 아룬 순다라라잔Arun Sundararajan 교수는 "현재 사람들이 맺고 있는 관계의 강도는 인간에게 필요한 수준보다 낮지만… 공유경제는 그런 간극을 메운다는 매력이 있다"고 주장한다.[24] 택시앱 리프트의 공동설립자 존 짐머John Zimmer는 공유경제를 자신이 사우스다코타주 파인리지에 있는 오갈라수부족 보호구역에서 보낸 시간에 비유한다. "그들의 공동체 의식, 상호 유대감, 자신들의 터전에 대한 결속감을 피부로 느끼면서 나는 그 어느 때보다 강한 행복과 생동감을 경험했다. 나는 사람들이 진정으로 인간적인 교감을 갈망하고 있다고 본다. 그건 우리의 본능이다. 지금 우리 앞에는 기술을 이용해 그런 경지에 다다를 수 있는 기회가 펼쳐져 있다."[25]

우버와 에어비앤비가 세계 전역에 진출해 있다고는 하지만 진정한 의미에서 규모의 경제를 이룬 곳은 대부분 도시다. 샌프란시스코처럼 인구밀도가 높은 도시에서는 스프리그Sprig(요리해서 집으로 배달해주는 업체) 배달원이 되어 몸에 좋은 음식을 20분 내에 배달하는 게 가능하지만, 아이다호의 시골이나 애틀랜타의 교외에서는 불가능하다.

그렇다고 서로에 대한 신뢰가 갈수록 강해지고 있는 것 같진 않다. 전국여론조사센터National Opinion Research Center의 2012년 종합사회조사General Social Survey에 따르면, 타인을 대체로 믿을 수 있다고 응답한 사람이 전체의 32%에 그쳤지만, 1972년에는 그 비율이 46%에 이르렀다.[26] AP통신과 시장조사업체 GfK가 2013년 10월에 실시한 여론조사에서는 전체 응답자(1,227명) 중 집에 불러서 일을 시키는 사람을 '상당히' 신뢰한다는 사람이 41%, 운전 중에 타인을 신뢰한다는 사람이 21%, '타지에서 만난 사람'을 신뢰한다는 사람이 19%였다.[27]

공동체 의식을 형성한다는 공유경제의 약속도 지금까지 학계의 연구 결과를 보면 공수표에 그칠 가능성이 높다. 하버드 대학원생 애니 펜튼Anny Fenton이 차량 공유 서비스 릴레이라이즈Relay-Rides 이용자들을 조사한 결과, 이 사이트를 이용해 차량을 빌려주는 사람들은 차량을 빌리는 사람들과 맺는 관계가 '무익'하고 '익명적'이고 '무의미'하다면서도, 한편으로는 자신이 빌려주는 차량이 일반 렌터카 업체의 차량보다 개인성이 크기 때문에 빌리는 사람이 더 조심스럽게 사용할 것이라 생각했다.[28]

흔히 공유경제의 일부로 간주되는 집카에 대한 연구에서는 이용자들이 호텔을 이용할 때와 같은 익명성을 경험하는 것으로 나타났다. 이용자들은 "타인이 같은 차량을 이용했다는 것을 알지만 그들과 교류하고 싶은 마음은 없고" 다른 이용자를 동료 공유자로 보지 않고 불신하며 회사가 시스템을 잘 운영해주기를 기대했다. 그리고 학계에서는 리프트가 우버만큼 성공하지 못한 이유 중 하나로 "소비자의 '공유' 욕구를 지나치게 강조"했으나 정작 "소비자는 기업이나 다른 소비자와 관계를 맺는 것보다 저렴한 가격과 편의성에 더 관심이 많다"는 것을 꼽았다.[29]

이렇게 인간적 교류에 대한 관심이 부족한 현상은 내 연구에서도 드러난다. 많은 에어비앤비 호스트가 투숙객과 장기적인 관계를 형성하기는커녕 자기 침대에서 자고 자기 집 화장실을 이용하는 사람과 대면하기를 꺼린다. 그들은 편의성이나 개인적 성향 때문에 옥외 열쇠보관함, 키카페(근처 가게나 식당에 설치된 열쇠보관함) 등에 열쇠를 넣어놓거나 태스크래빗 노동자를 통해 인편으로 열쇠를 주고받는 쪽을 선호한다. 내가 학부생들과 에어비앤비 인기 지역인 이스트빌리지를 답사했을 때도 투숙객과 접촉하지 않기 위해 설치한 열쇠보관함이 눈에 많이 띄었다. 공유경제가 사람들을 서로 연결한다고 홍보하지만 실제로는 서로 간의 접촉이 거의 없거나 순식간에 끝나고, 도시 생활 특유의 익명성이 지배하는 이익사회의 완성체가 형성되고 있었다.

아직도 공유경제(이쯤 되면 이 용어가 부적절하다는 인상이 점점 강해진다)의 취지가 만인에게 공평하게 사업 기회를 제공하는 것이라고 할지라도 실제로는 차별을 심화하고 있다고 볼 증거가 상당하

이스트빌리지에서 흔히 볼 수 있는 열쇠보관함. 에어비앤비 호스트는 투숙객에게 예약 확인 메시지를 보낼 때 보관함 위치(주로 집 근처 울타리)와 비밀번호를 알려주기 때문에 서로 만나지 않고 열쇠를 전달할 수 있다.(저자 촬영)

다. 시장에 존재하는 차별은 이미 많은 연구를 통해 규명됐다. 예를 들어 이름에서 '흑인 느낌'이 나는 사람은 면접 요청을 받을 가능성이 50% 낮고, 여성 지원자는 남성보다 낮은 임금을 제시받는다.[30] 물론 이용자들은 공유경제를 통해 차별이 좀 더 어려워지고 줄어들기를 바란다. 사람들의 경험담을 들어보면 우버 덕분에 흑인이 택시 잡기가 한결 쉬워졌다고 볼 여지도 있다. 이는 우버가 사회 계층과 연관되어 있기 때문이다. 우버는 기본적으로 신용카드와 스마트폰이 있어야 이용 가능하고, 지금은 몰라도 초기에는 요금이 택시보다 비쌌다. 그래서 우버 이용자는 좀 더 부유한 층으로 인식되었다.

하지만 공유경제가 이용자의 이름과 사진을 강조한다는 점에서 오히려 차별이 쉬워질 수도 있다. 에어비앤비에서 비슷한 숙소를 두고도 흑인 호스트가 책정하는 금액이 백인 호스트보다 12% 낮은 것은 차별 때문인지도 모른다.[31] 이베이에 올라온 아이팟 매물 중에서 흑인이 쥐고 있는 사진이 등록된 매물은 백인이 쥐고 있는 매물보다 입찰가가 20% 낮다.[32]

실제로 에어비앤비 호스트들을 만나본 결과, 일부는 인종차별을 한다는 것을 인정했다. 그리고 많은 호스트가 투숙객을 선정할 때 프로필 사진, 이메일 대화, 평점 및 후기, 심지어는 '인터넷 스토킹'을 통해 외부에서 얻은 정보 등 많은 요소를 고려하는 것으로 나타났다. 그러니까 잠재적 투숙객에 대한 호스트의 차별 행위는 이전의 연구에서 드러난 것보다 더 광범위하게 발생할 가능성이 있다. 이렇듯 차별이 증가하는 가운데 평점, 후기, 프로필에 대한 의존도는 높아지는 한편, 서로에 대한 신뢰도는 낮아지는 현실을 보면 공유경제가 작은 마을의 이상적인 삶으로 돌아가는 길이라고 보기는 어려울 것 같다.

### 노동의 비정규화와 위험의 전가

공유경제는 노동자와 기업의 관계가 변화하고 있는 현실과, 그에 따라 노동자가 봉착하는 위험을 고스란히 보여준다. 우버/리프트 기사, 태스크래빗 대행자, 에어비앤비 호스트, 핸디 청소원을 포함해 대다수 공유경제 노동자는 독립계약자다. 최근 몇 년간 독립계약자로 분류되는 노동자의 수가 꾸준히 증가하는 이유는 기업이 산재보험 제공, 잔업 수당 지급, 장애인 편의 보장 등 사회적 책무를 피하려 하기 때문이다.[33] 그리고 2015년 산업안전보건청 보고서에 따르면, 임시직 노동자와 독립계약자가 업무 교육을 충분히 받지 못하는 현실에서 업무상 재해를 입을 확률은 더 높게 나타났다.

노동자가 종업원이 아닌 독립계약자로 분류될 때 어떤 위험이 따르는지 이미 많은 연구를 통해 밝혀졌음에도 여전히 위험이라는 개념은 사업가의 관점에서 더 많이 다뤄지고 있다.[34] 1700년대 후반에 경제학자 리샤르 캉티용Richard Cantillon이 "사업가는 확실한 가격에 구매해서 불확실한 가격에 판매하기" 때문에 거래에 위험이 따를 수밖에 없다고 주장한 이래로 사업은 위험을 감수하는 행위로 인식되어왔다.[35] 하버드 경영대학원의 하워드 스티븐슨Howard Stevenson 교수는 사업을 "통제 가능한 자원 너머에 있는 기회를 추구하는 행위"로 정의했다.[36] 흔히 사업가라고 하면 새로운 것을 창조하는 사람이라고 생각하기 쉽지만, 옥스퍼드사전에서는 "사업이나 기업을 맡아서 관리하며 손실의 위험을 감수하고 이익을 추구하는 사람"이라고 정의하며 관리와 위험을 강조한다.[37] 미국은 특히 사업에 위험이 따른다는 인식이 강하다. 노동통계국 자료를 보면 신생 기업 중 약 3분의 1이 2년 내에 도산하고 절반 이상이 5년을 못 버틴다.[38]

그러나 제이콥 해커Jacob Hacker는 오늘날 사업가나 자본가가 모든 위험을 끌어안는 것은 아니라고 지적한다.[39] 이미 노동자들은 직장에서 제공하는 건강보험의 본인 부담률이 높아지고, 퇴직연금이 확정급여형에서 확정기여형(401k)으로 바뀌는 것을 경험했다. 다시 말해 몸이 아프거나 퇴직연금의 투자 수익이 좋지 않을 때 생기는 경제적 위험을 노동자가 떠안게 된 것이다. 더욱이 아웃소싱이 증가하고 단기 이익이 중시되면서 노동자는 증권거래소와 유사한 '현물 시장'에서 일거리를 찾기 위해 끊임없이 경쟁해야 하는 처지가 됐다. 임금 정체로 인해 많은 가정이 두 개의 소득원에 의존하고 그중 하나라도 끊기면 치명상을 입는다.

사회학자 스탠리 아로노위츠Stanley Aronowitz와 윌리엄 디파지오William DiFazio는 1994년에 출간한 《직장 없는 미래The Jobless Future》에서 기업이 "일상의 간지러운 부분을 모조리 과학기술로 긁으려 하면서… 블루칼라와 화이트칼라를 막론하고 저임금 무복지 임시직 일자리는 늘어나지만 안정적인 영구직 일자리는 줄어들고 있다"고 주장했다. 노동자가 낮은 임금과 부실한 복지를 제공받고, 오늘 일한다고 해서 내일도 일할 수 있다는 보장이 없을 만큼 경제적 안정성이 떨어지는 시장을 '2차 노동시장'이라고 하는데, 긱경제 노동자의 상황이 꼭 그렇다. 이처럼 노동이 비정규화되고 위험이 노동자에게 전가되는 현상이 예전에는 2차 노동시장에 국한됐지만, 이제는 관리직과 전문직에도 영향을 받을 만큼 훨씬 보편적인 현상이 되었다.[40] 영국의 경제학자 가이 스탠딩Guy Standing은 이러한 불안정성 때문에 "안정적인 직업 정체성이나 커리어를 구축하지 못하고 안정적인 사회안전망이나 보호 규정도 제공받지 못하는 상황에서 주로 단기 일자리를 전전하며 위태롭게 사는" 사람들, 이른바 '프레카리아트precariat'가 늘어나고 있다고 경고했다. 그리고 이러한 불안정한 고용 상태는 일반적으로 불안감과 고립감, 소외감, 분노를 유발한다.[41]

친親대기업 언론인 〈월스트리트저널〉은 노동자들에게서 터져 나오는 불만의 목소리를 통해 "많은 노동자가 수입원 내지는 보조 수입원인 플랫폼에 느끼는 양가감정을 여실히 확인할 수 있다"고 썼다. 노동자들은 주문형 플랫폼이 주체적으로 노동할 여지를 거의 주지 않으면서 개인적·경제적 위험을 홀로 떠안게 만든다고 주장한다. 우버, 리프트, 핸디 노동자들은 자신들에게 부과되는 제약과 의무를 고려하면 독립계약자가 아닌 종업원으로 분류되는 게 마땅하다는 취지로 수차례 소송을 제기하기도 했다. 디지털 업무를 미세 작업으로 분할해서 수많은 사람에게 분업시키는 스타트업 크라우드플라워CrowdFlower(2018년 피겨에이트Figure Eight로 이름을 바꿈)는 최저시급 이하의 임금을 지급한다는 이유로 노동자들에게 소송을 당했다. 이 일로 인해 크라우드플라워의 공동 창립자 중 한 명이 화상 인터뷰에서 "당사는 노동자에게 법정 최저시급인 7.25달러에 못 미치는 2~3달러를 지급하거나, 온라인 포인트 또는 비디오게임 화폐 형태로 임금을 지급한 적이 있습니다"라고 털어놓았다.[42]

사회학자 앨리슨 퓨Allison Pugh는 노동자의 사회 계층과 직업상 매력도에 따라 불안정성이 다르게 경험될 수 있다고 봤다. 그는 《회전초 사회The Tumbleweed Society》에서 수요가 많은 직업 기술을 보유하고 있는 상류층 노동자에게는 "불안정성이 '탄력성'에 가깝게 느껴진다"고 썼다.[43] 그런 사람은 의미 있고 적성에 맞는 일을 선택할 수 있다. 한편 하류층 노동자는 직업 안정성이 약화되면 사적인 관계도 영위할 수 없게 되는 데 반해, 상류층 노동자는 가족을 위한 시간을 따로 떼어놓을 수 있기 때문에 그런 불행을 피할 수 있다. 그렇다면 공유경제가 사업의 진입 장벽을 낮춤으로써 하류층 노동자가 경험하는 불안정성을 탄력성으로 바꿀 수 있을까?

경제 성장에서 사업의 중요성을 말하는 경제학 논문은 많다. 사업가는 경쟁을 증가시키고, 시장을 조성하고, 혁신과 기술 발전을 주도함으로써 변화를 일으킨다.[44] 그러나 사업가라고 모두 똑같진 않다. MIT 경제학자 앙투아네트 쇼어Antoinette Schoar는 "이런 변화의 주역이 되는 사업가들이 어떤 사람이고, 다른 사업가와 어떻게 다른지에 대한 연구는 아직 부족한 실정"이라고 했다. 쇼어는 생계를 위해 최소한의 소득을 버는 생계형 사업가와 "크고 역동적인 사업으로… 타인에게 일자리와 소득원을 제공하는" 변화형 사업가는 엄연히 다르다고 주장한다.[45]

공유경제 노동자는 그중 어느 쪽에 속할까? 우버가 연구비를 지원하고 조너선 홀Jonathan Hall과 프린스턴대학 경제학자 앨런 B. 크루거가 수행한 연구에 따르면, 우버 기사 중 90% 이상이 "자신과 가족이 더 나은 삶을 살 수 있도록 소득을 늘리기 위한 목적"으로 우버 일을 한다고 했지만, 실제로 우버를 통해 형편이 더 나아지고 있다고 답한 사람은 71%에 그쳤다.[46]

한편 에어비앤비는 뉴욕에서 "에어비앤비가 크라운하이츠, 베드퍼드-스타이베선트, 웨스트할렘 등 흑인 밀집 지역의 경제에 미치는 긍정적인 영향을 강조하는" 홍보 사업을 실시했다.[47] 에어비앤비가 발간한 〈경제적 영향 보고서Economic Impact Report〉에는 자체 조사(2012~2013년 투숙 데이터 이용)를 근거로 호스트들이 연평균 7,530달러의 소득을 올리고, 그 돈을 투숙 서비스의 질을 향상하기 위해 사용한다는 주장이 담겨 있다. 온라인 공예품 거래 사이트 엣시는 판매자들이 평균적인 미국인보다 학력은 높고 가구 소득은 낮다고 밝혔다. 엣시의 판매자 중 52%가 대학 교육을 받았으나 중위소득은 전국 평균보다 10% 낮은 4만4,900달러에 그쳤다. 가구 소득이 2만5,000달러 미만인 판매자도 26%였다. 한편 "68%가 엣시를 통해 자신이나 가족을 위한 추가 소득을 올린다고 답했고… 엣시가 가구 소득의 7.6%를 차지하며… 엣시의 수입이 1년치 자동차 할부금이나 몇 달치 월세를 감당할 수 있는 금액"이라고 말했다.[48] 이렇게 사측이 발간한 자료를 취합해보면 긱경제가 노동자에게 임금 정체와 직업 불안정성에 맞설 길을 열어준다고 쳐도 그 본질은 어디까지나 생계형 사업에 지나지 않는다는 것을 알 수 있다.

### 사회 불평등 심화

성공자들이 보여주는 것처럼 일부 노동자는 공유경제를 통해 중산층 이상의 삶을 영위한다. 심지어는 1장에서 소개한 라이언처럼 처음에는 월세를 감당하기 위해 에어비앤비에서 빈방을 빌려주던 사람들도 곧 적당한 자본금만 있으면 어마어마한 수익을 올릴 수 있다는 것을 깨닫는다.

에어비앤비 재벌들을 취재한 〈뉴욕타임스〉 기사에는 아파트 월세가 2,800달러에서 5,000달러로 급등하면서 빈방을 빌려주기 시작한 공인중개사의 이야기가 나온다.[49] 그는 집을 장기로 빌려서 단기로 빌려주면 장단기 임차료의 차액만큼 수익을 올릴 수 있다는 것을 알아차리고 아파트를 한 채 더 빌렸다. 2014년 10월, 두 번째 아파트에서만 월 최대 6,000달러의 수익을 올린 그는 "아내 명의로 또 한 채를 임차했고 앞으로 아파트를 더 늘릴 계획이라며 법망을 피하기 위해 차명을 쓸 생각도 있다"고 밝혔다.[50] 그 밖에도 샌프란시스코의 증권중개인은 아파트 여섯 채를 임차해서 "약 10만 달러의 수익을 올릴 수 있는 사실상의 호텔"로 에어비앤비 제국을 건설했다.[51]

공유경제 서비스는 이미 부유한 사람의 주머니를 더 채워주는 용도로 사용되기도 한다. 2014년 뉴욕주 법무장관 명의로 에어비앤비의 불법 숙박업 현황을 적시한 〈뉴욕시 에어비앤비 실태 보고서Airbnb in the City〉가 발행됐는데, 이에 따르면 에어비앤비에 등록된 뉴욕의 숙소 중 무려 72%가 불법이었다. 뉴욕의 호스트 중 90% 이상이 에어비앤비에 1~2개의 숙소를 등록했지만, 1,406명(6%)은 4년간 '전문 숙박업자'로 영리 행위를 하면서 최대 272개의 숙소를 운영했다. 이들은 "뉴욕에서 에어비앤비를 통해 예약되는 민간 단기임대 숙소 중 20% 이상을 관리하며 민간 예약의 33% 이상을 수주하고, 에어비앤비 민간 단기임대 숙소 총수익인 1억 6,800만 달러 중 3분의 1 이상을 수취했다"고 한다.

이런 문어발 호스트는 생각보다 많다. 내가 면담한 에어비앤비 호스트 중에서 5분의 1 이상이 두 개 이상의 숙소를 보유했다. 그 중에서 일일 최대 25인의 투숙객을 받을 수 있는 호스트는 이렇게 말했다. "난 호텔을 운영 중이에요. 내가 호텔 지배인이죠. 여기저기에 아파트와 방이 있어요. (…) 아직 호텔 체인은 못 가졌지만 뉴욕 곳곳에 아파트 체인은 갖고 있죠."

토마 피케티Thomas Piketty는 《21세기 자본》에서, 저성장 경제에서는 노동보다 부를 통해 창출되는 이익이 더 크다고 했다. 즉 이미 부유해서 투자할 돈이 있는 사람은 더 부유해지고, 그렇지 않은 사람은 부유해지기가 어렵다는 것이다. 윌리엄 올든William Alden은 "이런 시장은 경제의 여타 부문과 마찬가지로 아마추어를 능가하는 부유한 프로 계층을 끌어들이는 경향이 있다. 에어비앤비에 빈방을 내놓는 것으로, 멈출 줄 모르고 상승하는 맨해튼의 월세를 따라잡을 수 있다고 해도 제대로 된 사업을 벌이려면 역시 제대로 된 돈이 필요한 법이다"라고 했다.[52]

부유한 호스트가 여러 채의 아파트를 임대하고 일 단위로 요금을 받을 때, 저소득 세입자는 거주 지역에서 주거 시설의 수요가 증가함에 따라 월세가 인상되는 현실에 부딪힌다. 맥길대학에서 2018년에 발간한 연구 보고서에 따르면 뉴욕의 장기임대시장에서 7,000~1만3,500개의 주거 시설이 사라졌는데, 그중에는 120일 이상 임차 가능하고 수시로 임차되던 주택 1만2,200호도 포함되어 있었다.[53] 2015년에 변화를 모색하는 뉴욕 공동체 연합New York Communities for Change과 임차료 안정화를 위한 모임Real Affordability for All의 공동 조사에서 맨해튼과 브루클린의 빈집 중 무려 20%가 에어비앤비에 등재된 것으로 나타났다. 특히 맨해튼 내에서도 이스트빌리지의 비율이 높았는데, 이스트빌리지의 빈집 중 28%가 에어비앤비에서 불법 호텔로 이용되고 있었다.[54] 2015년 부동산 사이트 스트리트이지Streeteasy 보고서에는 "인구조사 데이터에 따르면 2000~2013년 뉴욕의 임차료 증가율은 소득 증가율의 약 2배 수준이었고, 이는 뉴욕 주민의 소득에서 임차료가 차지하는 비중이 큰 폭으로 증가했음을 뜻한다"고 나와 있다.[55] 이스트빌리지 동향을 다루는 블로그 'EV그리브EV Grieve'에서는 이스트빌리지 임차료 시세가 주민 평균 소득의 56%라고 했다.[56]

그나마 뉴욕은 임차인 보호장치가 강력하게 작동되는 곳이지만 다른 도시의 상황은 더욱 심각하다. 샌프란시스코에서 월세 상한제가 적용되는 주택의 세입자들은 집주인이나 그 가족이 들어와 살겠다고 하면서 강제 퇴거를 당할 위기에 처해 있다. 엘리스법Ellis Law에 따르면 임대인이 임대업을 그만둘 경우에 세입자에게 퇴거를 요구할 수 있다. 그런데 그렇게 해서 생긴 빈집 가운데 상당

수가 에어비앤비에 등재되어 매달 기존의 월세보다 수천 달러 많은 수익을 올리고 있었다.[57]

최근《이코노미스트》에서 디지털 혁명에 관한 보고서를 발간했는데, 여기서도 소수의 행운아와 나머지의 격차가 날로 더 벌어지는 현상이 여실히 드러났다. "과거에는 신기술이 생산성을 향상시켜 임금 인상으로 이어졌고, 그 인상분이 숙련 노동자와 비숙련 노동자에게, 그리고 자본가와 노동자, 소비자에게 고루 분배됐다. 하지만 현재의 기술은 유능한 사람들에게 전에 없이 강한 힘을 실어주고 있고, 그에 따라 숙련 노동자와 비숙련 노동자, 자본가와 노동자의 소득 격차가 무섭게 벌어지고 있다. (…) 그로 인해 불완전고용이 늘어나고 있는 실정이다."[58]

댈러스 연방준비은행은 최근 보고서에서 지난 10년간 신설된 일자리가 "기술력과 문제 해결 능력을 거의 요하지 않는" 저기술 비정형적 육체노동에 치중되어 있음을 지적했다. 장보기 대행 서비스인 인스타카트Instacart가 시급 30달러를 지급하는 것처럼 심부름 서비스 중 일부는 고임금을 제공하기도 하지만, 사실상 장보기가 8시간이나 걸리는 건 아니다.[59] 8시간치 일감을 구할 수 있다면 시급 30달러가 괜찮은 임금이지만, 하루에 벌 수 있는 돈이 30달러뿐이라면 그 반대다.

〈가디언〉은 2017년에 미국의 노숙자를 다룬 연재 기사에서, 차를 집으로 쓰는 로스앤젤레스 우버 기사가 몇 명인지 조사했다.[60]《뉴욕매거진》도 신생 긱경제가 봉착한 불완전고용 문제를 지적하면서 노숙자 쉼터에 사는 핸디 청소원들의 사연을 소개했다.[61] 노숙자가 이들 플랫폼을 이용해 일을 찾을 수 있는 것은 좋은 현상이지만, 핸디가 2015년 11월을 기준으로 총 1억1,070만 달러를 투자받았음에도 핸디의 노동자 가운데 노숙자가 존재한다는 것은 아이러니다.

## 공유경제 서비스를 구분 짓는 기술과 자본

나는 에어비앤비 호스트 23명, 태스크래빗 노동자 22명, 키친서핑 셰프 19명, 우버 기사 14명 등 총 78명의 노동자를 심층 면담했다. 이 네 개의 서비스를 선택한 이유는 공유경제 혹은 긱경제에 속하는 기업의 다양성을 잘 보여주고 있기 때문이다. 그중에는 대성공을 거두고 대규모 투자를 유치해 기업 가치가 수십, 수백억 달러에 이르는 기업이 있는가 하면(우버와 에어비앤비), 어느 정도 자리는 잡았지만 고전 중인 스타트업도 있고(태스크래빗), 비교적 신생 기업으로서 급성장한 스타트업(키친서핑)도 있다.[62] 아울러 공유경제의 각기 다른 요소를 보여줄 수 있다는 점도 이들 기업을 선택한 이유다. 네 개 기업 모두 사용률이 떨어지는 유형 자산(유휴 생산 능력)을 소비자가 이용할 수 있게 한다는 공통점이 있지만, 태스크래빗과 키친서핑은 C2C 혹은 '주문형' 서비스를 제공하고, 에어비앤비는 소비자가 일시적으로 집을 공유할 수 있게 해준다. 우버는 개인 차량으로 수익을 올리고, 우버풀을 통해 차량을 공유함으로써 자산을 더 효율적으로 사용할 수 있게 한다.[63]

**공유경제 노동을 위해 넘어야 할 기술과 자본 장벽**

| | 낮은 자본 장벽 | 높은 자본 장벽 |
|---|---|---|
| 낮은 기술 장벽 | 태스크래빗 | 우버/리프트 |
| 높은 기술 장벽(심사/마케팅) | 키친서핑 투나잇 | 에어비앤비/<br>키친서핑 인력시장 서비스 |

더욱이 이들 기업은 공유경제에 속하는 서비스들을 구분 짓는 기술과 자본의 장벽을 잘 보여준다(79쪽 표 참고). 개인 심부름 서비스인 태스크래빗은 진입 장벽이 거의 없다. 온라인 지원서를 작성하고 오리엔테이션에 참석하면 누구나 일을 시작할 수 있고 자본금도 따로 필요하지 않다. 키친서핑은 전문 기술이 필요한 만큼 실제로 음식점 수준의 요리를 만들 수 있는지를 심사한다. 그래서 주문형 정찬 서비스인 키친서핑 투나잇은 기술 장벽은 높은 데 반해 자본 장벽은 낮다. 한편, 같은 키친서핑이라 해도 소비자가 직접 셰프를 선택하는 인력시장 서비스는 기술 장벽만 높은 게 아니라 노동자가 안정적인 교통수단, 조리 도구, 저장 시설을 갖춰야 하는 만큼 자본 장벽도 높다.

에어비앤비와 우버의 경우에는 많은 자본이 필요하다. 에어비앤비는 타인이 돈을 내고 묵으려고 할 만큼 매력적인 공간이 필요하다. 우버는 비교적 새 차량이 필요하고 우버의 요구 사항과 뉴욕의 면허 조건을 만족하려면 수천 달러가 소요되기에 자본 장벽이 높다.[64] 하지만 우버는 최소한의 기술(운전면허 시험과 신원조회만 통과할 수 있으면 된다)만 필요한 반면, 에어비앤비는 호스트로 성공하려면 게스트와 잘 소통하고 여행자의 구미를 당길 만한 숙소를 만들 수 있어야 하는 등 기술 장벽이 높다.

## 공유경제 서비스에 대한 배경 설명

이제부터 네 개 서비스의 간략한 역사와 함께 각 서비스가 어떻게 사업 창출성을 드러내 보이는지 알아보자.[65]

### 에어비앤비

2008년 샌프란시스코에서 에어비앤비를 설립한 주인공은 월세를 내지 못할 위기에 처한 두 명의 룸메이트였다. 그들은 미국산업디자이너협회 콘퍼런스가 열리는 주말에 에어 매트리스 몇 개를 방바닥에 깔아놓고 호텔을 잡지 못한 사람들에게 빌려줬다.[66] 2015년 11월 에어비앤비는 등록 숙소 200만 개를 돌파했고, 2017년 7월에는 300만 개를 돌파했다. 호스트는 집이나 빈방을 온라인에 올려서 투숙객을 받는다. 에어비앤비는 숙박 중개업체이면서 결제 중개업체이기도 하다. 투숙객이 숙소에 도착해서 이상이 없음을 확인하면 호스트에게 숙박비가 지급된다.

에어비앤비의 사업 창출성은 웹사이트의 예약 페이지와 호스트용 페이지를 비교해보면 잘 드러난다. 에어비앤비 웹사이트의 첫 화면은 "집에 오신 걸 환영합니다"라는 문구와 함께 "낯선 도시에서 우리 집을 만나다"라는 슬로건으로 공유와 공동체성을 강조한다. 웹사이트에 따르면 에어비앤비는 "어디에나 있는 우리 집"이

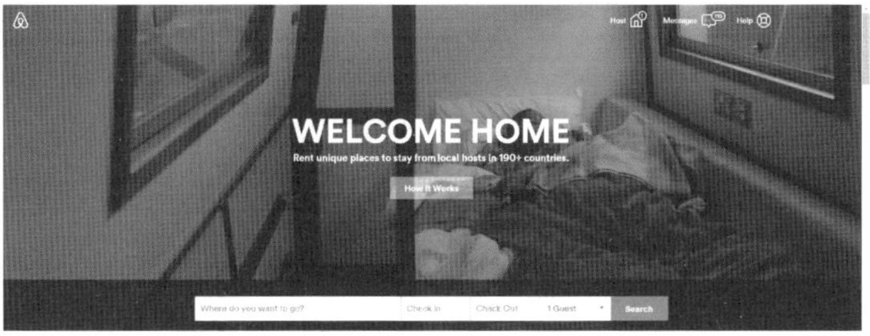


"집에 오신 걸 환영합니다"와 같은 메시지를 통해 에어비앤비는 잠재적 투숙객에게 개방적이고 우호적인 공동체를 연상시킨다.(저자가 찍은 스크린샷)

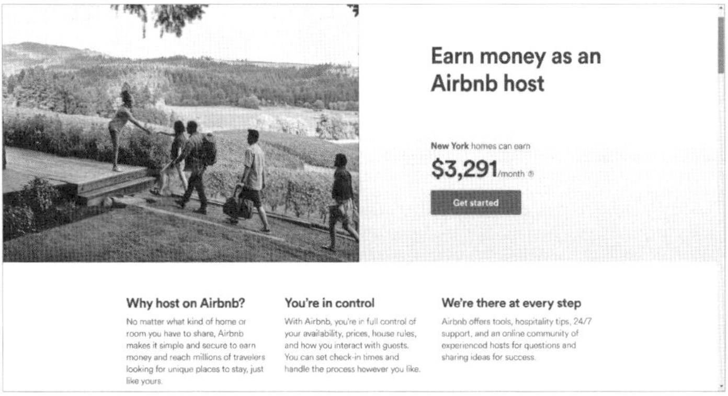


에어비앤비는 호스트에게 사업 창출성을 강조하기 위해 자사의 플랫폼을 이용해 벌 수 있는 수입을 강조할 뿐 공동체는 별로 언급하지 않는다.(저자가 찍은 스크린샷)

다. 이와 함께 "에어비앤비 호스트들은 어떻게 낯선 도시에서 우리 집을 만드는가"라는 제목의 동영상도 게시되어 있다.

반면에 "에어비앤비 호스트가 되어 수입을 올려보세요"라고 적힌 호스트용 페이지는 수익성과 자율성에 방점이 찍혀 있다. 에어비앤비는 "호스트가 공유하는 숙소의 유형과 관계없이… 쉽고 안전하게 수입을 올릴 수 있게" 해준다고 약속한다. 그래도 망설이는 사람들을 향해 "예약 가능일, 요금, 숙소 이용 규칙, 게스트와의 교류 방식은 전적으로 호스트가 결정한다"고 강조한다. 같은 페이지에 친절하게도 호스트가 얼마나 벌 수 있는지도 나와 있다. 뉴욕의 경우에는 월 3,200달러 이상이다.

한편 에어비앤비는 자사는 어디까지나 중개업자이고 책임과 위험은 호스트와 투숙객의 몫이라는 입장이다. 알려진 바에 따르면 에어비앤비와 관련된 대형 사고가 최초로 문서화된 것은 2011년 6월에 한 여성 호스트가 블로그에 올린 글이다.[67] 그녀는 샌프란시스코의 아파트를 빌려줬는데 투숙객이 떠난 후 들어가보니 집 안이 아수라장이 되어 있었다.

> 잠가놓은 벽장문을 부수고 그 안에 숨겨놓은 여권, 현금, 신용카드, 할머니의 패물을 훔쳐갔다. 카메라, 아이팟, 오래된 노트북, 그리고 사진과 일기가 든 외장하드도 가져갔다. 내 인생을 모두 도둑맞았달까. 내 출생증명서와 사회보장카드도 털렸는데, 왠지 손님들 쓰라고 놔둔 복합기로 복사까지 했을 것 같다. (…) 난방이 되는데도 벽난로에 내가 사다놓은 듀라플레임 장작을 잔뜩 넣어서 물건(내 물건?)을 싹 태웠다. 내가 정성껏 개어놓은 손님용 이불이 안 보이는데, 아마 그것까지 태운 것 같다.

에어비앤비의 불간섭주의를 잘 보여주듯이 이 호스트는 에어비앤비와 관련이 있는 사람을 백방으로 찾은 끝에 14시간 만에 에어비앤비의 응답을 받았다고 한다. 이 사건은 곧 〈테크크런치TechCrunch〉 〈슬레이트Slate〉 《타임》 등을 통해 기사화됐다. 이후 에어비앤비는 24시간 비상 전화 서비스를 신설하고, 미국과 캐나다 등지에서 적격한 숙소에 한해 100만 달러까지 보험금을 지급하는 보험에 가입했다. 하지만 이 보험은 2차 보험이다. 호스트는 먼저 자신의 주택보험이나 임차인보험에 보험금을 청구해야 한다. 물론 대부분의 보험사는 집을 빌려줘서 발생한 손해를 보상해주지 않지만 말이다.

구글에서 'airbnb trashed apartment'(에어비앤비 난장판 아파트)라고 치면 마약판이 벌어진 캐나다의 아파트, 광란의 파티 후 배설물과 콘돔 천지가 된 뉴욕의 펜트하우스, 난교 파티장으로 쓰인 뉴욕의 아파트 등 집과 기물이 파손된 사례가 많이 나온다.[68] 2014년 7월 〈허핑턴포스트〉는 에어비앤비 사건 사고를 간략히 정리한 기사를 내보내기도 했는데, 여기에는 마약중독자, 칼에 찔린 매춘부, 에어비앤비 때문에 퇴거당한 호스트, 나가라고 해도 안 나가는 투숙객 등이 등장한다.[69] 물론 모든 사례가 다 이렇게 선정적이진 않고, 투숙객이 생리대를 변기에 버려서 수리비가 1만 달러나 나왔다는 소소한 사연도 있다.[70] 에어비앤비 사용자 커뮤니티에도 집이 망가진 사례가 올라와 있고, 에어비앤비 호스트를 위한 컨설팅업체 어번던트호스트Abundant Host의 블로그에도 기물 파손, 규정 위반, 풍기 문란 등의 사례가 게시되어 있다.

호텔도 악성 투숙객 때문에 객실이 파손되기도 하지만 호텔방은 이렇다 할 장식이 없는 중립적인 공간이다. 반면에 에어비앤비 숙소는 호스트의 개인적인 물건이 비치된 곳이 많다. 그리고 호텔은 투숙객의 신용카드나 운전면허증, 여권을 확인하기 때문에 가해자가 누구인지, 하다못해 누구에게 손해배상을 청구해야 하는지 정도는 알 수 있다. 하지만 에어비앤비 호스트는 그런 개인정보를 확보할 수 없으므로 고객센터에 신고하고 보상받아야 한다. 또한 호텔은 객실이 파손되면 다음 투숙객에게 다른 방을 배정할 수 있지만 에어비앤비 호스트는 집에 자신이나 다음 투숙객이 머물 여유 공간이 없는 경우가 대부분이다. 호텔은 CCTV와 경비원이 있고, 대부분의 객실이 일반적인 가정의 침실보다 작다(뉴욕은 특히 더 작다). 그렇다 보니 난잡한 파티를 열려고 하는 사람에게는 에어비앤비를 통해 구할 수 있는 널찍하고 감시망이 없는 공간이 제격이다. 끝으로 신뢰의 문제도 있다. 공유경제가 말하는 공동체성을 신봉하며 낯선 사람을 믿고 집을 내줬는데, 그 사람이 신뢰를 저버린다면 호스트는 심리적으로 심각한 타격을 입을 수밖에 없다.

호스트가 혹시라도 발생할 문제를 걱정하지 않도록 에어비앤비 웹사이트에는 "안심하십시오. 요금, 예약 가능일, 예약 조건은 전적으로 호스트가 결정합니다"라고 쓰여 있다. 그리고 "호스트가 100% 만족할 때만 예약을 수락할 수 있도록 신뢰와 안전을 위한 장치가 마련되어 있습니다"라고 강조한다. 하지만 '안심'과 '100% 만족'을 위해서는 호스트가 집을 빌려줄 사람을 엄선해야 한다. 다시 말해 투숙객을 걸러낼 책임이 호스트에게 있다.

동시에 에어비앤비에는 다음과 같은 엄격한 차별 금지 규정이 존재한다. "에어비앤비는 개방된 커뮤니티로서… 어떤 개인이나 집단에 대한 차별, 편견, 인종주의, 혐오, 희롱, 위해를 조장하는 콘텐츠를 금하고, 모든 사용자가 해당 지역의 법규를 준수할 것을 요구합니다." 하지만 앞에서 말했다시피 연구 결과에 따르면 투숙객을 가려 받고 차별하는 행위가 여전히 만연하다.[71]

에어비앤비의 호스트와 투숙객은 이름, 생년월일, 성별, 연락처가 포함된 프로필을 작성해야 한다. 성별과 생년월일은 타인에게 공개되지 않지만, 모든 사용자가 얼굴이 확실히 보이는 사진을 올려달라는 요구를 받는다. "호스트와 게스트가 서로에 대해 알려면 얼굴 정면이 확실히 나온 사진이 필요합니다. 풍경에게 집을 빌려주면 재미없잖아요!" 게다가 사용자는 "다른 사람들이 나를 알 수 있도록" 짤막한 자기소개도 적어야 한다. 이때 제시되는 소재는 내 인생에 없으면 안 되는 것 5가지, 좋아하는 여행지·책·영화·방송·음악·음식, 여행 스타일, 좌우명 등이다. 호스트는 개인 프로필 외에 숙소 프로필도 작성해야 한다. 숙소 사진과 이용 규칙(금연 등)을 올리고, 투숙객이 주요 건물과 대중교통을 통해 숙소를 쉽게 찾을 수 있도록 '핀'이 꽂힌 약도를 제공해야 한다.

내가 면담한 호스트는 대부분 이스트빌리지의 호스트였는데, 뉴욕의 많은 지역이 그렇듯이 이스트빌리지도 정확한 경계선에 대해 의견이 분분했다. 나는 "이스트14번가, 이스트휴스턴가, 바워리/4번가, 이스트강으로 둘러싸인 지역"이라는 〈뉴욕타임스〉 부동산 섹션의 정의를 따랐다.[72]

이스트빌리지는 맨해튼에서 그나마 저렴한 주거 지역으로 꼽힌

이스트빌리지는 보통 이스트14번가, 이스트휴스턴가, 4번가(바워리), 이스트강을 경계로 하는 지역으로 설명된다.(구글 지도)

다. 사회학자 샤론 주킨Sharon Zukin은 젠트리피케이션을 다룬 저서에서 이스트빌리지에 대해 "저항이 생활이고 역사가 생명인 지역이다. 저항과 역사는 이스트빌리지가 개성 있는 동네로 정평이 난 이유다. 그 명맥을 지키는 것은 임대료가 저렴한 공동주택과 소규모 가게가 모여서 만드는 파격적이면서도 군데군데 허름함을 간직한 동네 분위기다"라고 썼다.[73]

이스트빌리지가 특히 에어비앤비 호스트에게 인기인 이유가 있다. 2012~2016년 미국지역사회조사American Community Survey 데이터를 근간으로 제작된 뉴욕인구정보열람소New York City

Population FactFinder에 따르면, 이스트빌리지의 주거지 가운데 절반이 조금 넘는 곳이 소형 공동주택(1939년 이전 건축)이다.[74] 그래서 관리인이 상주하는 경우가 드물고 보통은 경비원도 없다. 통상적인 숙소라면 투숙객의 편의를 위해 관리인, 경비원, 운반인 등이 당연히 존재해야 하기 때문에 그런 인력이 없다는 것은 분명 단점이다. 하지만 에어비앤비 호스트는 비밀리에 일을 진행할 수 있기 때문에 관리인이 없는 것이 오히려 '특장점'이 된다.

이렇게 인기 있는 동네이기 때문에 나는 되도록 이스트빌리지의 호스트를 면담하려 했다. 내가 면담한 호스트 23명 중 19명(83%)이 이스트빌리지에 숙소가 있었고, 그중 5명은 어퍼웨스트사이드, 웨스트빌리지, 브루클린에도 숙소가 있었다. 나머지 4명 중 3명은 이스트빌리지에 살지 않고 미드타운웨스트, 퀸스, 브루클린의 거처를 숙소로 빌려줬다. 그리고 1명은 숙소의 위치를 숨기기 위해 이스트빌리지에 아파트가 있다고 했지만 실제 소재지는 이스트빌리지 북쪽에 인접한 그래머시였다.

응답자 중 대다수(83%)가 백인이었고, 흑인이라고 밝힌 사람이 1명, 혼혈인이라고 밝힌 사람이 2명이었으며, 1명은 답변을 거부했다. 백인 응답자 중에는 아르메니아, 이스라엘, 독일, 아일랜드 등지에서 이민 온 사람들이 포함되어 있고, 캐나다 출신도 2명 있었다. 참가자 중 여성은 48%, 남성은 52%로 거의 동률이었다. 연령대는 23세부터 60세까지였는데, 20~39세가 19명이고 평균 연령은 32세였다. 학력은 꽤 높아서 48%가 학사 학위자, 22%가 석사 혹은 박사 학위자였고, 현재 대학원을 다니고 있거나 대학원 과정을 이수한 사람도 22%였다. '대학 재학'이라고 한 사람은 2명이었는데, 그중 1명은 현재 2년제 대학에 다니고 있었다. 뉴욕의 높은 물가를 반영하듯 참가자 중 가구 소득이 연 10만 달러 이상이라고 답한 사람이 12명이었다. 그 외에 2만5,000~4만9,999달러가 7명, 7만5,000~9만9,999달러가 2명, 2만5,000달러 이하가 2명이었다.

## 우버

우버의 탄생기는 여러 가지 설이 존재하는데, 웹사이트에 따르면 "2008년 파리에서 눈이 내리는 저녁에 트래비스 캘러닉Travis Kalanick과 개릿 캠프Garrett Camp는 택시를 잡을 수가 없었다. 그때 간단히 버튼을 탭해서 차를 부를 수 있게 하자는 아이디어가 나왔다"고 한다.[75]

고급 서비스를 지향하는 우버였던 만큼 최초 버전인 우버캡UberCab은 사용자가 스마트폰에서 버튼을 누르거나 문자메시지를 보내면 고급 차량이 호출되는 서비스였다. 가격은 샌프란시스코 일반 택시의 1.5배 수준이었다.[76] 우버캡은 출범하자마자 규제 논란에 휘말렸다. 2010년 10월에 샌프란시스코 교통국과 캘리포니아주 공익설비관리위원회로부터 비면허 택시 서비스를 중단하라는 명령을 받은 우버캡은 로고에서 택시를 뜻하는 '캡Cab'을 떼버린 후 우버라는 브랜드로 영업을 재개했다. 그리고 페이스북 페이지를 통해 "택시 이상의 고품격을 추구하겠다"고 밝혔다.[77]

뉴욕 진출 이후 우버는 자사를 "더 많은 비용을 낼 용의가 있는

뉴욕 시내버스 뒤에 붙은 우버 광고.(저자 촬영)

사람들을 위한 앱 기반 차량 호출 서비스 기업"으로 소개했다. 뉴욕 진출 초기에 나온 기사에는 우버의 가격이 택시의 1.75배 정도 되고, 앱을 통해 누릴 수 있는 "효율적이고 우아한 사용자 경험"이 가장 큰 매력이라는 CEO 트래비스 캘러닉의 발언이 실렸다.[78]

2012년 우버는 하이브리드 차량을 이용하는 저렴한 서비스(택시보다 10~25% 정도 높은 가격)를 준비 중이라고 발표했다.[79] 몇 달 뒤에는 택시와 제휴해서 택시 기사가 우버 앱을 통해 고객을 찾을 수 있게 하겠다는 계획도 발표했다. 하지만 며칠 후 뉴욕택시리무진위원회가 택시 기사들에게 "택시는 거리에서 택시를 부르는 손님만 태울 수 있고 운전 중에 휴대폰을 사용하는 것은 불법"이라고 통보했다.

하지만 우버는 그 정도로 물러서지 않고 시장점유율을 높이기 위해 보너스까지 줘가며 기사를 영입했다. 그리고 운전자들이 잘 볼 수 있도록 시내버스 뒤에 구인 광고를 냈다. 이 광고에는 월 5,000~6,000달러의 수입을 보장한다고 쓰여 있었다. 그 밖에 배차 담당자의 차별에서 벗어나 아무 제약 없이 운전하는 사장님으로 만들어준다는 광고도 냈다. 곧 리프트, 겟Gett, 비아Via도 뒤따라 광고를 시작했다.

광고는 성공적이었다. 우버는 2015년 회계연도(7월 1일~6월 30일)에 매달 약 2,000개의 영업용 차량 면허를 취득하면서 2011년 뉴욕 진출 당시보다 영업용 차량이 63% 증가했다.[80] 2015년 3월 〈뉴욕포스트〉는 뉴욕택시리무진위원회 자료를 근거로 뉴욕의 면허 택시가 1만3,587대이고 우버와 제휴한 영업용 고급 차량은 1만4,088대 이상이라고 보도했다.[81] 우버는 2016년이면 우버 기사가 1만 명이 더 늘어날 것으로 예측했다. 2017년 1월 〈뉴욕타임스〉 보도에 따르면 뉴욕에서 운행 중인 6만 대의 영업용 고급 차량 가운데 4만6,000대가 우버와 연계되어 있고, 우버 차량의 수는 일반택시(1만3,587대)의 약 4배 수준으로 집계됐다.[82]

2015년 여름, 우버를 위시한 차량 호출 서비스가 아무런 견제 없이 성장하는 것에 위기감을 느낀 뉴욕시의회 교통위원회 이다니스 로드리게스Ydanis Rodríguez 위원장과 브루클린 시의원 스티븐 레빈Stephen Levin이 시 차원에서 교통 혼잡도를 조사하는 동안

호출용 차량의 총량 제한을 제의한 빌 더블라지오 시장을 규탄하기 위해 우버가 조직한 집회.(저자 촬영)

영업용 차량의 면허 발급 총량을 제한하자는 내용의 법안을 발의했다.

이에 UCLA 사회학자 에드워드 워커Edward Walker가 〈뉴욕타임스〉 칼럼에서 지적한 대로 '기업 가치 500억 달러의 대기업' 우버는 고객을 동원한 '대중의 소셜미디어 공격'으로 즉각 공세를 펼쳤다. "우버는 '더블라지오의 우버'라는 기능을 추가해 뉴요커가 차량을 호출하기 위해 앱에 접속할 때마다 빌 더블라지오 뉴욕시장의 위협을 알리고("왜 차량이 안 보일까요?"), 새로운 규제에 반대하는 탄원서를 제출하도록 유도했다. 또 고객이 6월 30일 시청 앞에서 열린 집회에 참석할 수 있도록 무료 승차 서비스를 제공하기도 했다. 그 결과 시장과 시의회 앞으로 1만7,000통의 항의 메일이 도착했다."[83]

우버는 소셜미디어 캠페인 외에도 사업 창출성을 강조하기 위해 자사를 "인종 평등의 수호자이며 노동자 계층의 경제적 지위 상승을 위해 필수 불가결한 플랫폼"으로 표현하는 텔레비전 광고 시리즈를 내보냈다.[84] 한편 뉴욕시장은 2013년 선거 당시 택시업계의 이익단체로부터 수십만 달러의 후원금을 받았다는 이유로 택시업계의 꼭두각시라는 오명을 샀다.

우버를 위시한 차량 서비스를 제한해야 한다는 시장의 안은 우선 4개월간 우버 등이 뉴욕의 교통에 끼치는 영향을 조사한 후 재검토하기로 결정됐다. 이를 위해 우버는 시 당국이 그간 분석을 위해 요청해온 데이터를 제공하기로 했다. 분석 결과는 예정보다 6주 늦은 2016년 1월에 발표됐다. 보고서는 호출용 차량으로 인해 교통 혼잡이 가중되는 측면이 있다면서도 호출용 차량의 총량을 제한할 것을 권고하지는 않았다.

에어비앤비가 웹사이트에서 잠재적 노동자용 섹션과 잠재적 소비자용 섹션을 분리한 것처럼, 우버의 메인 웹사이트(uber.com)도 대상에 따라 내용을 달리했다. 고객용 섹션에는 "부르면 옵니다. 우버 앱으로 단 몇 분 만에 차량을 이용하세요"라고 적힌 큼지막한 배너가 나오는 한편, 채용 섹션에는 재무 담당자 같은 직군에 대한 설명만 있다. '드라이버로 가입하기' 버튼을 클릭하면 다른 웹사이트(https://partners.uber.com/drive)로 연결된다.

우버의 메인 웹사이트는 편의성(탭 한 번으로 호출, 확실한 승차 보장, 무현금 결제)을 강조하지만, 드라이버 파트너용 사이트는 수익

우버의 고객용 웹페이지.(저자가 찍은 스크린샷)

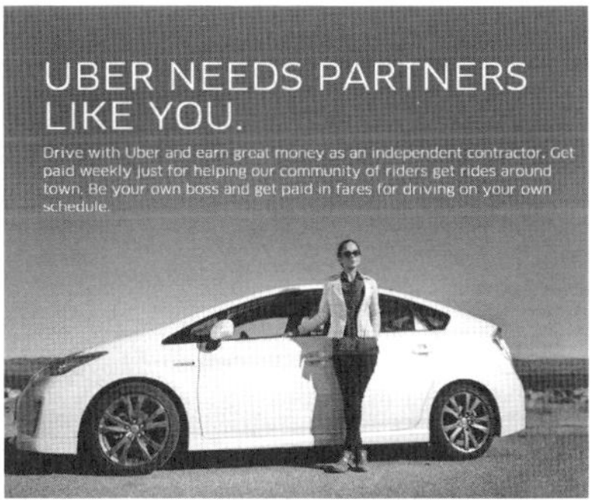


"우버에는 바로 당신과 같은 파트너가 필요합니다. 우버의 기사가 되어 독립계약자로 수입을 올리세요. 승객을 태우고 시내 곳곳을 누비며 일주일 단위로 보수를 받으세요. 원하는 시간에만 운전하면서 돈을 버는 사장님이 되세요."(저자가 찍은 스크린샷)

잠재력과 사업 창출성을 강조한다. "우버에는 바로 당신과 같은 파트너가 필요합니다"라며 "사장님이 되세요"라고 말한다. 같은 사이트의 다른 섹션에는 "앱에서 버튼을 탭하는 것만으로 수입이 생깁니다" "보수는 자동으로 지급됩니다"라고 쓰여 있다. 기사로 승인되면 "이제 돈을 벌 준비가 끝났습니다"라는 메시지가 뜬다. 기사를 모집하기 위한 옥외 광고판에서는 신규 기사에게 보장되는 월수입 혹은 주수입을 강조하고 "정해진 근무시간도, 상사도, 제약도 없이" 일할 수 있다면서, 밝은 미래를 희망한다면 "우리를 헤드라이트라고 생각하세요"라고 사업 창출성을 강조한다.

내가 면담한 우버 기사 중 절반 정도는 이민자였다. 백인이라고 밝힌 사람과 흑인이라고 밝힌 사람이 각각 21%로 동일했고, 14%는 히스패닉이라고 했으며, 1명은 혼혈인이었다.[85] 뉴욕의 택시 기사 대부분이 남성(90~97%로 추정)인 만큼 면담에 응한 우버와 리프트 기사도 모두 남성이었다. 연령대는 22~59세로, 이 가운데 60%가 20~39세였고, 평균 연령은 36세였다. 학력 문항에 답한 사람 가운데 50%는 학사 이상의 학위 소지자였다. '대학 재학'이라고 한 사람은 2명이었는데, 그중 1명은 2년제 대학에 재학 중이었다. 1명은 전문학사 학위자, 1명은 고졸 검정고시 합격자였다. 연소득은 5만~7만4,999달러가 4명, 2만5,000달러 이하가 3명, 7만5,000~9만9,999달러와 2만5,000~3만4,999달러가 각각 1명이었다.

**태스크래빗**

태스크래빗의 기원은 설립자 리아 버스크Leah Busque 부부가 집에서 키우던 개(래브라도 리트리버)의 사료가 떨어진 날로 거슬러 올라간다. 버스크는 이웃 중에 마트에 간 사람이 분명히 있을 것이라 생각했다. '그 사람에게 연락해서 사료를 사달라고 부탁하면 좋지 않을까?' 이런 이웃 간 상부상조라는 기조는 지금까지도 이어지고 있다. 태스크래빗 웹사이트에는 "예전에 이웃끼리 돕던 정다운 사회를 현대식으로 재현했다"고 적혀 있다. 태스크래빗은 사람들이

"이웃끼리 서로 신뢰하며 안전하게 도움으로써 더 편리한 삶을 영위할 수" 있도록 "집안일과 전문적인 일을 인근의 신뢰할 만한 사람에게" 아웃소싱한다.

태스크래빗은 구인구직계의 이베이라고 할 입찰제인력시장으로 출발했다. 의뢰인이 맡기고 싶은 일을 올리면 '래빗'(당시에는 이렇게 불렀다)들이 가격을 제시하고 자신이 적임자인 이유를 짧게 썼다. 이 인력시장 모델은 짧은 영상 제작, 인물사진 촬영 같은 창의적인 작업과 청소, 심부름, 수리 등 다양한 작업을 아울렀다.

2014년 7월 태스크래빗은 입찰제 인력시장에서 임시인력 공급업체로 사업 모델을 변경(최초의 피벗)했다. 입찰 시스템이 없어지고 노동자가 4시간 단위로 수주 가능 여부를 설정하면 알고리듬을 통해 잠재적 고용주에게 표시됐다. 잠재적 고용주는 작업 범주(청소, 배달, 이케아 조립 등)와 시간대를 선택하고 작업 내용을 적은 후 알고리듬이 선정한 최대 15명의 노동자 중 한 명을 선택했다. 그러면 태스커는 시간이 몇 시든 간에 30분 안에 응답해야 하고, 30분이 지나면 다른 태스커에게 기회가 넘어갔다. 이 시기를 기점으로 창의적인 작업에 속하는 범주는 서서히 폐지됐다.

30분 안에 응답하지 않는 횟수가 늘어나면 노동자의 프로필은 일시적으로 '이용 정지' 상태가 됐다. 그래서 사실상 밤이고 낮이고 항시 대기 중이어야 했다. 더욱이 새 시스템에서는 태스커가 좋아하는 일만 골라서 할 수가 없었다. 미리 선택해놓은 범주에서 의뢰가 들어왔다는 알림만 받을 뿐이다. 사장이 되어 자유롭게 일할 수 있다는 장점은 순식간에 사라졌다. 많은 사람이 찾는 태스크래빗 페이스북 그룹에는 이런 댓글이 달렸다. "아직까지 태스크래빗에 남아 있는 사람은 고용노예다. (…) 자기 사업을 키우는 게 아니라 태스크래빗의 사업만 키워주고 있을 뿐이다."[86]

2015년 여름에 태스크래빗은 수수료율을 20%에서 30%로 인상하고, 의뢰인에게 청구되는 5%의 신뢰·안전 보장비를 신설하면서 동일한 의뢰인에게서 재의뢰를 받으면 수수료를 15%로 감면해주기로 했다. 예전에는 의뢰인이 100달러를 지불하고 노동자가 80달러를 가져갔던 작업이 이제는 의뢰인이 105달러를 지불하고 노동자는 70달러를 가져가는 시스템으로 바뀐 것이다. 참고로 이 70달러는 세금과 부대비용을 제하기 전 금액이다. 많은 태스크래빗 노동자가 소득 감소를 목도하면서도, 사측으로부터 그런 변화의 목적이 노동자에게 단골 의뢰인이 생기도록 "사업을 장려하기 위함"이라는 말을 들어야 했다. 2017년 태스크래빗은 5%였던 신뢰·안전 보장비를 신뢰·지원 보장비로 변경하면서 7.5%로 인상했다. 이로써 의뢰인이 107.50달러를 지불하면 태스크래빗이 37.50달러를 취하고 노동자에게는 70달러가 떨어졌다.

지금은 사라졌지만 공유경제를 지원한다는 취지로 설립된 비영리단체 피어스닷컴Peers.com에 쓰여 있는 태스크래빗 소개글을 보면 사업 창출성이 더욱 강조되어 있다. 사이트가 사라지기 전에 피어스닷컴에는 "태스커는 자신의 기술과 여유 시간을 이용해 소규모 사업을 일굴 수 있다"고 적혀 있다. 태스크래빗의 태스커용 사이트에는 노동자가 "태스크래빗에 기반한 사업을 홍보하기 위한 물품을 제작하기 위해" 사용할 수 있는 고화질 로고가 게시되어 있고, "사업을 키우기 위해" 개인용 태스크래빗 URL을 만들라는 안내문도 붙어 있다.

하지만 연구 결과에 따르면 태스크래빗이 지원하는 소규모 사업은 그 종류가 제한되어 있었다. 줄리엣 쇼어의 지도로 태스크래빗을 연구한 보스턴대학 대학원생들에 따르면, 태스커들이 최초의 피벗 전에는 태스크래빗의 서비스를 대체로 긍정적으로 평가했고 다수의 응답자가 태스크래빗으로 자기 사업을 운영 중이었다. '현재 작업 중Work in Progress'이라는 블로그에는 "언어 능력이 뛰어난 태스커가 소규모 번역 사업을 시작해서 다른 플랫폼에 있는 디지털 노동자들에게 작업을 아웃소싱했다. 가상 비서 업무를 잘 아는 태스커도 태스크래빗에서 받은 일을 아웃소싱했다"라고 적혀 있다.[87] 하지만 태스크래빗이 피벗을 단행하면서 그런 방식의 아웃소싱을 단속한 결과 그 같은 신생 업체가 설 자리가 없어졌다는 사실이 연구진의 후속 면담을 통해 밝혀졌다.

나는 2015년 3~11월에 태스커들을 면담했다. 참가자 중 절반가량이 최초의 피벗(입찰제인력시장에서 임시인력공급업체로 전환) 전부터 태스크래빗을 이용했고, 모든 참가자가 수수료율 인상 시점에 태스크래빗을 이용하고 있었다.

참가자의 인종 구성은 다양했다. 48%가 백인, 24%가 흑인, 14%가 히스패닉, 10%가 아시아계라고 밝혔다. 나머지 4%는 혼혈인이었다. 참가자 중 64%가 남성, 36%가 여성이었다. 연령대는 21~60세였고, 이 가운데 66%가 20~35세에 속했다.

2013년 태스크래빗은 자사의 인력시장 플랫폼에서 활동하는 노동자 중 70%가 학사, 20%가 석사, 5%가 박사 학위자라고 밝혔다.[88] 내 연구의 응답자들 역시 학력이 높았다. 41%가 학사 학위자였고 29%가 대학 재학 중이었다. 18%가 대학원을 나왔고 1명은 박사 학위자였다. 과반수의 응답자가 가구 소득이 5만 달러 이하라고 했고(68%), 18%가 5만~7만4,999달러라고 했다. 1명은 7만5,000~9만9,000달러였고, 2명은 소득을 밝히지 않았다.

### 키친서핑

키친서핑은 2012년 가정에서 만찬이나 파티에 부를 전문 셰프를 찾는 플랫폼으로 출발했다. 태스크래빗처럼 초기에는 인력시장이었다. 사측이 준비한 조리실에서 실제로 요리하는 것으로 셰프를 엄선했다. 심사에 합격한 셰프만이 프로필과 샘플 메뉴(오붓한 식사, 50인 칵테일파티 등), 음식 사진을 올릴 수 있었다. 이렇게 마케팅과 광고 기회를 제공하면서 키친서핑은 셰프와 의뢰인 사이에서 결제 중개 업무로 10%의 수수료를 챙겼다.

그러다가 2015년 피벗을 단행했다. 셰프가 직접 마케팅하는 인력시장 플랫폼은 그대로 놔두고, 별도로 외식이나 테이크아웃의 대체제가 되는 주문형 서비스인 '키친서핑 투나잇'을 출시하면서 대대적인 홍보에 들어갔다. 초기 키친서핑 투나잇은 맨해튼 일부 지역에서만 이용할 수 있었고, 이후 브루클린 파크슬로프로 서비스 지역을 확대했다. 의뢰인이 3가지 메뉴(매일 변경) 중 하나를 선택하면 셰프가 정해진 시간에 재료와 도구를 준비해 가서 식사를 대접했다. 가격은 1인당 25달러에서 시작했는데, 인건비와 재료비, 교통비, 팁, 세금, 청소비, 일회용 용기 값이 모두 포함된 금액이었다.[89] 메인 요리와 사이드 요리가 제공되고 보통은 샐러드와 디저트까지 나와서 푸짐하게 먹을 수 있었다. 셰프가 도착해서 일을 마치고 떠날 때까지 30분 정도가 소요됐다. 노동자는 기본 근무 단위를 4시간으로 해서 60달러씩 받았고, 4시간보다 일이 일찍 끝나도 60달러가 다 지급됐다. 일주일에 4시간 단위로 4회 이상 일하는 경우에는 31달러 상당의 일주일 대중교통 이용권이 제공됐다.

이후 공동 설립자 겸 CEO 크리스 머스커렐라Chris Muscarella가 물러나고 징가Zynga(미국의 소셜네트워크 게임 개발업체 - 옮긴이)의 수석부사장 출신 존 티엔Jon Tien이 경영권을 잡으면서 주문형 셰프 서비스에 점점 더 힘이 실렸다. 이에 따라 셰프와 이메일을 주고받을 필요 없이 클릭 한 번으로 예약이 가능해지고, 좀 더 저렴한 메뉴가 신설되자 재예약률이 증가했다.[90] 그 결과 키친서핑 투나잇에 집중하기 위해 인력시장 시스템을 폐지했다.

키친서핑은 초창기부터 사업 창출성을 강조했다. 공동 설립자 겸 CEO인 크리스 머스커렐라는 2010년 친구가 브루클린에서 '루콜라'라는 이탈리안 레스토랑을 창업하는 것을 도와주면서 키친서핑을 구상했다. 그는 재능 있는 셰프들을 만나면서 많은 셰프가 어마어마한 비용 부담 때문에 자기 식당을 열 엄두를 내지 못한다는 사실을 알게 됐다. 〈매셔블Mashable〉 기사에는 "식당이 좋긴 하지만… 사업 아이템으로는 좋지 않다"는 그의 말이 인용되기도 했다.[91]

이처럼 설립 초기부터 소규모 사업의 가능성에 초점을 맞췄기 때문에 키친서핑은 가히 차원이 다른 사업 플랫폼이라고 해도 좋을 만큼 사업 창출성이 강했다.[92] 키친서핑의 메인 웹사이트는 의뢰인을 겨냥했다. 우버처럼 웹사이트의 채용 페이지에는 상품 디자인과 데이터 분석 같은 회사 운영을 위한 직군만 등재되어 있다. 하지만 구글 검색을 통해 들어갈 수 있는 셰프 구인 페이지에는 "키친서핑을 통해 번거로운 과정을 건너뛰고 소규모 사업을 시작했다"는 셰프들의 추천사가 나열되어 있다.

일례로 '카사 모노Casa Mono'의 주방장 앤서니 사소Anthony Sasso는 "뉴욕에서 레스토랑을 운영하려면 **여러모로 골치가 아프고 또 한편으로는 언제 어떻게 될지 모른다는 불안감**이 따릅니다. 하지만 키친서핑은 그런 불편함과 불안감 없이 **어디서나 레스토랑과 동일한 경험을 제공하기 위한 최고의 플랫폼**입니다"라고 평했다(강조는 내가 넣은 것이다). 워런 쉬어런벡Warren Schierenbeck 셰프는 "키친서핑은 **음식의 신이 내린 선물**입니다. 홍보, 광고, 계산 등 요식업에서 필요악이라고 할 만한 **따분한 요소를 싹 빼주거든요. 우리는 우리가 제일 잘하는 것만 하면 돼요.** 바로 요리죠!"라고 했다(역시 강조는 내가 넣은 것이다).

셰프의 추천사만으로 부족할 경우를 대비해 그 아래에는 키친서핑을 통해 "100% 무료 웹 홍보로 사업을 키우세요"라는 문구가 적혀 있었다. 피벗을 통해 주문형 '정찬' 서비스를 신설한 후에도 사업 가능성에 초점을 맞추는 것에는 변함이 없었다. 파트타임 셰프 구인 광고에는 "출장 셰프로서 전문성을 기를 수 있고 기존의 레스토랑 커리어와 전혀 다른 길"이라고 적혀 있었다.

내가 키친서핑 셰프들을 면담한 2015년 3~11월은 키친서핑이 피벗을 비롯해 여러 가지 변화를 단행하던 시기였다. 2015년 9월 키친서핑은 주문형 셰프 노동자를 독립계약자에서 종업원으로 전환한다고 발표했다. 이로써 노동자의 임금이 4시간 기준 60달러에서 시급 15달러로 변경됐다. 종업원이 된 만큼 사측으로부터 건강보험을 제공받을 자격이 생겼지만, 건강보험이 제공되는 시점이나 보험의 상세한 내용에 대한 명확한 언급은 없었다. 셰프가 특정한 서비스 조건을 만족하면 200달러의 보너스를 지급하는 '은밀한 손님Secret Diner' 프로그램은 폐지됐다. 그리고 2016년 4월 회사는 문을 닫았다.

나는 키친서핑의 양쪽 서비스에서 참가자를 모집했다. 인력시장 노동자 중에는 키친서핑이 양질의 인력을 확보하기 위해 키친서핑 투나잇 서비스에도 참여해줄 것을 요청해서 그것을 수락한 사람이 여러 명 있었다. 참가자들은 인력시장이 중심인 사람과 주문형 서비스가 중심인 사람으로 나뉘었다. 인력시장 셰프 중 5명은 키친서핑이 폐업하던 시점 혹은 폐업한 직후에 면담했다.

참가자는 다양하게 구성돼서 58%가 백인, 26%가 흑인, 11%가 히스패닉이라고 밝혔다. 1명은 답변을 거부했다. 68%가 남성, 32%가 여성이었다. 연령대는 20~56세로, 이 가운데 58%가 20~35세에 속했다. 학력이 특히 다양했다. 참가자 중 3분의 1이 학사 학위자였고, 석사 혹은 박사 학위자가 3명, '대학 재학'이 2명이었다. 2명은 고졸, 2명은 준학사, 1명은 '대학원 재학'이었다. 2명은 학력을 밝히지 않았다. 참가자 중 과반수의 가구 소득이 5만 달러 이하였고, 5만~7만4,999달러가 6명, 7만5,000~9만9,999달러가 3명, 10만 달러 이상이 3명이었다.

공유경제는 탄력성 없는 업무 환경, 인간적 교류 약화, 불평등 심화, 부실한 사회안전망 등 많은 사회적 문제에 대한 해법으로 포장되곤 한다. 하지만 노동자의 생생한 경험담을 들어보면 긱경제가 위험과 책임을 노동자에게 전가함으로써 발생하는 문제를 비롯해 미국에서 노동의 가치가 하락하는 현상이 고스란히 드러났다. 다음 장에서 자세히 살펴보겠지만 긱경제는 현대 사회의 문제에 대한 해결책을 제공하기보다는 신기술로 포장했을 뿐 실상은 노동자 보호장치가 부족하고 보상을 요구하기도 어려운, 이른바 초기 산업사회와 같은 시스템에 노동자를 종속시킬 뿐이다.

# 초기 산업사회로의 회귀

3

분투자, 중간자, 성공자

공유경제란 무엇인가?

**초기 산업사회로의 회귀**

업무 중 사고

“공유는 사랑입니다”

더럽고 치사한 일

꿈같은 삶?

결론: 파괴의 결과

55세 백인 남성 도널드는 분투자의 전형이었다. 20년 넘게 금융 전문가로 일하다 2008년 초 대침체의 영향으로 '제거'당했다. "인사팀에서 불러서 갔더니 나가라는 겁니다. 사무실에 가서 동료들에게 인사할 새도 없었어요. 다 망했죠. 아직 풀타임 직업도 못 구했어요. (…) 이 일 저 일 전전했죠. 큰 은행에서 6개월, 비영리 교육단체에서 9개월, 보험사에서 6개월 일했어요. 인테리어업체에서도 넉 달쯤 일했는데 임금을 떼먹더라고요. 어휴, 내 나름대로 한다고 하고는 있어요. (…) 이베이 일도 했어요. 이베이에서 대신 물건 팔아주는 거요. 뭐가 됐든 할 일을 찾아야 했으니까요."

우리는 맨해튼 이스트14번가의 유니언스퀘어공원에서 만났다. 도널드는 키가 크고 혈색이 좋았다. 하지만 걱정이 있을 때마다 손거스러미를 뜯고 습관적으로 굳은살도 뜯다 보니까 손가락 여기저기 붉은 흉터가 있었다. 평소에 느끼는 불안감을 알 만했다.

도널드는 생활비가 모자라 퇴직연금계좌에서 돈을 빼서 쓰고 있었다. 조기 수령으로 10% 손실을 보는 데다 수령액이 소득으로 잡혀서 세금까지 붙지만 어쩔 수 없었다. 태스크래빗을 알게 됐을 때 경제적 출혈을 막을 방법을 찾았다고 생각했다. "태스크래빗이란 걸 더 빨리 알았으면 좋았을걸. 이제 안 지 석 달밖에 안 돼요." 그는 태스크래빗 노동자로 승인되기까지 두 달이 걸렸다고 했다. "7년 전에 알았으면 아마 지금처럼 돈이 없어서 쩔쩔매는 꼴은 면했을 겁니다."

태스크래빗은 그에게 절실히 필요했던 소득원이면서 또 다른 의미도 있었다. "[겨울에] 캄캄하면 누구나 일어나기 싫잖아요. 근데 태스크래빗 때문에 어쩔 수 없이 일어나니까 좋았어요. 혹시 누가 일을 의뢰할지 모르니까요. 아침부터 수주 가능 상태여야 하거든요. 그러니까 일어나게 되고 나가게 돼요. 겨울에 종일 침대에만 있을 때도 있잖아요. 그러면 사람이 음침해져요. 까딱하면 중증이 될 수도 있죠. 난 우울함 같은 거 잘 못 느낍니다."

공유경제 노동자는 대부분 젊은 층이다. 이제 막 대학을 졸업하고 학자금 대출을 갚거나 사회초년생 임금을 보충하기 위해 공유경제에서 일한다. 맥아더재단의 지원으로 진행된 공유경제 연구에 따르면 참가자 대부분이 18~34세 청년이었는데, 그 이유 중 하나는 그 연령대에 얼리어답터가 많기 때문이다.[1] 하지만 내가 면담한 공유경제 노동자 중 4분의 1 정도가 40대 이상이었고 60대도 있었다. 그리고 이런 고연령자 중에는 성공자나 중간자보다 분투자가 많았다. 특히 태스크래빗과 우버 노동자의 경우에는 나이가 많다는 이유로 차별받고 고용주가 장기간 실업자였던 사람을 꺼리는 상황에서 공유경제가 사실상 최후의 수단이 되었다.

분투자였던 도널드는 태스크래빗에서 주로 청소나 심부름 같은 잔일을 맡아서 하다가 졸지에 태스커 생명이 끝나고 말았다. 면담 전날 저녁에 그가 내게 메일을 보냈다. "제 상황이 바뀌었는데, 그래도 면담을 원하시나 싶어서 메일 보냅니다. 오늘 태스크래빗에서 내가 제명됐다는 메일을 받았어요. '프로답지 못한 행동' 때문이라는군요. 뭐 때문에 그런 말을 하는지 모르겠지만 답변을 받으려면 다음 주까지 기다려야 해요. 무슨 영문인지 모르겠습니다. 누명(더 나은 표현을 못 찾겠네요)을 쓰고도 대응하지 못하고 있어요."

이튿날 면담 때 도널드는 도대체 뭐가 '프로답지 못한 행동'인지 모르겠다고 했다. 청소 시간이 너무 길어서, 혹은 결과가 마음에 들지 않아서 의뢰인이 불만을 제기한 걸까? 아니면 태스크래빗을 통하지 않고 보수를 지급하겠다며 약관에 위배되는 행위를 제안했던 의뢰인 때문일까?[2] 그는 내게 태스크래빗의 메일을 읽어줬다.

> 귀하는 다음의 규정을 위반했습니다. "어떤 형태로든 프로답지 못하거나 부적절한 언행을 해서는 안 된다…." 이 조항에 근거해 귀하를 태스크래빗 공동체에서 제명했습니다. 이 시간 이후로 의뢰인과 연락하거나 예정된 작업을 수행하지 말아주십시오. 혹시 이미 작업을 시작했고 아직 완료하기 전이라면 즉시 저희에게 연락주시기 바랍니다. 다음번 임금 지급일에 임금이 모두 지급됐는지 확인하시기 바랍니다. 이 메일과 관련해 궁금한 점이 있으면 메일이나 전화로 태

스크래빗 규정관리팀에 연락을 주십시오. 단, 통화는 미리 예약하셔야 합니다.

그는 즉각 답장을 보내 가장 빨리 담당자와 대화할 수 있는 때가 언제이고 도대체 어떻게 된 일인지 물었다. 하지만 며칠이 지나도 답이 없었다. 일반 노동자에게 인사팀은 뻔한 성희롱 교육이나 하고, 종일 서류나 만지고, 성가신 규정이나 만드는 짜증나는 조직이겠지만, 공유경제 노동자에게는 언제든 문이 열려 있는 인사팀이 그야말로 사치다.

공유경제 노동자들이 문제 발생 시 사람과 대화하기가 어렵다고 불만을 토로하는 업체는 한두 군데가 아니다. 우버는 기사와 승객에게 회사 메일 주소만 알려주는 것으로 악명이 자자하다. 에어비앤비도 메일로 상담을 처리하는 방식을 고수해오다가 호스트의 아파트가 난장판이 된 사건이 공개되어 큰 망신을 산 이후로 24시간 전화 지원 서비스를 신설했다. 하지만 실제로 투숙객이 마드리드에서 감금되는 사고가 발생했을 때도 그다지 큰 도움을 받지 못했다.[3]

태스크래빗은 태스커가 문제를 제기하면 일반적으로 문의 페이지와 메일을 통해서만 커뮤니케이션이 가능하고, 답변을 듣기까지 수 주가 걸리는 경우도 있다. 비상용 전화번호가 있긴 하지만 태스커가 주 7일 오전 8시부터 오후 8시까지 언제든 의뢰를 받을 수 있는 것과 대조적으로 비상 전화는 태평양 표준시로 평일에는 오전 7시부터 오후 5시까지, 주말과 휴일에는 오전 9시부터 오후 3

시까지만 운영된다. 특히 주말과 휴일에 시간을 단축 운영하는 것은 태스크래빗이 현금 보너스나 아이패드 콘테스트 같은 형태로 노동자가 휴일과 주말에도 의뢰를 받게끔 유도하는 것을 생각하면 아이러니가 따로 없다.

도널드는 경제적 상황 때문에라도 서비스 센터와 통화가 절실했다. 그는 돈이 필요하고 일이 필요했다. "무슨 일을 그런 식으로 처리하는지 진짜 화가 납니다. 어떻게 손쓸 방법이 없어요. 다짜고짜 죄인으로 만들어버리는 거예요. 나한테 해명할 기회도 안 줬어요, 해명할 기회를요. (…) 말했다시피 내가 뭘 잘못했는지도 안 알려줘요. 이렇게 매정할 수가 있습니까. 다른 일을 찾을 수만 있다면 그 일을 할 거예요. 그런데 지금 당장은 [다른 일이 없으니까] 그쪽 일이 필요한 거죠."

도널드는 복권되기를 바랐다. 하지만 뜻대로 되지 않을 경우를 대비해 태스크래빗의 경쟁사인 썸택Thumbtack을 포함해 키친서핑 같은 여타 공유경제 서비스를 알아보고 있었다.

태스크래빗을 위시한 공유경제 서비스는 노동계를 긍정적으로 변화시키고 있다고 주장한다. 그러나 실상을 보면 상사의 폭언, 비인간적인 근무시간, 탄력성 없이 정해진 대로만 지급되는 임금 체계에서 노동자를 해방시키기는커녕 실제와 다른 약속만 남발하는 경우가 많다. 많은 서비스가 '사업 창출성'을 강조하며 대중을 사업가로 만든다고 마케팅한다. 하지만 노동의 역사를 간단히만 살펴봐도 공유경제가 아무리 기술을 강조한들 오히려 시계를 거꾸로 돌리고 있다는 것을 알 수 있다.

## 미국 노동의 역사

미국의 역사는 여러모로 노동운동의 역사라고 해도 과언이 아니다. 미국독립혁명 이전에 비록 소규모라고는 하나 1677년 뉴욕 짐마차꾼 파업과 1741년 뉴욕 제빵사 파업이 있었다.[4] 하지만 아직은 영국 식민 체제하의 신생국가였기에 노동쟁의가 단기적·산발적으로 일어났다. 뉴욕에서 1794년에 인쇄공과 1796년에 가구공이, 그리고 필라델피아에서 1797년에 목수와 1799년에 제화공이 '행복 추구'를 위한 임금 인상과 노동시간 단축을 요구하며 파업을 벌였다.[5]

그러다가 1800년대 초에 와서 단체교섭력을 이용해 임금 인상과 노동시간 단축, 노동조건 개선을 꾀한 노동자들이 범죄 모의로 기소당할 처지에 놓였다. 미국에는 노동자의 결사를 명시적으로 금하는 법이 없었지만, 초기 미국 법원이 영국법을 따랐기 때문에 2명 이상의 노동자가 제3자 혹은 공공에 위해를 끼치는 행위를 공모할 경우에는 범죄 모의로 기소될 수 있었다. 그래서 2명의 노동자가 혼자서는 얻을 수 없는 권리나 혜택을 얻기 위해 공동으로 고용주와 교섭하는 게 불가능했다.

1805년 필라델피아의 제화공 8명이 임금 인상을 위해 범죄를 모의한 혐의로 기소됐다. 피고인 측 변호인은 고용주들이 1349년 영국 노동자 조례를 방패막이로 사용하고 있다고 주장했다. 해당 조례의 골자는 흑사병 생존자 중 신체가 건강한 자는 모두 고용주의 이익을 위해 국가가 동결한 임금을 받고 일해야 한다는 것이었다.[6] 제화공들은 유죄가 인정돼 1인당 8달러의 벌금 처분을 받았다.

19세기 전반기에 루이지애나주, 메릴랜드주, 매사추세츠주, 뉴욕주, 펜실베이니아주, 버지니아주에서 노동자가 범죄 모의로 기소된 사례는 최소 23건이 있었고, 그중 상당수가 유죄 판결이 났다.[7] 한데 유죄 판결에 '미국에서 노동조합주의를 축출하려는' 의도가 깔려 있었음에도 실제 처벌은 '인지상정'이라는 이유로 가벼운 벌금형에 그친 경우가 대부분이었다.[8] 노동자들은 계속해서 뭉쳤다. 그 결과 미국에서 최초의 노동조합이 탄생한 지 20년도 채 안 된 1810년에 이미 일부 노조는 단체교섭권, 최저임금 요구권, 클로즈드숍(노조에 가입된 사람만 채용한다는 노사 협정 – 옮긴이) 내지는 유니언숍(신규 채용자는 의무적으로 노조에 가입시킨다는 노사 협정 – 옮긴이)을 확보하고, 숙련 노동자와 미숙련 노동자의 단결, 노조 간 연대를 이끌어냈다.[9]

이처럼 파업을 범죄 모의로 기소하던 방해 공작을 버텨낸 노조들도 1819~1822년 경제 불황기에는 와해되고 말았다. 그러나 1820년대 중후반에 부활의 움직임이 시작됐다. 1825년 보스턴의 목수들이 하루 10시간 노동을 요구하며 파업에 돌입했다. 하지만 그들은 노동시간이 단축되면 노동자에게 '매우 불리한 영향'을 끼치고, 노동자가 '다수의 근시안적이고 무분별한 행위'에 노출돼 결과적으로 노동자에게 해롭다는 통보를 받았다.[10] 1829년 뉴욕의 노동자들이 하루 10시간 노동권을 인정받았으나 고용주들은 다시 11시간으로 늘리려는 시도를 했다.

1833년부터 1837년까지 4년 동안 전국적으로 총 168건의 파업이 있었다. 그 취지는 크게 두 가지로, 임금 인상을 요구하는 파업이 103건, 10시간 노동을 요구하는 파업이 26건이었다. 1835년까지 대부분의 도시에서 숙련 정비사의 하루 노동시간이 10시간으로 정착됐다.[11] 하지만 공장 노동자의 노동시간은 여전히 줄어들지 않았다. 1835년 뉴저지주 패터슨 방적공장에서 일하는 미성년 노동자들이 노동시간을 평일은 11시간, 토요일은 9시간으로 단축해달라며 파업했다. 공장주들이 요구 사항을 그대로 들어주진 않았지만 주간 노동시간을 69시간으로 단축하긴 했다(하루 노동시간 90~120분 단축 효과).[12]

1760년에 영국에서 산업혁명이 일어나기 전에 이른바 '미숙련' 노동자는 대부분 농업 종사자거나 가정에서 외주를 받아서 일하고, 노동시간이 아니라 생산량을 기준으로 임금을 받는 '가내수공업' 종사자였다. '선대제 수공업'이라고도 하는 가내수공업은 말 그대로 집에서 수작업으로 상품을 만드는 일이었다. 즉, 상인과 점주가 부녀자에게 원재료를 제공하고, 그들이 만든 물건을 다시 받아 판매했다. 여성들은 아마와 양모를 받아서 만든 실로 다시 옷, 긴 양말, 셔츠, 장갑을 만들고, 밀짚을 받아서 모자를 만들고, 미완성인 긴 양말과 구두를 받아서 바느질을 했다. 이런 초기 재택근무는 가난한 여성을 위한 만병통치약으로 여겨졌고, 1734년부터 1812년 미영전쟁 때까지 자선가들이 궁핍한 여성에게 호구지책으로 물레를 제공하기도 했다.[13]

영국에서 소작농이 경작하던 땅을 양의 방목지로 전환하기 위해 울타리를 치는 인클로저운동이 일어나고, 농지가 병합되자 많은 사람이 생계 수단을 잃었다. 한때 소작농이던 이들이 도시로 몰려들어 새로 생긴 공장의 노동자로 유입됐다. 1781년 리처드 아크라이트Richard Arkwright가 영국 맨체스터에 세계 최초의 수력 방적공장을 설립하고 100년이란 세월이 흐르면서 그 일대가 세계 최대 규모를 자랑하며 세계 면제품 생산량의 약 3분의 1을 생산하는 방적 중심지로 자리 잡았다.[14]

영국의 수습 방적공 출신인 새뮤얼 슬레이터Samuel Slater는 숙련 방적 노동자의 이민을 금하는 영국법을 위반하고 1793년 미국 로드아일랜드주에 슬레이터 방적공장을 설립했다. 이 공장은 미국 최초로 성공한 방적공장이 됐고, 곧 블랙스톤강 일대(일명 블랙스톤밸리)에 다른 공장들도 들어서기 시작했다.[15] 블랙스톤밸리 전성기에 블랙스톤강은 매사추세츠주 우스터와 로드아일랜드주 프로비던스 사이에 장장 70km나 늘어선 1,100여 개의 공장에 동력을 공급하며 '미국에서 가장 근면한 강'이라 불렸다. 1823년에는 보스턴의 투자자들이 메리맥강 포터킷폭포의 10m 낙차를 이용해 대규모 방적 단지를 조성했다. 대규모 방적 단지가 계획하에 만들어진 것은 미국에서 최초였고, 이들은 이곳에 로웰Lowell이라는 이름을 붙였다.

로웰은 다른 공장 도시와 달랐다. 로웰의 공장은 한 지붕 아래에서 실을 뽑는 작업과 천을 만드는 작업이 함께 이뤄지는 수직 통합체였다. 공장 노동자 중 약 75%가 여성이었고, 그중에는 13살 소녀 같은 어린 노동자도 있었다. 1840년에는 로웰에서 공장에 다니는 여성이 8,000명에 달했다. 명실상부 '기업 도시'였던 로웰에서 노동자는 회사가 제공하는 기숙사에 거주하며 엄격한 생활 수칙을 준수해야 했다. 부트면직공장박물관Boott Cotton Mills Museum 기록에 따르면, '폭음, 소란, 부적절한 남자관계, 상습적인 안식일 예배 불참'은 해고와 퇴소 사유가 되었다. 여성들은 주 6일 약 80시간을 일했다. 새벽 4시 40분에 공장 종소리를 듣고 기상해서 5시에 출근하고, 7시부터 30분간 아침식사를 했다. 점심시간은 12시경에 30~45분간 주어졌다. 저녁 7시에 공장이 문을 닫으면 기숙사로 돌아갔다.

당시는 여성이 공개적으로 목소리를 내는 것에 대한 여론이 썩 좋지 않은 시대였음에도 1834년 로웰과 뉴햄프셔주 도버Dover의 공장주들이 임금을 삭감하자 로웰에서 800명, 도버에서 700명의 노동자가 파업에 돌입했다. 1836년에 또다시 로웰에서 임금이 삭감되자 이번에는 1,500명의 젊은 여성이 파업을 벌였다. 그들은 가두행진을 하며 다음과 같은 노래를 불렀다.

> 꽃다운 내가 공장에서
> 시들어 죽을 운명이랴?
> 노예는 되지 않으리
> 노예는 될 수 없으니
> 자유를 사랑하는 내가
> 어찌 노예가 되랴.[16]

로웰의 파업은 실패로 끝났지만 그 여파로 매사추세츠주 에임

스베리에서 일어난 파업은 성공을 거뒀다. 공장주들이 임금 인상 없이 1인당 2개의 직기를 운용하게 하자 노동자들이 들고일어난 것이다. 결국 얼마 안 가서 다시 1인 1직기 체제로 돌아갔다.

북동부는 1815년만 해도 이미 공장이 흔했지만, 뉴욕은 안 그래도 비싼 지대가 인구 증가로 나날이 더 상승하면서 공장 시스템이 자리를 잡지 못하고 있었다. 1820년부터 1860년까지 40년간 뉴욕 인구는 12만3,706명에서 81만3,669명으로 550% 이상 증가했다.[17] 더욱이 뉴욕은 북동부처럼 유속이 빠른 강이 없었다. 그래서 수력을 이용하는 대형 공장이 들어서지 못하고 선대제 수공업이 계속 성장해 노동시장의 남녀 양분화가 더욱 심해졌다. 간혹 선대제 수공업 내지는 재택근무에 종사하는 남성이 있긴 했으나, 그들이 속한 업종은 대부분 재봉이나 제화처럼 여성도 고용하는 분야였다.

1850년대 들어서는 그 밖의 여성 위주 업종에도 재택근무제가 도입됐다. 심지어 뉴욕의 공장에서 일하는 여성이 재택근무자가 만든 패턴을 받아서 작업에 쓰는 경우도 많았다. 이에 대해 "고용주들은 재택근무를 통해 여성 노동자를 수천 개의 일터에 분산시킴으로써 여성이 저임금과 착취적 노동환경에 항거하는 것을 사실상 불가능하게 만들었다"고 평한 역사학자 크리스틴 스탠셀 Christine Stansell의 지적은 현대의 공유경제와도 일맥상통한다.[18]

지역을 막론하고 파업을 시도하는 노동자는 경찰이나 핑커튼전미탐정사무소Pinkerton National Detective Agency, 볼드윈펠츠탐정사무소Baldwin-Felts Detective Agency의 공격을 많이 받았다. 특히 광부와 철도 노동자가 그들과 혈투를 벌였다. 일례로 1894년 시카고에서 풀먼객차회사Pullman Palace Car Company 노동자가 파업을 선언했다. 이에 전국철도노조는 조합원들에게 풀먼객차를 취급하지 말 것을 요구했다. 당시 거의 모든 열차가 풀먼객차를 이용했던 만큼 이것은 전국적인 철도 파업으로 이어졌고, 그로버 클리블랜드Grover Cleveland 대통령은 시카고에 연방군 투입을 명했다. 파업 노동자들에 의해 불에 탄 객차가 수백 량에 이르자 주방위대(연방정부가 아니라 주정부의 지휘만 받는 군대 – 옮긴이)까지 동원됐다. 파업자들이 돌을 던지자 주방위대가 발포하여, 13명이 사망하고 53명이 중상을 입었다. 파업이 종료될 때까지 30명 이상이 사망하고 700명이 연행됐다. 〈시카고타임스〉는 "충돌 현장은 전쟁터를 방불케 했다. 군경에 의해 사살된 남성들의 시신이 즐비했다"라고 보도했다.[19]

세기가 전환되는 시기에 동시다발적으로 파업이 일어났다. 1890년대에는 연간 약 1,000건의 쟁의가 발생했고, 1904년에는 그 수가 4,000건에 달했다. 곧 "국가는 가능하다면 법으로, 필요하다면 무력을 동원해서라도 파업을 분쇄할 각오가 되어 있다"는 사실이 분명해졌다.[20]

1914년 4월 콜로라도주 북부에서 발발한 사태는 파업 노동자에 대한 가장 악랄한 공격이었다고 해도 과언이 아니다. 그 직전 해인 1913년 9월에 록펠러 가문 소유의 콜로라도연료철강회사Colorado Fuel and Iron Corporation 소속 이주 노동자 1만1,000명이 저임금과 위험한 작업 환경, 회사 소유의 광산 도시에서 사실상 봉건시대의 농노와 같은 자신들의 지위에 불만을 터뜨리며 파업에 들어갔다. 하지만 곧 회사 소유의 판잣집에서 쫓겨났다. 이들은 전국광산노조의 지원을 받아 근처의 언덕에 천막을 치고 파업을 이어가며, 기관총과 소총을 동원한 볼드윈펠츠탐정사무소의 공격을 버텨냈다.

급기야 록펠러 가문이 급여를 지급하는 조건으로 주방위군(주에 속해 있으나 유사시 연방정부의 지휘를 받는 군대 – 옮긴이)이 행동에 나섰다. 주방위군은 대체 노동자를 투입하고(그들에게는 파업이 진행 중이라는 사실을 알리지 않았다), 파업 광부 수백 명을 구타, 연행했다. 그리고 기관총을 탑재한 급조 장갑차, 일명 '데스 스페셜Death Special'을 운용하며 간헐적으로 사격을 가했다. 1914년 4월 20일 광산 도시 러들로에서 주방위군 2개 중대가 성인 남녀와 아동 등 총 1,200명이 머물고 있는 천막촌에 기관총 공격을 개시했다. 광부들이 대응하는 사이 여성과 아이들은 천막 밑에 구덩이를 파고 몸을 숨겼다. 해질 무렵, 주방위군이 횃불을 들고 천막촌에 접근해 불을 질렀다. 다들 언덕으로 피신하는 와중에 13명이 총격으로 사망했다. 이튿날 천막촌의 잔해를 철거하자 구덩이 한 곳에서 새카맣게 탄 아이 시신 11구와 여성 시신 2구가 발견됐다.

이 사건이 '러들로 대학살'로 불리며 〈뉴욕타임스〉 사설 등을 통해 전국적인 관심을 받자 콜로라도주의 주도 덴버에서 5,000명이 가두시위를 벌였다. 최종적으로 성인 남녀와 아동을 통틀어 66명이 사망했으나 주방위대와 주방위군에서는 그 누구도 기소되지 않았다. 게다가 광산노조는 합법적인 지위도 인정받지 못했다.[21]

제1차 세계대전 때는 노동운동이 그만큼 두드러지지 않았지만, 전후 1919년 2월 세계산업노동자연맹Industrial Workers of the World(이른바 워블리스Wobblies)의 주도로 시애틀에서 10만 노동자가 동맹 파업에 들어갔다. 1921년에는 할당이민법(출신 국가별로 이민자 할당률을 정해 이민자 수를 제한하는 법 – 옮긴이)이 제정되고 1924년 이민자 할당률이 더 줄어들면서, 착취당하는 노동자의 신규 유입이 줄었다. 그리고 1929년 주식 시장 붕괴 전까지는 그간 꾸준히 이어져온 노동운동이 아니라 국가의 번영이 전 국민의 최대 관심사가 됐다.

대공황기의 노동자 단체는 최초의 공유경제, 혹은 물물교환 경제라는 말로 가장 잘 설명할 수 있을 것 같다. 시애틀의 경우, 어업노조의 주도로 생선과 작물의 교환이 이루어졌고, 식량과 장작의 교환도 활발했다. 펜실베이니아주에서는 실직한 광부들이 회사 소유지에서 몰래 작은 갱을 파서 채굴한 석탄을 시세보다 싼 가격에 판매했는데, 이렇게 거래된 '불법' 석탄만 500만 톤에 이르렀다. 1932년 말에는 전국적으로 37개 주에 330개의 자조조직이 생겨나고 그 구성원이 총 30만 명을 웃돌았으나, 이후 경제가 나빠지면서 이들 조직도 붕괴했다.[22]

1934년 서해안 지역의 항만 노동자와 남부의 방적 노동자 32만 5,000명, 로웰의 공장 노동자 2,500명을 포함해 총 150만 명의 노동자가 파업을 벌였다. 1935년 와그너법Wagner Act(일명 노동조합보호법)이 통과되면서 전국노동관계위원회가 설치되고, 종업원의 단결권과 단체교섭권, 파업권이 인정됐다. 1938년 루스벨트 대통령이 공정노동기준법에 서명하면서 강압적인 미성년 노동이 금지되고 최저시급이 25센트, 주간 최대 노동시간이 44시간으로 정해졌다(노동시간은 이후 1966년 공정노동기준수정법에 의해 40시간으로 단축됐다).[23]

철강기업들이 와그너법에 반발했지만 대법원은 연방정부가 주간州間 통상에 개입할 권한이 있고 파업이 주간 통상에 악영향을 미치는 만큼 와그너법이 합헌이라고 판결했다. 1936년 노조 지도부가 아닌 일반 노동자들 사이에서 '연좌 농성' 아이디어가 나왔다. 한마디로 작업 현장에 앉아서 자리를 지키는 파업 방식이었다. 연좌 농성은 대체 노동자를 투입하기 어렵게 만들고, 노동자를 단결시켰으며, 가두행진보다 쾌적했다. 그래서 1937년에만 477건의 연좌 농성이 있었을 만큼 인기를 끌었다.[24]

이렇게 일반 노동자가 주축이 되어 파업을 시작하는 경우에는 보통 노조 지도부에 따로 도움을 요청하지 않았는데, 그러다 보니 지도부는 파업이 본격화되고 나서야 파업 사실을 알게 될 때가 많았다. 결국 기업들은 노동자의 직접행동을 통제하기 위한 방편으로 와그너법을 수용했다. 전국노동관계위원회와 노조는 "노동자들 안에 들끓는 반란의 기운을 계약, 협상, 노조 모임으로 돌림으로써 파업의 최소화를 꾀했다."[25] 1935년 와그너법이 통과되기 전만 해도 7%에 불과했던 노조 가입자 비율이 이후 급속도로 높아져 1954년에는 약 35%에 달했다.[26]

노동운동은 다양한 측면에서 성공적이었다. 대공황기부터 1970년대 초까지 약 50년 동안 미국은 소득 평등이 강화되는 쪽으로 발전했다. 도금 시대(산업화로 미국 경제가 급성장한 시기 – 옮긴이)의 절정이던 1928년에는 상위 1% 가구가 전체 가구 소득 중 23.9%를 점유했다. 제2차 세계대전 직후에는 그 점유율이 절반 가까이 줄어든 12.5%를 기록했고, 1950년대 중반에는 약 10%로 감소한 후 근 25년간 비슷한 수준으로 유지됐다.[27]

## 고용 행태 답습

초기 노조와 파업 노동자들의 힘겨운 투쟁으로 현재 많은 노동자가 최저시급과 주 40시간 노동 같은 정책의 혜택을 누리고 있다. 법적으로 노조가 노동자 대표로 인정받는 게 별것 아닌 것 같아도 그 역시 투쟁의 산물이다. 하지만 공유경제 노동자는 그런 싸움에서 승리하기는커녕 아예 그런 싸움이 벌어진 적도 없는 현실에 처해 있다. 긱경제 노동자는 주류 경제 노동자에게 당연시되는 권리를 대거 박탈당한 노동계의 2등 시민이다. 일례로 1935년 전국노동관계법(와그너법)으로 노동자가 단결하고 노조를 결성할 권리가 확립됐지만, 공유경제 노동자는 대부분 독립계약자로 간주되어 와그너법이 적용되지 않는다. 이 글을 쓰는 현재 유일하게 시애틀에서만 시의회 조례에 의해 기사들에게 단결권이 인정되었다.[28]

우버 기사 노조가 존재하지 않고 그들이 종업원으로 인정받지 못하는 현실은 아이러니하게도 우버가 알고리듬을 이용한 일반 요금 및 탄력 요금 책정으로 기사들과 대대적인 가격 담합을 꾀했다며 제소당하는 결과를 불러왔다.[29] 일찍이 우버는 노동자의 단체교섭을 방해하려는 목적으로, 독립계약자는 독자적인 교섭으로 얻을 수 없는 권리를 얻기 위해 단결할 수 없다는 논리를 펼쳤다. 하지만 위의 소송에서 그 논리가 부메랑이 되어 독립계약자인 기사들이 서로 경쟁하지 않고 우버의 알고리듬이 정한 요금을 동일하게 받는 것은 오히려 담합이라는 반론에 부딪혔다. 이에 따르면 우버는 가격 담합 행위를 금하는 독점금지법 위반 소지가 있다.

한편으로 우버는 노동자의 추가적인 단체행동을 막기 위해 최대 시장인 뉴욕에서 선제적인 조치를 취했다. 2016년 5월 세계기계기사항공우주노동자연맹International Association of Machinists and Aerospace Workers과 손을 잡고 독립기사협회Independent Drivers Guild를 출범시킨 것이다. 협회 소속 기사들은 이용 정지 처분에 이의를 제기할 수 있고, 이때 협회 관계자를 대리인으로 세울 수 있다. 하지만 전통적인 노조와 달리 단체교섭이 불가능하다. 다시 말해 요금, 복지, 보호장치에 대한 협상은 할 수 없다. 따라서 우버가 기사들의 의견을 더 많이 수렴한다고 한들 일방적인 결정을 내릴 수 있기는 마찬가지다. 연맹과 우버의 협약 기간은 5년으로, 그 안에는 연맹 차원에서 기사 노조 결성을 시도할 수 없고, 파업을 유도할 수 없으며, 기사의 종업원 지위 인정을 요구하는 활동을 벌일 수 없다. 기사들은 우버로부터 복지 혜택을 받지 못하는 대신 할인된 가격으로 법률 서비스, 긴급출동 서비스, 생명보험 및 상해보험을 제공하는 곳을 안내받는다.[30]

하지만 서비스를 제공하지 않고 서비스에 대한 '정보'를 제공하는 것은 새로운 전략이 아니다. 2013년에 '공유경제 진작'을 목표로 피어스Peers라는 민간단체가 설립됐고, 여기에 몇몇 재단과 에어비앤비, 태스크래빗, 리프트를 포함해 총 22개 조직이 협력 단체로 이름을 올렸다. 비록 이들 업체가 직접적으로 자금을 지원하지는 않지만, 그 임원이나 투자자가 '뜻을 같이하는' 개인으로서 기금을 출자하면서 의심의 눈초리를 샀다.[31]

초기에 피어스는 "회원들이 공유경제의 수호자로서 목소리를 낼 수 있게 한다"는 청원 기능을 그 중점에 두었으나, 2014년에는 노동자를 지원하는 쪽으로 방향을 전환했다. 이를 위해 노동자가 자신의 자산, 기술, 관심사에 맞는 플랫폼을 찾는 '소득원 탐색기'와 플랫폼 평가 도구를 만들고, 토론 게시판을 신설했으며, 건강보험과 세무 서비스 등에 대해 안내하는 '서비스 센터'를 개설했다. 하지만 서비스 센터는 판매용 서비스를 모아놓은 데이터베이스에 불과했고, 그중에는 유어머캐닉YourMechanic의 차량 수리, 게스티Guesty의 에어비앤비 숙소 관리, 프리랜서연합Freelancers' Union의 보험처럼 다른 공유경제 플랫폼의 서비스가 포함되어 있었다. 그리고 소득원 탐색기에는 공유경제 기업의 구인 광고가 붙었다.[32]

전성기의 피어스는 회원 수가 25만 명을 웃돌 정도여서 "노동자가 공유경제에서 더 나은 노동의 기회를 찾을 수 있도록" 지원하는 "세계 최대의 독립된 공유경제 커뮤니티"를 자처했다.[33] 그러나 2016년 3월 이후로 트위터 계정에 새 글이 올라오지 않고, 2016년 9월을 끝으로 페이스북 활동도 중단했다. 그리고 2017년 말에는 웹사이트 접속도 불가능해졌다.

피어스만 공유경제 업체의 입김이 작용한다고 의심을 받은 게 아니다. 우버 기사 커뮤니티인 우버피플닷넷UberPeople.net도 우버 임원들이 암약하고 있다거나 최소한 우버 관계자가 감시 중이라는 말이 돌았다. 오죽하면 댓글로 "우버 직원 계정을 폭로해달라"라는 게시물까지 존재했을까.[34]

오늘날 대부분의 공유경제 서비스는 노동자가 임금을 회사 토큰으로 받고 회사 소유 주택에 거주하던 과거의 기업 도시와는 거리가 멀다. 하지만 크라우드플라워만큼은 예외였다. 크라우드플라워는 데이터 정리 업무를 다수의 노동자에게 분업시키는 온라인 플랫폼으로, 아마존의 머캐니컬터크Mechanical Turk와 유사하다. 머캐니컬터크도 낮은 임금 때문에 비판을 받아왔지만, 크라우드플라워는 아예 임금을 실물 화폐가 아니라 각종 온라인 포인트와 비디오게임 화폐 형태로 제공했다.[35]

미국에서 기업 도시가 가장 흥성했던 때는 1800년대 후반이지만, 우버의 채용 전략은 그보다 훨씬 이전 시대를 떠올리게 한다. 2013년 우버는 산탄데르은행과 제휴해 우버 기사를 위한 자동차 대출 상품을 출시한다고 발표했다. '매주 소액의 원리금'이 기사의 수입에서 '자동으로 상환되는' 형태였다. "이전에 대출을 거절당한 적이 있거나 신용 점수가 낮은 분도 일주일 내에 기사가 될 수 있도록 도와드리겠습니다"라는 홍보 영상 속 내레이션은 이 우대 대출 프로그램이 비우량 대출과 유사하다는 의심을 불러일으킨다. 우버 CEO 트래비스 캘러닉은 수입에서 원리금이 바로 상환되는 형태이기 때문에 기사들이 "일정 기간을 우리와 함께 일해야 한다"고 말한 바 있다. 그런데 채무로 인해 고용주에게 예속되는 것은 1700년대 후반 미국독립혁명과 함께 쇠퇴하기 시작해 1917년

에 법으로 금지된 고용노예제도와 다르지 않다.[36]

이 프로그램은 2015년 중반에 폐지됐지만, 같은 해 엑스체인지 리싱Xchange Leasing을 통해 부활했다. 엑스체인지의 리스 상품은 주행거리에 제한이 없고, 오일 교환이나 타이어 교환, 에어컨 필터 교환 같은 정기 점검 서비스를 제공했다. 〈버지Verge〉에 따르면, 중도 해지나 3년 만기로 리스가 종료되면 기사가 정리금 250달러를 지불해야 한다. 엑스체인지 리스는 신용 점수를 높이는 데 도움이 되지도 않지만, 중도 해지 시 신용 점수에 악영향을 미치지도 않았다. 하지만 리스료가 비쌌고 3년 동안 차를 운용하면 일반 구매가보다 수천 달러를 더 내는 셈이었다.[37] 에릭 뉴커머Eric Newcomer와 올리비아 잘레스키Olivia Zaleski는 〈블룸버그〉에서 2016년형 셰보레 크루즈를 리스할 경우 "만기까지 리스를 유지하면 우버에 약 3만1,200달러를 내는 꼴이 되고, 차를 인수하면 잔존 가치를 고려해 6,000달러를 더 내야 하지만, 자동차 전문평가매체 〈켈리블루북Kelley Blue Book〉에 기재된 이 모델의 적정 구매가는 1만6,419달러다"라고 보도했다.[38]

우버 경영진은 이 상품으로 차 한 대당 약 500달러의 손해를 볼 것으로 예상하고, 그 정도면 기사를 늘리기 위해 감수할 만하다고 판단했다. 하지만 2년이 지난 2017년 8월에 실제 손실액이 대당 약 9,000달러로 당초 예상액의 18배, 신차 가격의 절반 정도 되는 것으로 밝혀졌다. 〈월스트리트저널〉은 "회사 사정에 정통한 관계자들에 따르면 사측이 위험을 고려해 고가의 리스료를 책정했으나 오히려 그로 인해 기사들이 장시간 일하게 되면서 반납 차량의 상태가 악화되고 재판매 가치가 떨어졌다"고 보도했다.[39] 우버는 기존 딜러들이 비싼 차량을 리스하도록 부추겨서 기사가 이익을 내기 어렵다는 사실도 알게 됐다. 이 글을 쓰는 현재 우버가 또다시 리스 상품을 출시할지는 불투명하다.

기업 도시의 노동자가 일자리를 잃으면 거처도 잃고 그들을 보호하던 사회안전망도 사라지는 것처럼, 현대의 공유경제 노동자도 여러 측면에서 독자적으로 살아남아야 하는 처지다. 일을 하기 위해 들어가는 교통비를 자비로 부담하고, 건강보험료도 자비로(저소득층에게 제공되는 메디케이드 수급자인 경우에는 세금으로) 해결하고, 사회보장연금세와 메디케어세(각각 65세 이후 제공되는 연금과 건강보험을 위한 세금 – 옮긴이)를 포함한 급여세(급여에서 원천징수되는 세금으로, 일반적으로 고용주가 분담한다 – 옮긴이)를 직접 계산해서 납부하고, 휴업(질병, 휴가, 일감 부족으로 인한) 시에는 생계를 스스로 해결해야 한다. 그뿐만 아니라 업무상 재해를 당해도 모든 것을 자비로 해결해야 한다(이에 대해서는 다음 장에서 자세히 논하기로 하자). 아무리 온라인 게시판에서 대화를 나눌 수 있다고 해도 이들은 외국인 베이비시터 같은 다른 저임금 노동자보다 훨씬 심각한 고립 상태에 있는 것과 같다.[40]

우버 기사의 파업으로 주방위군이 투입되거나 태스크래빗 노조가 결성되는 일은 상상하기 어렵다. 그러나 과거에 파업의 주요 원인이던 임금 삭감, 부적절한 노동시간, 고용주의 전횡(규정 변경, 불시 해고 등) 같은 문제가 공유경제에는 여전히 큰 불씨로 남아 있다. 광산과 방적공장 노동자처럼 긱경제 노동자도 큰 폭의 임금 삭감을 경험한다. 그리고 노동자가 노력한다고 소득이 늘거나 내일도 일정한 시간의 노동 기회를 보장받는 게 아니라 플랫폼의 변덕이 수입과 노동 기회를 좌우하는 경우가 많다.

미국을 기준으로 우버는 2014년 1월 16개 도시, 2015년 1월 48개 도시, 2016년 1월 100개 도시에서 요금을 변경했다. 수입 보장액과 보너스가 변동된 경우와 특가 이벤트(예컨대 맨해튼과 브루클린 지역에서 진행된 우버풀 고정가 2.75달러 이벤트)를 제외하고 계산했을 때 우버는 2014년 7월 뉴욕에서 요금을 20% 인하하고 2016년 1월 다시 15%를 인하했다. 다수의 도시에서 요금 인하 후 기사에게 부과하는 수수료를 일시적으로 인하해 손실을 일부 보전해주긴 했지만, 2014년 7월 이후 뉴욕에서는 요금 인하와 상관없이 수수료율을 20%로 유지했다. 양쪽 업체를 이용하는 기사들 사이에서 대체로 우버보다 좋은 평가를 받는 리프트도 2014년 4월 미국 전역에서 요금을 무려 30% 인하했다.[41]

뉴욕에서 우버X 요금이 어떻게 변동됐는지는 다음 쪽 표에 나와 있다. 4년 동안 우버X 기사는 분당 요금은 절반으로, 마일당 요금은 42%, 기본요금은 자그마치 58% 깎이는 것을 지켜봐야 했다. 최소 요금도 3분의 1 정도 감소했다.

두 서비스는 요금만 인하한 게 아니라 수수료도 변경했다. 2014년 리프트는 요금을 내리면서 "나날이 증가하는 기사님들이 안심하실 수 있도록 일시적으로 20%의 수수료를 받지 않기로" 했다. 2014년 우버도 일시적으로 수수료율을 20%에서 5%로 낮췄다가 4월에 다시 20%로 올렸다. 그리고 2014년 9월 일부 지역에서 신

**2014~2018년 뉴욕 우버X 요금 변동 내역**

| | 2014년 6월 | 2015년 12월 | 2016년 1월 | 2018년 4월 |
|---|---|---|---|---|
| 기본요금 | 6달러 | 3달러 | 2.55달러 | 2.55달러 |
| 마일당 | 3달러 | 2.15달러 | 1.75달러 | 1.75달러 |
| 분당 | 0.70달러 | 0.40달러 | 0.35달러 | 0.35달러 |
| 최소 요금 | 12달러 | 8달러 | 7달러 | 8달러 |

출처: Uberdriverdiaries.com(2014), <뉴욕포스트>(2015, 2016), Uberestimate.com(2018)

규 기사의 우버X 수수료율을 20%에서 25%로 인상한 후 차츰 더 많은 지역으로 확대했다. 이 수수료에 지역별로 1.40~2.15달러 혹은 그 이상이 붙는 예약비는 포함되지 않는다. '라이드셰어가이Rideshare Guy' 사이트에서는 가격 인하, 수수료 인상, 예약비의 존재로 인해 일부 시장의 경우, 최소 요금이 부과되는 단거리 운행 시 플랫폼이 요금의 40% 이상을 떼간다는 지적이 나왔다.[42]

설상가상으로 뉴욕에서 2년 넘게 우버 측의 착오로 25%의 수수료를 뗄 때 판매세와 블랙카펀드Black Car Fund(뉴욕에서 영업용 고급 차량의 운전자에게 산재보험을 제공하는 단체 – 옮긴이) 납입금을 제하기 전 금액을 기준으로 계산했다는 사실이 2017년 5월 〈월스트리트저널〉 보도를 통해 드러났다. 우버는 공제금 초과분을 이자까지 더해서 환급하기로 결정하고, 기사 1인당 평균 900달러 정도가 환급될 것으로 추정했다. 심지어 7,000달러 이상 환급받을 것으로 예상되는 기사가 적어도 1명은 존재할 것이라고 예측됐다.[43]

우버는 일부 기사를 대상으로 수수료 차등제를 시범 운영하기도 했다. 2015년 샌프란시스코와 샌디에이고에서 우버는 수수료율을 30%로 인상했다. 이 시범 프로그램에 따라 샌프란시스코의 신규 기사는 매주 20회 운행까지는 30%, 다음 20회까지는 25%, 이후로는 20%의 수수료를 뗐다. 샌디에이고에서는 15회마다 수수료율이 달라졌다. 현재 고급차와 SUV 같은 프리미엄 상품은 수수료율이 25~28%다.

엘런 휴잇Ellen Huet은 《포브스》 기사에서 수수료 인상이 회사의 주머니를 채우는 수단이 될 가능성을 제기했다. "지난 일요일, 한 토론회에서 우버가 수수료 인상을 합법적으로 수익과 기업 가치를 증대하는 수단으로 인식했다는 발언이 나왔다. 발언 당사자인 포트리스투자그룹의 마이클 노보그라츠Michael Novogratz 대표는 올겨울 우버가 수수료를 인상했을 당시 우버의 CFO 브렌트 칼리니코스Brent Callinicos로부터 그런 취지의 설명을 들었다고 밝혔다. 수수료율 5% 인상에 따른 기사들의 반발이 예상되는데도 그런 위험을 감수한 이유가 무엇이냐는 질문에 그는 서슴없이 '그래도 되니까'라고 대답했다고 전했다."[44] 〈가디언〉은 일각에서 노동자의 불만을 근거로 우버의 미래에 대한 의구심이 제기되는 가운데, 최고제품책임자 제프 홀든Jeff Holden이 "어차피 그 사람들은 나중에 다 로봇으로 대체될 것"이라고 발언한 기사를 보도했다.[45]

임금 삭감은 보통 회사가 어려울 때 쓰는 카드다. 혹은 특정인이나 일부 집단의 임금만 삭감하는 것은 사직을 유도하기 위한 방편이다. 하지만 다수의 공유경제 서비스는 상당한 자본력을 갖추고 있다. 스타트업의 기업정보를 열람할 수 있는 크라우드소싱 데이터베이스 크런치베이스Crunchbase에 따르면, 태스크래빗은 2015년 8월까지 총 여섯 차례에 걸친 투자 라운드를 통해 13개 투자 주체로부터 3,768만 달러를 조달했고 2017년 이케아에 인수됐다. 2017년 8월 〈뉴욕타임스〉는 우버의 기업 가치가 680억 달러 이상이라고 보도했고, 2018년 2월까지 우버는 21차례의 투자 라운드를 통해 93개 투자 주체로부터 총 211억 달러를 투자받았다.[46]

공유경제 밖의 기업들은 대개 갑작스러운 임금 삭감보다 정리해고를 이용하는 편인데, 그쪽이 딱히 더 낫다고 보긴 어렵다. 하지만 긱경제 노동자는 분명히 자율적으로 임금을 정할 수 있다는 말을 들었음에도 불시에 임금이 깎이면, 게다가 한술 더 떠서 그게 자신에게 유리하다는 말까지 들으면 뒤통수를 세게 얻어맞은 기분이 들 수밖에 없다.

일례로 우버는 2016년 1월 뉴욕에서 우버X 요금을 15% 인하하면서 웹사이트를 통해 요금 인하로 뉴욕 전역에서 승객들이 우버를 이용하기가 한층 쉬워졌다며 "드라이버 여러분도 그 효과를 피부로 느끼실 수 있습니다. 수요가 증가하면 차량의 유휴 시간이 줄어들고 그만큼 승객을 운송하는 시간이 늘어나므로… 드라이버 여러분의 시간당 수입이 증가합니다. 저희가 2014년 7월에 요금을 인하했을 때도 평균 유휴 시간이 42% 감소하고 드라이버의 시간당 평균 수입이 33% 증가했습니다"라고 안내했다.[47]

기사들은 요금 변동을 두고 의견이 갈렸다. 2012년부터 우버 기사로 일한 59세 흑인 남성 제럴드는 수입이 감소한 것을 곧바로 체감했다. "7월에 요금이 20% 인하되고 나서 손님들이 자주 하는 말이 '요금이 좋아졌어요. 팁도 포함되고요'예요. 그러면 나는 '아니에요, 이젠 안 그래요'라고 대답하죠. 아니, 7월에 요금이 20% 줄었는데 그 20%가 누구 주머니에서 빠져나갔겠습니까? 설마 손님들 주머니겠어요?"

요금에 팁이 포함되어 있다는 대중의 인식 때문에 소득이 더 줄었을 가능성도 있다. 글로벌 IT 미디어 〈씨넷CNET〉의 다라 커Dara Kerr 기자는 우버 앱의 가입 절차가 그런 오해를 조장한다고 봤다. 승객이 우버 계정을 만들 때 요금 결제 시 '택시의 팁'으로 몇 %를 지불하겠냐는 질문이 나온다. 드롭다운 메뉴에서 선택할 수 있는 수치는 0~30%다. "많은 사람이 우버를 타면 무조건 선택한 수치가 적용된다고 생각하는데, 실제로는 화면 아래에 작은 글씨로 우버택시 서비스에만 적용된다고 안내되어 있다. (…) 이 서비스는 뉴욕과 샌프란시스코 등 일부 도시에서만 이용 가능하다."[48]

우버가 기사의 돈을 갈취한다는 비판은 2017년에 당시 CEO였던 트래비스 캘러닉과 우버블랙 기사 파우지 카멜Fawzi Kamel의 격앙된 대화를 촬영한 영상에서도 나온다. 영상에서 카멜은 캘러닉에게 "당신이 서비스 기준만 높이고 요금은 계속 깎고 있잖아요. (…) 나는 당신 때문에 9만7,000달러를 손해 봤어. 당신 때문에 파산했다고. 그래요, 그래. 당신은 항상 변화를 추구하지. 항상 잘도 변해요."

이에 캘러닉은 리프트와 경쟁하기 위해 우버X 같은 서비스는 요금을 낮췄지만 우버블랙(우버의 프리미엄 서비스)은 아니라고 반박하다가 그만 이성을 잃고, 카멜이 경제적으로 어려워진 것은 카멜

본인 탓이라고 비난했다. "어떤 사람들은 자기가 싼 똥을 책임지려고 하지 않아요. 뭐든 다 남 탓이지. 어디 한번 잘해보쇼!"

〈블룸버그〉에 따르면 2012~2017년 샌프란시스코에서 우버블랙의 마일당 요금은 23.5%, 분당 요금은 48% 인하됐다. 카멜처럼 비싼 요금을 믿고 비싼 차를 구입한 기사 입장에서는 경쟁은 날로 심해지는데 받는 돈은 점점 줄어드는 형국인 셈이다.[49]

한편, 요금 인하가 아니라 사전에 명확한 안내 없이 규정이 변경되거나 신설되어 경제적 어려움에 처하는 노동자도 있다. 네 자녀의 아버지인 43세 브라이언은 원래 뉴저지주에서 수리와 용접 일을 하다가 짬짬이 부수입을 올리겠다는 생각으로 우버 기사가 됐다. 풀타임 일자리를 잃은 후에는 뉴욕이 돈을 벌기에 더 좋다고 판단해 서류상 거주지를 뉴욕으로 변경했다. 그는 다른 일을 찾을 때까지만 우버블랙 같은 고급차 서비스로 소득을 올리려고 했다. 결코 우버 일을 계속할 생각은 없었다.

나와 면담했을 때 브라이언은 우버로부터 일을 더 많이 하지 않으면 이용 정지를 당할 수 있다는 안내 메일을 받았다. 그가 고급 SUV를 보유한 만큼 우버블랙으로 고가의 요금을 받아야 함에도 우버 측에서는 요금이 인하된 우버X 일도 요구했다.

> 내가 우버X까지 해야 될 줄은 몰랐어요. 내가 일을 몇 번 거절한다고 그쪽에서 관계를 끊어버릴 줄은 상상도 못했어요. (…) 우버는 아주 탐욕스러운 기업이에요. 아메리칸항공에서 비행기를 예약했는데 좌석이 퍼스트클래스로 업그레이드되면 그 비용은 항공사가 대

잖아요. 그런데 우버는 우버X에 차가 모자란다고 우버블랙 기사를 투입하면서 요금도 우버X 요금으로 받으라는 거예요. 기사가 그 비용을 대라는 거죠.

브라이언은 우버가 '드라이버 파트너'(우버가 기사를 부르는 말)로서 승객을 자유롭게 선택할 수 있을 줄 알았다. "근데 마음에 안 들면 관두라는 식이에요. 큰돈 투자한 사람한테 이러는 법이 어딨습니까."

2014년 태스크래빗이 입찰제인력시장에서 임시인력공급업체로 피벗했을 때도 태스커들에게 비슷한 문제가 생겼다. 1장에서 소개한 29세 사라는 "'이제 난 수입이 전혀 없어. 그동안 얼마나 열심히 일했는데 나를 이렇게 개똥같이 취급할 수 있어!'라며 배신감에 울고 화내는 사람이 많았다"고 회고했다.

피벗으로 응답 시간과 수락률에 대한 엄격한 규정도 신설됐다. "그, 새로운 실적 평가법이 생겼는데 썩 좋은 평가법은 아니에요. 나한테 들어오는 의뢰 중에서 85%를 수락하래요. 그 기준이 최근 30일인가 그런데, 그게 좀 그래요. 내가 언제 무슨 일을 받을지 모르는 거잖아요." 그렇다 보니 비교적 단기간에 여러 건의 의뢰를 수락하지 않은 태스커는 경고를 받기도 했다. "계정이 일시적으로 이용 정지 상태가 돼요. 그러면 일종의 테스트를 통해 '네, 규정을 이해했습니다'라고 말해야 해요. 근데 그게 마치 사람을 열여덟 살짜리 애처럼 대하거든요. 모욕당하는 기분이죠. 그러고는 계속 그런 식이면 제명당할 수 있다고 경고하는 거예요."

피벗이 다가 아니었다. 2015년 여름 태스크래빗은 수수료율을 20%에서 30%로 인상하고, 의뢰인이 부담하는 5%의 신뢰·안전 보장비도 신설했다. 태스커들에게는 수수료율 변동의 목적이 태스커가 더 적극적으로 자신의 사업을 키우고 마케팅을 하도록 장려하기 위함이라고 설명했다. 하지만 일각에서는 플랫폼을 이탈하려는 사람들이 생기니까 그 대응책으로 수수료를 인상한 것이라는 의견이 제기됐다. 28세 나타샤는 이렇게 말했다.

> 진짜 별로였어요. 웃긴 게 그때 나는 태스크래빗으로 잘해보려고 부지런히 일하고 있었거든요. 근데 갑자기 수수료를 올려버린 거예요. 일단 25%로 올리고 점진적으로 인상했으면 또 몰라요. 바로 30%로 올리면서 재의뢰를 유도하기 위해서라잖아요. 그게 말이 안 되는 게, 내가 받은 의뢰는 거의 다 나한테 처음 의뢰하는 사람들한테서 오는 거예요. 누가 다시 의뢰하는 경우는 거의 없어요. 그리고 재의뢰가 들어온다고 해도… 힘들더라고요. 내 일정이 항상 일정한 게 아니니까요. 나는 보통 일하고 싶을 때 일하거든요. 그래서 누가 매월 셋째 주 일요일에 일해줄 사람이 필요하다 하면 나는 안 돼요. 매월 셋째 주 일요일은 내가 시간이 되질 않거든요. 여행 다니고 이것저것 해야 돼서요. 그래서 일감을 놓쳐요. 일할 수 있는 기회 중에서 15%를 놓치죠. 그게 좀 한심한 것 같기도 해요. 그 15%도 다 내 돈이잖아요.

다른 변동 사항이 생겼을 때와 마찬가지로 태스크래빗은 수입

구조가 바뀐 내용도 메일로 통보했다. 하지만 생산성이 높은 소수의 태스커에게는 전화를 돌렸다. 물론 그런다고 쉽게 받아들일 수 있는 소식은 아니었다.

금융 전문가 출신인 50세 리처드도 전화를 받은 태스커 중 한 명이었다. 최상위 태스커로 꼽힌 것은 기분이 좋았지만, 그가 듣기에 수수료율 인상에 대한 설명은 '겉만 번지르르한 말장난'에 지나지 않았다.

> 프로답게 굴자고 생각했어요. 일단 뭐라고 하는지 들어봤죠. "두고 보면 이게 모든 태스커에게 도움이 된다는 걸 아실 거예요. 혹시 재의뢰가 들어올 때는 수수료가 15%밖에 안 된다는 거 아셨어요?" 다 듣고 나서 말했어요. "이보세요, 내가 이 일을 석 달째 하고 있는데, 재의뢰가 들어오는 비율은 한 3~4% 될까 말까예요. 그걸 어디다 갖다 붙입니까. (…) 회사야 하고 싶은 대로 할 수 있겠죠. 그런데 내 생각이 어떤지 물었으니까 솔직하게 말할게요. 그냥 회사가 떼가는 돈이 50% 늘어난 거예요." 그러니까 "50%요?" 하더라고요. "네"라고 대답했죠. 미리 계산도 안 해본 것 같았어요. 수수료율을 20%에서 30%로 올렸으면 가져가는 게 50% 증가한 거잖아요.
>
> 내가 또 계산은 잘하거든요. 그래서 자신 있게 설명해줬어요. (…) "원래는 내가 100달러를 벌었으면 나한테 80달러가 떨어지잖아요. 그런데 이제는 70달러 아닙니까. 내가 최상위권이라서 직접 전화를 걸었다고 하셨죠? 그러면 이게 전화가 아니라고 쳐보죠. 사무실에 태스커 100명이 앉아 있는데 그 앞에서 나한테 '리처드, 미안하지만

당신 임금을 깎기로 했어요. 당신은 최고지만 그래도 깎아야겠어요'라고 한 거예요. 그러면 당연히 나는 기분이 나쁘죠. 굳이 물어봤으니까 말하는데, 그게 지금 내 기분입니다."

'그러면 그냥 관두면 되지 않을까?'라고 생각하는 사람이 있을지도 모르겠다. 만일 직장인이 리처드처럼 임금이 갑자기 삭감됐다면 회사를 나가라는 압력으로 해석할 수도 있을 것이다. 공유경제를 고수하는 노동자들을 보면 장기 실직자, 중년, 경험 부족이라는 낙인이 찍히거나 탄력적인 업무 환경이 필요해서 다른 직업은 생각할 수 없는 경우가 많다. 한편으로는 이미 시간과 노력, 자원(우버 승인 차량, 에어비앤비용 침구 등)을 많이 투자해서 다시 시작하기에는 기회비용이 큰 경우도 존재한다. 그리고 다른 직종도 마찬가지겠지만 꼬박꼬박 임금이 인상되지 않는다고 해서(혹은 인플레이션을 고려했을 때 해마다 실질 임금이 줄어든다고 해서) 일을 그만두는 사람은 별로 없다. 긱경제 노동자라고 달라야 할 이유가 있을까?

앞서 초기 노동운동가들이 지적했던 두 번째 문제가 바로 노동시간이다. 공유경제가 말로는 노동자에게 자유롭게 일정을 짤 권한을 준다지만 실상은 다르다. 우버 기사가 자유롭게 일정을 짤 수 있다고 해도 우버의 월수입 보장액을 받으려면 승차 요청 중 일정 비율(90%)을 수락해야 하고, 보통은 매일 일정한 시간대에 일하거나 매주 일정한 시간을 일해야 한다. 2016년 4월 기준으로 뉴욕에서 우버는 월수입 6,000달러를 보장했는데, 여기에는 첫 달에만 해당한다는 조건이 붙어 있고, 웹사이트에는 다음과 같은 조항이 제시되어 있었다.

- 최소 50시간 온라인 상태여야 하고, 50시간 중 15시간이 혼잡 시 (월~금: 오전 6~9시, 오후 9시~자정/ 토요일: 자정~오전 1시, 오후 10시~자정/ 일요일: 자정~오전 3시, 오전 10시~오후 3시)여야 합니다.
- 시간당 최소 1.3건의 운행을 완료해야 합니다.
- 우버풀 요청을 포함해 승차 요청의 90% 이상을 수락해야 합니다.

이런 조건을 다 맞추자면 그때부터는 자유롭게 일하는 게 아니라 일반 직장에 다니는 것과 다름없다고 느낄 것이다. 일반 직장에서 보장되는 노동자 보호장치나 복지 혜택도 없이 말이다. 더군다나 수입 보장은 첫 달에 한해서다. 2018년 1월에는 그나마 있던 월 수입 보장제도 사라지고 대신 신규 기사에게 차량 유지비로 800달러 상당의 크레딧이 지급되었다.

다른 공유경제 서비스는 일정한 시간을 일하도록 압박하진 않아도 항상 대기 중이기를 요구하는 경우가 많다. 키친서핑에서 일하는 프리랜서 셰프는 24시간 안에 의뢰에 응답해야 한다. 에어비앤비 호스트는 그보다 여유가 있긴 해도 빨리 응답하지 않으면 일시적으로 계정이 이용 정지 상태가 될 수 있다.

27세 개브리엘레는 주말에 아들과 타지에 나갈 때 아파트를 숙소로 내놓는다. 처음에는 웹사이트에 계속 숙소로 올려두자 저렴한 가격 때문인지 "정말 귀찮을 정도로" 메일이 많이 왔다. "제때 답하지 못할 때도 있었는데, 그러면 에어비앤비가 날 차단해버리더라고요. 하룬가 이틀인가 답장을 안 하면 그래요. 구체적인 시간이 있었던 것 같은데 40시간이던가, 하여튼 그 시간이 지나면 차단해버리는 거예요. 사람들한테 내 아파트가 안 떠요. (…) 다시 들어가서 차단 풀고 메일에 꼬박꼬박 답장해야 돼요." 그래서 현재 개브리엘레는 집을 비울 예정이거나 돈이 긴급히 필요할 때만 아파트를 숙소로 올린다.

태스크래빗은 응답 규정이 훨씬 더 빡빡하다. 앞에서 언급했지만 2015년에 규정을 개편하면서 응답 시간이 30분 이내로 정해졌다. 웹사이트에는 "태스커는 오전 8시부터 오후 8시까지 의뢰에 응답 가능합니다"라고 적혀 있다. 조금만 더 내려가면 태스커가 "언제든 수주를 중단할 수 있다"고 나와 있다. 하지만 여기에는 대가가 따른다. "이 경우에는 플랫폼을 통한 직접 의뢰가 불가능해지고 검색 결과에 표시되지 않습니다."

한 번 의뢰한 태스커에게는 직접적으로 재의뢰할 수 있다. 하지만 대부분의 태스커는 알고리듬이 만드는 검색 결과에 따라 표시됨으로써 의뢰를 받게 된다. 그리고 30분 내에 응답하지 않으면 그 작업을 아예 못 받게 되기 때문에 자칫하면 수락률이 최소 요구치인 85% 이하로 떨어져 이용 정지를 당할 위험이 있다. 30세 크리스티나는 이렇게 말했다.

> [수락률이] 꽤 높았는데 한 건이 문제였어요. 의뢰가 들어오면 무조건 30분 안에 수락해야 해요. 의뢰가 들어온 걸 보고 아직 시간이 있다고 생각했는데 갑자기 사라진 거예요. 왜 그런지는 모르겠어요.

[태스크래빗 측은] 그걸 보고 내가 한 건을 수락하지 않았다고 했어요. 전화를 걸어서 이런 일이 있었다 해명을 했죠. 근데 그 사람들 정말 별로예요. 사람 말을 안 믿잖아요. 내 말을 이해할 생각도 안 하는 거 있죠? "응답 시간 30분을 넘기신 것 같은데요"라기에 "저기요, 내가 폰 쓰면서 계속 시간 보고 있었거든요?"라고 했어요. 그러니까 "그러면 저희가 양식을 보내드릴 테니까 적어서 보내주시면 연락드리겠습니다." 하는 거예요. 그래서 거기다 어떻게 된 건지 적었죠. 근데 연락이 안 와요. 수락률은 그 한 건 때문에 아직도 엉망이고요. (…) 사실 말이 안 되죠. 30분은 너무 짧잖아요. 일할 때, 밥 먹을 때, 사람 만날 때, 지하철 타고 있을 때 의뢰가 들어오면 어떡하라고요. 왜 30분밖에 안 주는지 이해가 안 가요.

에어비앤비 호스트 개브리엘레처럼 크리스티나도 태스크래빗 일이 필요할 때 말고는 이름을 내려놓는 쪽을 택했다. "지난 2주 동안 주말이고 저녁이고 이래저래 바빠서 수주 불가 상태로 해뒀어요. 그 한 건 때문에 그렇게 되고 난 뒤에는 또 똑같은 일이 생길까봐 기본적으로 수주 불가 상태로 해놔요."

응답 시간 규정은 의뢰를 받아 일을 하고 있을 때도, 지하철로 이동하느라 폰이 잘 안 터질 때도 똑같이 적용된다. 그래서 노동자는 곤란해진다. 일주일에 최대 84시간(주 7일 오전 8시~오후 8시) 동안 대기 상태에 있지 않으면 일을 못 받을 수 있다. 업무 요청이 들어왔을 때 문자나 메일로 신속하게 응답하는 것은 화이트칼라 노동자도 일상적으로 하는 일이지만, 아무리 깐깐한 상사도 최소 1

시간 정도는 말미를 준다. 몇 시간 지나서 응답한다고 해고하는 일은 없다.

다수의 태스커가 30분 제한 때문에 스트레스를 더 받는다고 했다. 50세 도널드는 "가끔은 피를 말려요. 사람이 어떻게 하루 종일 태스크래빗만 생각하냐고요. 뭐, 30분이 아주 촉박한 시간은 아니에요. 나는 거의 항상 폰을 켜두니까요. 근데 내가 집에서 욕실 청소를 하고 있다고 쳐봅시다. 그러면 30분이 간 줄도 모를 수 있어요. 수주 불가 상태로 바꿔둘 수도 있죠. 근데 [그러면] 일이 안 들어오잖아요. 양날의 검이죠"라고 토로했다.

23세 재스민도 같은 생각이다. "말도 안 돼요. 꼭 그럴 필요가 있나 싶어요. 가끔은 이 일을 할까 말까 고민할 때도 있어요. 사실 어떨 때는 폰을 안 보고 있을 수도 있잖아요. 사람이 어떻게 하루 종일 폰만 보고 사냐고요. 그리고 내가 수주 가능 상태라도 즉각 응답할 수 없는 경우도 있지 않겠어요?"

화이트칼라 노동자의 경우, 메일에 즉각적으로 응답해야 할 의무가 있다면 그런 불편에 대한 보상으로 임금을 더 많이 받는 게 보통이다. 하지만 태스크래빗 노동자는 돈을 벌려면 돈을 못 받고 쓰는 시간을 감수해야 한다. 일주일에 84시간이라는, 주간 표준 노동시간의 두 배가 넘는 시간 동안 심리적 '대기 상태'에 있어야 하지만 잔업 수당은 없다. 다음은 49세 마이클의 이야기다.

> 의뢰를 받으려고 앉아서 기다리는 시간을 다 합하면 얼마나 될지 모르겠습니다. (…) 돈 받는 시간이 1시간이면 기다리는 시간은 3시간

> 쯤 되는 것 같은데, 정확히 계산할 방법이 있을지 모르겠네요. (…) 십자말풀이를 한다든지 밥을 먹는다든지 하면서 의뢰를 기다려요. 내가 완전히 잘못 알고 있는 게 아니라면 제일 큰 문제는 이겁니다. 의뢰가 들어왔는지 보려면 계속 새로고침을 눌러야 한다는 거요. 자동으로 새로고침이 안 되거든요. (…) 무슨 설정이 있는데 내가 몰라서 이 고생을 하고 있는 게 아니라면 계속 클릭을 해줘야 해요. (…) 그래서 클릭 한 번 하고 십자말풀이 하고, 또 클릭 한 번 하고 십자말풀이 하는 식으로 시간을 보낼 때가 많습니다.

30분 제한은 태스커에게만 적용되고 의뢰인은 자유다. 이는 다른 임시 노동을 하면서 틈틈이 태스크래빗 일을 받아야 하거나 태스크래빗이 주된 생계 수단이라서 비는 시간 없이 되도록 많은 일을 받아야 하는 분투자에게 특히 문제가 된다. 34세 레베카는 이런 말을 했다.

> 나는 빨리 해요. 평균 [응답 시간이] 3분이에요. 30분 내에 응답 안 하면 싫어하더라고요. 뭘 어떻게 하는지 모르겠는데, 들어왔던 일이 그냥 없어져버려요. 근데 꼭 의뢰를 수락해야 하는 건 아니에요. 이런 거죠. 일단 즉각 채팅으로 응답해요. 하지만 바로 일을 받진 않죠. "정확히 몇 시를 원하세요?"라고 무조건 먼저 물어봐요. 그것 말고도 일을 수락하기 전에 뭐든 물어보고 싶은 게 있거든요. 그걸 적어요. 나는 신속하게 응답해요. 길면 3분, 짧으면 1분이에요. 근데 한참 기다려도 답이 안 올 때가 있어요. 그러면 또 이런 식으로 보내요.

"일을 하면 하고 안 하면 안 하는 거지 이렇게 그쪽 처분만 기다릴 순 없어요. 다른 일도 해야죠. 이건 어디까지나 부업이에요. 내 인생이 걸린 일이 아니라고요. 댁한테 내 인생이 걸린 것도 아니고 말이죠. 2시간이 됐든 3시간이 됐든 빨리 일정 잡고 치워버립시다." 그래도 답이 안 와요.

현재 레베카가 쓰는 방법은 의뢰인에게 3~4시간 여유를 주는 것이다. 그때까지 답이 안 오면 태스크래빗에 전화를 건다. "전화에 대고 이렇게 말해요. '저기요, 이건 좀 아니잖아요. 나한테는 바로 응답하라면서요. 근데 왜 그 사람은 안 그래요? 이 일은 안 받을 거니까 그냥 취소해주세요.'"

노동자들의 셈법을 더욱 복잡하게 만드는 요인은 알고리듬이 불투명하다는 사실이다. 무슨 이유로 검색 결과에서 제외되는지는 알아도, 무슨 이유로 검색 결과에 나타나는지는 모른다. 그래서 다시 검색 결과에 뜰 때까지 며칠 동안 하루 종일 수주 가능 상태로 해놓아야 하는 경우도 있다. 그러다 다시 프로필이 뜨면 의뢰가 물밀듯 들어오기도 한다. 28세 나타샤는 이렇게 말했다.

엘리트 등급을 받으니까 어떤 면에서는 도움이 돼요. 그런데 알고리듬이 너무 불공정한 것 같아요. 의뢰를 2~3건만 거부해도 다른 일을 받을 기회를 안 줘요. 예를 들어 내가 태스크래빗 앱을 며칠 꺼뒀다가 다시 켜면 2~3일은 일이 안 들어오는 거예요. 그러다가 내가 받을 수 있는 의뢰를 받아서 또다시 적극적으로 일해야 알고리듬도 내가 활동 중인 걸 알더라고요. 그러면 일이 또 막 몰려서 감당이 안 돼요. 그래도 쉽게 거절하진 못하죠. 그랬다간 또 불이익을 당할 테니까요.

34세 레베카도 같은 경험을 했다.

이런 말 하긴 싫지만 내가 쓰는 방식이 좀 도움이 되긴 해도 너무 까다롭게 굴면 안 돼요. 그게 참 맘에 안 들어요. 앱을 켜면 '무슨 행사 같은 재미있는 일이 들어올까, 아니면 속옷 개고 무거운 짐 나르는 일이 들어올까?' 하고 신경이 쓰이거든요. 그게 싫어요. (…) 일단 의뢰가 들어오면 수락하기 전까지 채팅하고 질문할 수 있다고 해도 안 받으면 불이익이 좀 있어요. 크진 않아요. 수락했다가 취소한 건 아니니까요. 그래도 내가 선택받았는데 거절하면 평점이든 뭐든 깎여서 검색 결과에 잘 안 떠요. 당연히 선택도 많이 못 받죠. 알고리듬인지 뭔지 때문인데, 나한테 하라는 일을 다 안 받으면 사람들한테 안 보이는 거예요. 그게 참 별로예요. 뭐, 너무 절박해서 '어휴, 하루도 쉬지 말고 돈 벌자.' 모드일 때는 그것도 도움이 되겠죠. 종일 앱 켜놓고 뭐가 됐든 일이란 일은 다 받을 거니까요. 하지만… "내일부터 일할 수 있습니다. 단, 이러저러한 일만 받아요. 내일은 짐 싸서 나르는 일은 하고 싶지 않아요"라고 해놓을 수 있으면 좋겠어요. 근데 안 돼요. 받으려면 다 받든가 안 받으려면 다 받지 말라는 식이죠.

개중에는 그냥 '수주 중단'으로 설정해놓는 노동자도 있지만 그 상태가 오래 지속되면 문제가 생길 수 있다. 태스크래빗은 태스커가 적극적으로 활동하기를 원한다. 그래서 너무 오래 일을 안 받으면 이용 정지나 '공동체에서 제명' 처분을 내린다. 38세 배우 윌이 그런 일을 당했다.

진짜 어이가 없었어요. 2년 동안 간간이 일하면서 아무 소리 못 들었는데… 어느 날 갑자기 "앞으로 30일 내에 의뢰를 수주하지 않으면 이용이 정지됩니다"라는 메일이 날아왔어요. 전화해서 "내가 배우 일을 하는데요, 지금 공연 때문에 텍사스주 오스틴에 와 있어서 의뢰를 못 받거든요. 그래서 앱을 안 켰어요"라고 말하니까 여자 상담원이 그러더라고요. "어, 저희는 오스틴에서도 이용하실 수 있어요." 그래서 "아니요, 나 연기한다니까요. 저기요, 그러니까 내 말은… 공연 때문에 왔다고요. 오늘 공연이 2회 있어서 중간에 잠도 자고 밥도 먹어야 해요. 그래서 남의 집에 이케아 조립하러 갈 시간이 없어요. (…) 아니요, 일 못 한다고요. 1월이나 돼야 돌아갈 거예요"라니까 그러는 거예요. "네, 알겠습니다. 그렇게 하세요."
그러고서 1월에 돌아올 때까지 태스크래빗 생각은 안 했어요. 태스크래빗은 생각 안 하고 살 때가 더 편하거든요. 근데 들어가보니 이용 정지래요. 전화를 거니까 [고객센터 상담원이] 그러는 거예요. "아, 큰 문제 아니에요. 원래 활동하시다가 지금 이용 정지 상태란 말씀이죠? 다시 회원이 되려면 공동체 훈련 프로그램 이수하시면 됩니다." 나야 당연히 "예? 뭐라고요?"라고 물었죠. 그랬더니 "한동안 태스크래빗을 안 쓰셨기 때문에"라면서 뭘 해야 한다고 했는데, 그게 뭐였더라? 무슨 회사 홍보할 때 쓰는 듣기 싫고 모욕적인 말이었어요. '재활'은 아니고… 아, '재적응'이었어요.

윌은 상담원과 입씨름을 벌이다가 다른 사람을 바꿔달라고 요청했다.

내가 따졌어요. "저기요, 나는 그쪽 회사와 일하는 게 좋아요. 진심이에요. 의뢰인을 도와주는 게 좋거든요. 태스크래빗에 대해 좋은 얘기도 많이 해요. 하지만 영양가 없는 재교육 때문에 돈도 안 받고 2시간이나 쓰긴 싫다고요. 좀 전에도 얘기했지만 내가 배우 일을 하는데, 그 일의 특성상 딴 일을 못 할 때가 많아요. 태스크래빗에 가입할 때만 해도 바로 그런 사람을 위한 서비스라고 했잖아요. 그런데 지금 와서 이러면 어쩌잔 겁니까?" 그랬더니 저쪽에서 그래요. "예, 그 말씀이 맞습니다. 걱정하지 마세요. 다시 이용 가능하게 해드릴게요. 참고로 앞으로 공연차 멀리 가시거나 다른 일이 있을 때는 저희한테 미리 알려주세요." 그래서 말했죠. "모르시나 본데, 지금껏 그렇게 했어요." 이제 또 어떻게 될지 두고 봐야죠. 월요일에 다른 일 때문에 이동하거든요. 공연하러요.

태스크래빗은 "태스커가 시급, 일정, 작업 분야를 직접 정할 수 있습니다"라며 탄력성을 내세우지만 실제로 노동자에게 허용되는 탄력성에는 제약이 따른다. 게다가 한동안 의뢰를 받지 못한 노동자는 자기 잘못이 없다고 해도 마찬가지로 제약을 받는다. 29세 사라는 "두 달 동안 일이 하나도 없었어요. 석 달 동안 일을 안 하면 바로 이용 정지예요. (…) 내가 항의했어요. '아니, 당신들은 내가 활동을 안 했다고 하지만 [사실은] 일이 안 들어온 거예요. 2주 연속으로 수주 가능 상태였다고요.' 근데 별로 도움은 안 됐어요. 그냥 '아, 그러시면 일정을 업데이트하세요'래요"라고 말했다.

끝으로, 일을 하지 않는 시간은 일하다 쉬는 시간과도 연관이 있다. 대부분의 풀타임 노동자와 최저임금 이상을 받는 노동자는 근무시간에 별 고민 없이 화장실에 가고 담배를 피우고 점심을 먹는다. 그러나 공유경제 노동자는 19~20세기 초와 같은 상황에 놓여 있기 때문에 그 정도의 탄력성도 보장받지 못한다.

먼 옛날도 아니고 1890년만 해도 상점 노동자는 휴식 시간에 앉아서 쉴 수 있는 딱딱한 장의자 하나라도 있으면 다행이었다. 물론 휴식 시간이 있을 때 이야기이긴 하다. 상점 여직원 중 대부분이 서서 점심을 먹었고, 개중에 여건이 좋은 곳이라고 해도 직원용 화장실이 없는 경우가 많았다. "노동자는 아침에 출근하기 전에 집에서 용변을 해결하는 것을 권장했다. 그것은 '개인 용무'였다." 사회개혁가이자 언론인으로서 여성의 열악한 노동환경을 집중 조명해온 메리 게이 험프리스Mary Gay Humphreys는 "수시로 여성들을 삼삼오오 자신의 아파트로 데리고 가서 '시설을 이용하게' 했다"고 주장했다.[50]

공유경제 노동자도 용변은 업무 외 시간에 처리하는 걸 권장한다. 키친서핑 셰프들은 위생적인 이미지를 유지하기 위해 의뢰인의 집에 도착해서 손을 씻은 후 요리를 마칠 때까지 화장실을 사용하지 말라는 안내를 받는다. 키친서핑 인력시장의 셰프로 일하면서 종종 키친서핑 투나잇에도 참여하는 38세 담라는 키친서핑 측으로부터 "되도록 화장실을 쓰지 말라"는 말을 들었다. "30분만 있으면 되니까 그 정도는 참아도 되지 않겠냐는 거죠."

키친서핑 투나잇 셰프들이 보통 의뢰인의 집에 머무는 시간이 30분인 것은 맞다. 하지만 기본 근무 단위는 4시간으로, 이는 4건의 의뢰를 처리하고 그 사이의 이동 시간을 각 30분으로 계산한 시간이다. 4시간 동안 요의를 참을 수 없을 때 그들은 주로 카페에 가거나 요리하는 건물의 관계자에게 양해를 구하고 화장실을 이용한다. 29세 프랜치스코는 그런 편의를 제공받기 위해 건물 경비원들과도 친해지려고 노력한다. 그렇다고 해도 키친서핑 투나잇 특성상 일정이 워낙 빡빡하게 잡혀 있다 보니 셰프들은 도저히 방법이 없을 때도 있다.

26세 조는 "진짜 최악의 순간이 두 번 있었어요. 일 끝내고 다음 집으로 이동하려는데 오줌이 마려운 거예요. 정말 미칠 것 같은데 규정을 어길 수는 없잖아요. 그럴 때는 어디 문 연 가게를 찾아야 해요. 밤에는 골목에 쌀 수 있으면 그냥 싸고요. 어차피 [보는] 사람도 없으니까요. 특히 상가 지역은요. 번화가나 주택가야 당연히 곤란하죠. 사람이 너무 많잖아요. 소변 볼 곳 찾는다고 뛰어다니는 게 가끔은 짜릿하기도 해요"라고 말했다. 요리를 마치고 화장실을 써도 되는지 물어볼 수도 있었지만, 그러면 팁을 못 받을까봐 그렇게 하지 않았다. "가끔 팁을 주는 사람들이 있는데 누가 줄지 모르잖아요. 그러다가 막판에 화장실에 가면 팁을 받을 타이밍을 놓칠 것 같아서 신경이 쓰이더라고요."

공유경제의 많은 측면이 그렇듯이 화장실 이용도 보통은 지위와 관련이 있다. 에어비앤비 호스트는 대체로 화장실 이용에 문제가 없다. 투숙객과 같은 화장실을 써도 상관없다. 31세 에어비앤비 호스트 대니얼은 "손님에게는 여자친구가 일찍 출근해야 해서 몇 시에 화장실을 쓸 거라고 미리 알려줘요. 그게 문제가 되진 않아요"라고 했다.

태스크래빗과 우버 노동자처럼 이동이 잦은 경우에는 보통 시간이 좀 걸리더라도 급할 때 쓸 수 있는 화장실을 미리 물색해둔다. 29세 태스커 사라는 "대개 스타벅스에 가요. 월도프 호텔이나 플라자 호텔 같은 곳의 화장실 위치를 알아두는 것도 좋죠. 월도프는 칸마다 화장대가 있어요. 좀 신기하죠"라고 자신의 전략을 설명했다. 54세 우버/리프트 기사 래리는 "폰에 맥도날드 앱을 깔아놨어요. 24시간 운영하는 매장이 많고 웬만하면 다 화장실이 있거든요. 던킨도너츠 같은 데는 화장실이 없는 곳도 많아요. 레스토랑과 패스트푸드점도 화장실이 없는 데가 많고요. 하지만 맥도날드는 어지간하면 다 있어요"라고 말했다.

여러 노동자가 공통으로 말하는 전략은 가맹점이 많은 헬스장에 등록하는 것이다. 하지만 이 장의 도입부에서 언급했듯이 태스크래빗으로부터 이용 정지를 당한 도널드는 헬스장 화장실을 이용한 게 제명당한 이유일지도 모른다고 추정했다.

그날은 배달이 12건 잡혀 있었어요. 로어맨해튼에서 시작해서 [어퍼웨스트사이드까지] 쭉 올라갔죠. (…) 화장실을 쓰려고 뉴욕스포츠클럽에 들어갔어요. 혹시 회사에서 그걸 알았는지도 모르겠네요. "왜 헬스장에 들렀어요?"라고 물었으면 "화장실 가려고요"라고 답했을 겁니다. 근데 아마 내 생각이 맞는 것 같아요. (…) 스타벅스에 가도 돼요. 하지만 이용하는 사람들이 많으면 10분쯤 기다려야 할 수도 있어요. 일하다 화장실 가는 것도 일하는 것으로 쳐주는지 모르겠어요. 그런 생각까진 안 해봤죠.

화장실에 가고 못 가고는 단순히 편의성이나 위생하고만 연관된 게 아니다. 제때 방광을 비우지 못하면 극도의 불편을 느끼는 것은 당연하고 자칫하면 건강에 문제가 생길 수도 있다. 하지만 공유경제 노동자는 건강보험, 급여세, 교통비, 병가와 휴가에 대한 지원을 받지 못하는 것과 마찬가지로 업무상 재해를 당했을 때도 모두 자비로 해결해야 한다.

이 장에서 살펴보았듯이 미국 노동의 역사는 임금 인상, 노동시간 단축, 노동조건 개선을 위한 투쟁의 역사였다. 1935년 와그너법(전국노동관계위원회가 설치되고 종업원의 단결권과 단체교섭권이 인정됐다), 1938년 공정노동기준법, 1966년 공정노동기준수정법은 오랫동안 노동환경을 개선했다는 호평을 받았다. 하지만 와그너법이 제정되고 고작 80년밖에 지나지 않은 현재, 독립계약자로 분류되는 공유경제 노동자는 위의 법들이 보장하는 보호장치를 전혀 제공받지 못하고 있다. 한데 이것은 긱경제 노동자가 노동 현장에서 흔히 경험하는 문제의 시작점에 불과하다. 그들은 17~19세기 노동자들이 그랬던 것처럼 위험한 환경에 노출되어 있고, 일하다 다쳐도 아무런 보상을 받지 못한다.

# 업무 중 사고

4

분투자, 중간자, 성공자

공유경제란 무엇인가?

초기 산업사회로의 회귀

**업무 중 사고**

“공유는 사랑입니다”

더럽고 치사한 일

꿈같은 삶?

결론: 파괴의 결과

26세 에마는 45kg밖에 안 되는 왜소한 몸이 마치 팅커벨을 연상시켰다. 그래서 대졸자인 그녀가 태스크래빗에서 짐 나르는 일을 비롯해 육체노동을 하고 있다고 말했을 때 내가 잘못 들은 줄 알았다. 에마는 통증에 대한 이야기를 꺼냈다.

"사실 허리에 문제가 있어요." 그녀는 놀란 내 얼굴을 보고 "진짜예요"라고 힘주어 말했다. "벌써 한참 됐어요. 처음 일 시작했을 때부터 아팠거든요. 한 보름 전에 또 일하다 보니까 아프더라고요. 병원에 가면 '혹시 무슨 특수한 일 하세요?'라고 물어요. 그래서 '네, 이 집 저 집 청소하러 다녀요'라고 하면 '아마 그게 원인일 것 같네요'래요."

에마는 긍정적인 평점과 후기를 받는 게 중요한 시급 계약 노동자이기 때문에 시간을 내달라고 묻는 것이 조심스러웠다. 매장 직원이라면 눈치껏 쉴 수 있겠지만, 청소하는 태스커는 보통 현장에서 일하는 사람이 자기밖에 없기 때문에 의뢰인의 주목을 받을 수밖에 없다. "가끔 '어휴, 허리야' 하고 의뢰인에게 넌지시 신호를 보낼 때도 있어요. 그래도 잘 못 알아들어요. 그냥 '와, 청소 잘하시네요'라고 하고 끝이에요."

태스크래빗은 전통적인 청소업체나 이사업체만큼 노동자의 익명성을 보장해주지 않는다. 메리메이드Merry Maids의 청소 서비스를 받고 불만인 고객이 사업체 평가 사이트인 옐프Yelp에 부정적인 후기를 올린다고 하더라도 그 후기에서 지목되는 것은 개인 노동자가 아니라 메리메이드라는 기업이다. 잠재적 고객은 똑같이 메리메이드를 이용해도 자기 집에는 다른 청소원이 올 수도 있다고 생각한다.

하지만 태스크래빗에서는 태스커(에마)가 의뢰인에게 직접 고용된다. 평점과 후기는 그녀의 작업 능력과 태도에 관한 것이다. 그래서 에마는 업무 중에 느끼는 통증 같은 문제를 이야기할 때 신중을 기한다. "'저기, 제가 너무 아파서요'라는 말을 싹싹하게 해야 돼요. 예를 들면 '저, 잠깐 쉬어도 될까요? 물 좀 마시려고요.' 하는 식으로요. 근데 별로 효과는 없어요. 물론 의뢰인에 따라 다르긴 하죠. 잘 챙겨주는 사람도 있어요. 차나 물 같은 걸 마시라고 갖다주는 사람도 있고요. 하지만 앉아서 쉬라고는 안 해요. 그래도 괜찮아요. 근데 청소는 하다 보면 정말 진이 빠질 때가 있어요. 특히 며칠씩 연달아 청소만 하다 보면 금방 지쳐요."

노동자가 업무 중에 음식을 먹지 않는 것은 드문 일이 아니다. 특히 집 청소를 하는 노동자는 더욱 그렇다. 《노동의 배신Nickel and Dimed》에서 바바라 에런라이크는 남의 집을 청소할 때 먹고 마시는 것은 고사하고 껌을 씹는 것조차 허락되지 않았던 경험을 상세히 이야기했다. 한 달을 일하는 동안 딱 한 명의 의뢰인만이 그녀가 땀 흘리는 것을 보고 물을 가져다줬다. 그녀는 "집 안에서는 어떤 것도 섭취해서는 안 된다는 규정을 어기고" 물을 감사히 받아 마셨다.[1]

한 달간 청소 체인의 청소원으로 일하면서 에런라이크는 동료들이 "통증을 달고 살면서 진통제와 담배로 통증을 달래고 한두 사람은 주말에 한해 술을 진통제 삼아 마시는" 것을 목격했다.[2] 무릎을 꿇고 바닥을 걸레질하고, 무거운 진공청소기를 배낭처럼 메고 움직이고, 하루에 몇 시간씩 똑같은 동작을 반복하다 보니 동료들은 허리가 망가지고 관절염이 심해지고 예전에 다쳤던 곳이 더 나빠졌다. 에마도 태스크래빗에서 일하면서 진통제가 절실해졌다. "난 젊고 활동적이라서 건강에는 별로 문제가 없었어요. 그러니까 더 이상하죠. 내가 진통제를 먹다니요. 지압도 받고 늘 가던 의사한테도 가봤는데 별로 도움은 안 됐어요. (…) 안 좋아졌죠. 아파서 잠을 못 잘 때도 있어요."

에마의 통증은 에런라이크가 묘사한 것과 유사하지만, 에런라이크의 동료들은 회사로부터 보상을 받을 수 있는 종업원인 반면 에마는 독립계약자다. 에마는 산재보험, 유급 병가, 건강보험이 제공되지 않는다. 일하다 다쳐도 보상을 받지 못한다. 그녀가 선택할 수 있는 것은 청소를 그만두는 것뿐이었지만 결정이 쉽지만은 않았다. "그게 돈벌이가 제일 많이 됐으니까 갈등이 될 수밖에요. 그러던 중에 이런 생각이 드는 거예요. '이게 몸 상해가면서까지 할 일이야?' 그래서 속상하지만 청소 일은 관두고 운동을 시작했죠. 이젠 허리도 얼추 정상으로 돌아온 것 같아요."

노동자가 업무상 재해를 당하는 것은 어제오늘 일이 아니다. 내가 연구를 수행했던 동네에서 걸어갈 수 있는 거리에는 그 유명한 1911년 트라이앵글셔트웨이스트 공장Triangle Shirtwaist Factory 화재의 현장이던 애시빌딩Asch Building이 있다. 젊은 남녀 143명의 목숨을 앗아간 이 사건은 미국 역사상 최악의 산업재해로 꼽히고, 그것이 도화선이 되어 미국 노동법이 바뀌고 뉴딜정책이 탄생했다고 보는 사람이 많다.[3]

## 간략히 정리한 산재보험의 역사

산재보험은 최근에 생긴 개념이 아니다. 역사상 최초로 산재보험이 명시된 기록물은 기원전 2050년에 제작된 수메르 니푸르 석판 3191번으로 알려져 있다. 여기에는 골절을 비롯해 특정한 부상에 대한 보상법이 명시되어 있다. 기원전 1750년에 작성된 함무라비 법전과 고대 그리스, 로마, 아랍, 중국법에서도 신체 훼손에 대한 보상 절차가 구체적으로 나와 있다. 하지만 현대 사회는 고대 사회와 비교하면 업무상 재해를 입은 노동자에 대한 보상이 훨씬 인색하다.[4]

영국법의 영향을 받은 미국법은 초기 산업사회까지 '변호의 비신성非神聖 삼위일체'라고 불릴 만큼 노동자 보호를 제한하는 허점이 세 가지 존재한다. 바로 기여 과실, 동료 근로자 원칙, 위험 인수다. 기여 과실은 노동자가 어떤 식으로든 재해에 대한 책임이 있으면 고용주는 잘못이 없다는 개념이다. 만일 노동자가 발을 헛디뎌 위험한 기계 속으로 떨어졌는데 하필 그 기계에 의무적으로 설치해야 하는 보호장치가 없었다고 해도 그 노동자는 보상을 받을 길이 없다. 기여 과실 제도에서는 발을 헛디딘 게 잘못이기 때문이다. 동료 근로자 원칙은 재해의 원인이 동료 근로자에게 있을 때 고용주가 빠져나갈 구멍을 만들어준다. 이마저도 통하지 않으면 아직 위험 인수가 남아 있다. 노동자의 업무 수행은 업무에 따르는 위험을 인지한 상태에서 이뤄지는 행위라는 논리다.[5]

역사적으로 볼 때 미국에서 노동은 꽤 위험한 행위다. 1904년 제조업, 운수업, 농업 종사자 등 총 2만7,000명이 업무 중 사망했다. 1년간 뉴욕에서만 5만 건의 공장 사고가 발생했다. 역사학자 하워드 진Howard Zinn은 "모자 제조공은 호흡기 질환이 생기고, 채석공은 치명적 화학물질을 흡입해야 했으며, 석판인쇄공은 비소에 중독됐다"고 썼다. 산업관계위원회 보고서에 따르면, 1914년에 산업 현장에서 3만5,000명의 노동자가 사고로 사망하고 70만 명이 다쳤다.[6]

1900년대 초 조직적 노동운동에 호의적인 여론을 조성하기 위한 움직임이 시작됐는데, 그 중심에는 개혁적 언론인들의 '추문 폭로' 운동이 있었다. 그중 가장 유명한 인물이 바로 《정글The Jungle》에서 시카고 소재 도축장의 열악한 노동환경과, 병들고 부패한 고기가 유통되고 싸구려 첨가물로 인해 식품이 변질되는 현실을 폭로한 업튼 싱클레어Upton Sinclair다. 싱클레어의 책이 반향을 일으키면서 1906년, 식품의약법과 육류검사법이 제정되고, 식품의약국FDA이 설립됐다. 하지만 당사자인 싱클레어는 이 같은 전개에 실망했다. 그가 책을 쓴 이유는 고기의 품질을 향상시키는 게 아니라 도축 및 포장 노동자를 돕는 것이었다. 훗날 싱클레어는 "나는 대중의 심장을 겨냥했으나 정작 맞힌 곳은 위장이었다"라고 썼다. 의회에서 1906년, 1908년 고용주책임법이 통과되어 기여과실의 위력이 약화되긴 했지만 노동자의 현실이 도외시되기는 마찬가지였다.[7]

1911년 초 워싱턴주와 위스콘신주에서 포괄적 산재보험법이 통과됐으나, 노동자 보호와 재해 보상에 대한 인식의 전환을 불러온 계기는 1911년 3월에 발생한 트라이앵글셔트웨이스트 공장 화재였다.[8] 화재 발생 후 1년간 추가로 9개 주에서 규제 법안이 제정됐고, 1920년까지 36개 주가 그 뒤를 따랐다.

이 화재로 뉴욕에서는 훗날 노동부장관이 되는 프랜시스 퍼킨스Frances Perkins를 위원장으로 공공안전위원회가 설치되고, 노동시간 단축을 명하는 '54시간법'을 포함해 새로운 노동자 보호법이 제정됐다. 뉴욕주의회는 "뉴욕과 여타 도시의 공장 환경 점검"과 "화재, 비위생적 환경, 직업병으로 인한 종업원의 위해나 사망을 막기 위한 입법 조처"를 위해 공장조사위원회를 발족했다.[9] 위원회의 활약에 힘입어 뉴욕주는 노동법을 현대화함으로써 "노동 개혁에서 가장 진보적인 주"가 되는 한편으로, 건물 출입 용이성 향상과 경보 장치 및 자동 스프링클러 설치 의무화, 방화 시설 및 소화기 설치 의무 강화, 노동자 취식 및 화장실 시설 개선, 여성과 미성년자의 주간 노동시간 제한 등을 골자로 하는 60개의 법을 제정했다.[10]

## 수세대에 걸쳐 만들어진 보호장치의 혜택조차 받지 못하는 현대 노동자

현대 노동의 정점이라 칭송받는 공유경제지만 그 노동자들은 야속하게도 수세대를 앞선 사람들이 누렸던 그 어떤 보호장치도 누리지 못하고 있다. 풀타임·파트타임 종업원을 위한 보호장치는 건재해도 독립계약자인 긱경제 노동자는 여전히 기본적인 사회안전망 바깥에 놓여 있다.

최근 많은 기업이 사회적 책임을 회피하기 위해 기존의 고용주-종업원 관계를 포기함에 따라 독립계약자로 분류되는 노동자가 꾸준히 증가하고 있다.[11] 미국의 독립계약자에게는 산재보험, 실업급여, 유급 휴가, 퇴직금, 잔업 수당, 장애인 편의, 육아 휴직, 차별 방지 장치, 노조 결성권 등 그 어느 것도 보장되지 않는다.

공유경제 업체 중 대다수가 노동자를 독립계약자 혹은 '1099 노동자'(독립계약자가 연말에 소득세를 신고하기 위해 사용하는 양식의 번호가 1099번이다)로 간주한다. 노동자를 독립계약자로 분류하면 기업이 실업보험기금에 보험료를 납입할 의무가 없고, 사회보장연금세와 메디케어세 분담금(종업원 임금의 7.65%) 역시 내지 않아도 된다. 게

다가 풀타임 노동자에게는 퇴직연금, 건강보험, 스톡옵션을 제공하는 한편 계약 노동자에게는 이런 것을 제공하지 않아도 되는, 이른바 이중 복지 제도를 만들어도 차별이라고 고소당할 위험이 없다. 이에 2011년 미국변호사협회는 연방정부 조사 결과를 근거로, 종업원으로 분류해야 함에도 독립계약자로 분류한 노동자가 340만 명으로 추산되고, 2009년 재무부 감사관실 조사 결과에 근거해 노동자의 잘못된 분류로 인한 고용세 미징수액이 540억 달러로 추산된다고 밝혔다.

산재보험이 적용되지 않는 노동자는 업무상 재해를 입어도 보상을 못 받고 치료비를 자비로 부담해야 한다. 진통제를 복용하는 26세 태스커 에마는 메디케이드 대상자라서 그나마 다행이라고 했다. 하지만 그렇지 않은 노동자는 일하다 다치면 일자리와 소득을 잃는 동시에 병원비를 감당해야 하는 이중고에 빠진다.

키친서핑 투나잇 셰프였던 54세 데이비드도 업무상 재해를 입었다. 키친서핑 투나잇 셰프들은 대개 검정색 가운이나 앞치마 형태로 된 유니폼을 입고, 등에는 백팩을 메고, 손에는 최대 16인분의 스테이크와 생선, 채소, 냄비, 칼, 도마 등 식재료와 조리도구로 불룩해진 20kg짜리 캐리어를 끌고 의뢰인의 집으로 향한다. 하지만 이들은 유니폼은 갖춰 입어도 제대로 된 신발은 갖춰 신지 않는다.

흔히 식당에서 조리할 때는 뜨거운 기름, 끓는 물, 미끄러운 바닥 같은 위험 요소가 존재하고 장시간 서 있어야 하기 때문에 적절한 신발이 필수다. 그래서 명문 요리학교인 미국요리대학Culinary

Institute of America에서는 쉽게 젖는 운동화나 뒤꿈치가 뚫린 슬리퍼를 허용하지 않는다.[12] 그런데도 키친서핑 셰프들은 의뢰인의 집에 들어가기 전에 신발을 벗어야 하는지 물어보라는 지시를 받는다. 셰프가 정해진 기준을 모두 만족하면 현금 보너스를 지급하는 이 '은밀한 손님' 프로그램은, 의뢰인에게 메뉴를 설명하고 고기 굽는 정도를 묻는 것과 함께 신발을 벗었는지 여부를 묻는 것도 조건에 포함되어 있다.

2015년 2월 어느 추운 겨울날 저녁, 데이비드는 질퍽한 눈길을 걸어 의뢰인의 집에 도착했다. 키친서핑에서 일한 지 이제 2주 차였다. 축축한 신발을 벗어도 되는지 물어보자 의뢰인은 당연히 그래도 된다고 했다. 사고가 난 것은 일을 마치고 떠날 채비를 할 때였다. "현관에서 불룩한 백팩을 메고 한 발로 서서 장화를 신는다고 낑낑대다가 어디를 접질렀나 봅니다. 밖으로 나오다가 무릎이 휘청하더니 넘어졌어요."

하지만 아직 근무가 끝난 게 아니었다. 요리해야 할 집이 두 군데나 더 남아 있었다. 키친서핑은 알고리듬을 통해 셰프가 도보로 이동할 수 있거나 동일한 대중교통 노선에 있는 집을 배정하는데, 그날 데이비드는 다음 집으로 이동하기 위해 지하철을 타야 했다. "힘들었어요. 거기가 휴스턴가였는데 마지막 집까지 가려면 한참 걸어야겠더라고요. 택시를 잡을 수만 있으면 택시를 탔을 거예요.(웃음) 지하철에 계단이 얼마나 많은지, 이러다 사람 잡겠구나 싶더라니까요. (…) 계단에서 두 번인가 넘어졌어요. 무릎에 힘이 빠져서요. 무릎에 아무런 느낌이 없었어요. 이를 악물고 걸었죠.

정말 긴 밤이었습니다."

이튿날 키친서핑에 전화를 걸어 상황을 알렸다. "여자 분이 전화를 받았는데 친절했어요. 병원에 좀 가봐야 할 것 같다니까 '여유 있게 푹 쉬세요'라면서 '일은 낫고 나서 다시 시작하시면 되죠'라더군요. 사람을 쩨쩨하게 대하지 않고 좋았어요. 덕분에 빨리 복귀해야 한다는 부담감 없이 마음이 한결 편해졌죠."

키친서핑 측에서 유급 병가나 의료비 지원에 대한 언급은 따로 없었다. 데이비드는 일주일하고도 반을 더 쉬고(무급으로) 복귀해서 일단 주 3일로 일하면서 천천히 적응했다. MRI 결과는 예상대로 디스크였다. 데이비드는 수술받지 않고 매주 자비로 약 100달러씩 써가며 지압과 물리치료를 받았다. "옛날처럼 [수술이] 시간을 많이 잡아먹지 않았으면 좋겠어요. 1990년대에는 목 디스크에 걸렸거든요. 딸들 키운다고 수술받을 시간이 없었어요. 그때는 회복하는 데 6주쯤 걸린댔는데 지금도 그런 식이면 시간 못 내죠.(웃음) 그리고 수술할 때 동의서 받잖아요. 깨어났을 때 마비가 될 수도 있다느니 척추에 문제가 생길 수도 있다느니 하면서요. 물리치료와 지압이 잘 들어서 그런 동의서까지 쓸 일은 없었으면 좋겠습니다."

독립계약자인 키친서핑 노동자는 산재보험이 적용되지 않는다. 고용주가 부담하는 장해 보상이 지급되지도 않는다. 데이비드는 "우리는 위탁업자예요. 프리랜서요. 만약에 내가 직장에서 그런 일을 당했으면 산재 처리가 잘됐겠죠"라고 말했다.

하지만 데이비드도 위탁업자로서 일터에서 일하는 중이었다.

다만 독립계약자라는 지위 때문에 보상을 받지 못할 뿐이다. 공유경제 노동으로 건강에 장기적인 문제가 생긴 노동자가 데이비드만 있는 것은 아니다. 37세 숀도 태스커로 일하면서 허리를 다쳤다. "허리가 아파서 짐 옮기는 일을 그만뒀어요. (…) 나이 생각은 안 하고 무슨 이팔청춘인 줄 알았나 봐요.(웃음) 요즘은 '딱 몇kg만 더 빼자. 뱃살을 빼든가 최소한 유연성이라도 회복한 후에 다시 그런 일을 하자.' 하고 마음을 고쳐먹었어요."

숀은 짐을 나르던 중에 부상을 당했다. "서랍장을 옮기는 일이었어요. 서랍장을 짊어지고 계단을 올라가야 했죠. 서랍장이 두 개였는데 보조가 있긴 해도 내가 든 무게가 한 55kg쯤 됐을 거예요. 근데 사실 내 능력으로 들 수 있는 무게는 20kg밖에 안 되거든요. 그러니까 어휴, 허리를 삐끗했죠. 그래도 '괜찮아요'라면서 나왔어요. 그러고는 '아이고, 내 허리야!' 했죠."

## 주문형 시대의 사전계획

숀, 데이비드, 에마의 사례가 이례적이라고 할 수는 없다. 고용주로부터 노동자에게 위험이 전가되면 노동자는 자신의 한계를 인지하고 그에 맞춰 계획을 세워야 할 책임이 생긴다. 다시 말해 무엇이 자신에게 질병이나 부상을 유발할 수 있고, 자신이 몇 시간 동안 얼마나 많은 일을 완수할 수 있는지 생각해서 계획을 짜야 한다. 이런 식으로 미리 계획을 세우는 것은 매일 일정한 업무를 처리하는 화이트칼라 노동자에게도 쉽지 않은 일이다. 더욱이 다양한 상황에서 다양한 '상사'를 상대해야 하는 노동자에게는 불가능에 가깝다.

그중에서도 태스크래빗 노동자에게는 특히 더 문제가 될 수 있다. P2P 모델 특성상 태스커는 자신이 의뢰하는 일이 정확히 어떤 일인지 제대로 알지 못하는 의뢰인이나, 혹은 잠재적 노동자가 기피할까봐 일부러 작업 내용을 축소해서 설명하는 의뢰인에게 고용될 때가 많다. 28세 나타샤는 꺼림칙한 일은 되도록 피하려 하지만, 의뢰인이 내용을 자세히 밝히지 않는 경우가 종종 있다고 했다.

> 최근에 여자 의뢰인이었는데요, "집에서 공사하는데 청소 좀 도와주세요." 그러더라고요. 그런데 막상 가보니까 화학물질로 청소하는 거예요. 의뢰인이 장갑과 마스크를 줬어요. "공사 때문에 먼지가 많이 날려요. 진공청소기로 먼지 좀 잡아주시고, 걸레질 위주로 해주세요"라고 하면서요. 알고 보니 인부들이 돈을 안 준다고 석고 가루 청소 용액만 뿌려놓고 간 거였어요. (…) 그걸 나보고 하란 거였죠. 처음에는 자기도 같이 좀 하는 것 같더니 "어지러워서 여기까지만 할게요." 하면서 나갔어요. 아니, 씨, 그럼 나는요? 나는 안 어지럽나?
>
> 어제도 비슷한 일이 있었어요. 먼지 때문에 울렁거리는 거예요. 코를 푸니까 먼지가 섞여 나오더라니까요. 의뢰인들은 그런 거 신경도 안 써요. 자기 알 바 아니란 거죠.

믿기지 않을 테지만 나타샤는 그나마 운이 좋은 경우다. 의뢰인이 마스크와 장갑을 주고 잠깐이나마 같이 일했으니 말이다. 다른 많은 태스커들은 기본적인 안전 장비도 없이 혼자 일해야 한다. 25세 자말은 브루클린 레드훅에 있는 주택의 작은 연못을 청소하러 갔다. 의뢰인은 영화 스타일리스트였다고 한다.

> 집이 아주 멋있었어요. 뒤뜰에 연못이 있었는데 몇 년간 청소를 안 했다더라고요. 상태가 어휴, 뭐라고 해야 하나… 아주 곰팡이랑 모기 천국이더라고요. 거길 나더러 들어가서 건더기를 건지라는 거예요. 그러고 나서 깨끗한 물을 채우래요. 원래는 물고기 키우는 작은 연못이었을 거예요. 조그만 폭포 같은 것도 있었어요. 잔잔하고 평화로운 게 꼭 명상용 연못 같았죠. 크기는 작지만 수심은 깊었어요. 꽤 깊어서 조심조심 들어가야 했죠. 한 1m쯤 됐을 거예요. 건더기가 여기까지 왔어요(무릎 바로 밑을 가리키며).

"살다 살다 그렇게 역겨운 일을 해보긴 또 처음이었어요. 발가락 사이로 끈적끈적한 게 막 들어오는데, 소름이 쫙 끼치더라니까요."(웃음) 다행히 연못에 물이 가득 차 있진 않았지만 자말은 맨발에 닿는 게 무엇인지 몰랐다. "1년쯤 물을 안 넣었대요. 그러니까 그 건더기가 뭔지 아무도 몰라요. 초록색이었어요. 끈적끈적하고요. 청바지를 말아 올리고 신발과 양말을 벗었어요. (…) 그냥 들어가서 퍼냈죠. 어휴, 지금도 가끔 꿈에 나와요." 너무 역겨운 경험이라 자말은 연못에서 나오자마자 초록색과 갈색 오물이 묻은 발을 사진으로 찍어뒀다.

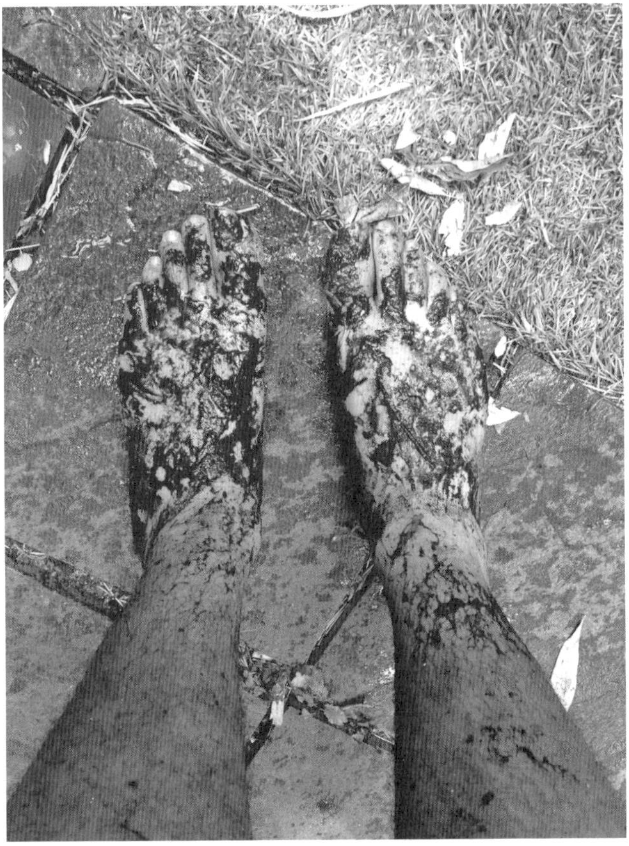

브루클린에서 연못을 청소하고 나서 직접 찍은 자말의 발.

작은 연못을 청소할 때는 보통 펌프나 진공청소기를 이용하지, 사람이 직접 들어가진 않는다. 꼭 들어가야 한다면 물과 진흙 속의 내용물로부터 하체를 보호하기 위해 긴 고무장화를 착용하는 것을 권한다.

그러고 보면 최근 태스크래빗의 광고 문구가 "이웃끼리 도우며

"귀찮은 일은 저희에게 맡기고 당신은 생활에 전념하세요"라는 문구가 적힌 태스크래빗 광고물.(저자 촬영)

사는 거죠"에서 "귀찮은 일은 저희에게 맡기고 당신은 생활에 전념하세요"로 바뀐 게 놀랍지도 않다. 이 슬로건은 불쾌한 일의 외주화, 즉 줄리엣 쇼어가 말한 '노예경제'를 강조한다.[13]

물론 나타샤와 자말은 작업을 거부할 수 있었다. 많은 태스커가 오리엔테이션 때 안전에 유의하라는 말을 듣고, 평소에도 육체적으로 불편한 일은 거부할 수 있다는 안내를 받는다. 하지만 그런 말은 태스크래빗이 많은 분투자와 일부 중간자에게 어떤 의미인지 모르고 하는 소리다. 한나절 노동에 먹고사는 게 달린 사람은 섣불리 일을 거절하기가 힘들다. 노동자가 목적지에 도착했을 때는 이미 의뢰인과 연락하고 이동하느라 최소 1시간은 소비했을 가능성이 크다. 돈도 안 받고 벌써 1시간을 썼는데 과연 일을 할지 말지 고민하는 '선택'이 가능할까.

## 앱으로 배달되는 위험 노동

화이트칼라 노동자가 복사기에 걸린 종이를 빼고, 배관공이 파이프를 수리하기 위해 좁은 공간에 들어가고, 교사가 아이들 과제를 채점하는 것은 당연한 일이다. 하지만 많은 공유경제 노동자들은 풀타임 직업이었다면 기피했을 법한 일들을 맡는다. 물론 태스크래빗이나 키친서핑 노동자에게 고기잡이, 벌목, 건설 노동자와 같은 수준의 위험이 따르진 않는다. 하지만 공유경제 업체에서는 자신들이 "우리가 생활하고 일하는 방식을 근본적으로 바꾼다"고 주장한다.[14] 그 근본적인 변화에는 불쾌한 일을 없애거나, 적어도 덜 위험하게 만드는 게 포함돼야 하지 않을까?

또 어떤 사람들은 P2P 플랫폼 덕분에 노동자가 "한층 자유롭게 일을 선택하면서 훨씬 많은 돈을 벌 수 있다"고 말한다.[15] 하지만 공유경제는 노동의 자유를 증진하기는커녕 많은 부분에서 초기 산업사회로, 노동자의 보호장치가 거의 없던 시절로 퇴행하고 있다. 왜 그럴까?

어떤 일은 그 특성상 물리적 위험이 따른다. 노동통계국에 따르면 2014년을 기준으로 택시 운전은 노동자 10만 명당 사망 사고가 18건 발생해 미국에서 가장 위험한 업종 10위권에 속했다. 경찰(15위)과 전기기술자(19위)보다도 순위가 높았다. 2010년 산업안전보건청 자료에는 택시 등 영업용 차량 운전자의 피살률이 전체 노동자 평균보다 21~33배 높게 나왔다. 우버, 리프트, 비아 등 차량 공유 서비스 기사는 현금을 많이 갖고 다니진 않지만, 비싼 스마트폰, 태블릿, GPS 시스템을 소지하고 있다. 그리고 개인 차량을 이용하는 경우에는 감시카메라, 무음 경보기, 개량된 실내조명처럼 산업안전보건청에서 권장하는 위험 방지 장치가 제대로 설치되어 있지 않다.[16]

기사와 승객 사이의 칸막이는 폭행을 방지하는 중요한 안전 장치다. 연구 결과를 보면 볼티모어에서 "택시 기사와 승객 사이의 칸막이 설치가 의무화된 이후 1년간 기사 폭행 사건이 56% 감소했고… 1991년에는 칸막이가 있는 택시가 5%에 불과했으나 1998년에는 모든 택시에 칸막이가 설치되어 폭행 사건이 90% 감소했다"고 한다.[17]

칸막이 미설치로 인해 기사가 구타를 당하거나 목이 졸린 사건은 버지니아주 알링턴과 체스터필드카운티, 조지아주 오거스타, 캘리포니아주 오렌지카운티, 일리노이주 세인트찰스, 마이애미 등지에서도 보고됐다. 보스턴에서는 2015년 1월 우버 기사가 비번인 경찰에게 폭행을 당하기도 했다.[18] 뉴욕과 보스턴의 영업용 차량 운전자에 대해 조사한 바에 따르면, 다수의 우버 기사가 신변 보호를 위해 총기를 소지하거나(우버 규정 위반이다) 승객과 일절 대화나 접촉을 거부하는 것으로 나타났다.[19]

폭행 현장이 카메라에 찍혀 유튜브에 올라오고 삽시간에 퍼져서 공분을 불러일으킨 사건도 많다. 마이애미에서 우버 기사를 폭행한 의사가 병원에서 해고당하고, 오렌지카운티에서도 기사를 구타한 타코벨 임원이 해고당했다. 하지만 이것은 모두 촬영본이 있었기에 가능한 일이었다. 우버와 리프트는 카메라 설치가 필수가 아니고, 많은 기사가 비용이나 법적인 문제를 우려해서 카메라를 설치하지 않는다. 우버가 노동자 보호를 위해 기업의 보험 가입 의무를 강화하려는 캘리포니아 주의회의 시도를 무산시킬 목적으로 로비를 벌인 것도 기사들에게 불리하게 작용했다.[20]

그렇다고 우버가 노동자에게 따르는 위험을 완전히 무시하는 것은 아니다. 다만 기사를 보호하기 위해 발생하는 비용을 모두 기사나 고객에게 부담시킨다는 게 문제다. 회사 이미지를 쇄신하고 기사의 사기를 진작하기 위한 목적으로 '180일간의 변화'라는 캠페인을 실시하면서 우버는 에이온Aon을 통해 기사장해보호보험을 제공하겠다고 발표했다. 이는 기사가 사고를 당했을 때 휴업 손실금, 치료비, 유족 보상금을 지급하는 보험이다. 우버는 이 시범 프로그램에 들어가는 비용을 승객에게 전가하기 위해 요금을 마일당 5센트 인상했고, 프로그램에 참여하는 기사에게는 마일당 3.75센트의 수수료를 부과했다. 8개 주에서 우선적으로 시작된 이 프로그램은 2018년 4월까지 32개 주로 확대됐다. 하지만 아무리 소액이라고 하더라도 기사가 부담해야 하는 금액 자체가 참여를 막는 요인으로 작용될 수 있다.

연구에서 보고된 사례 외에도 2016년 3월 한 달 동안 3명의 우버 기사가 살해됐다. 2명은 디트로이트에서, 1명은 로스엔젤레스에서 변을 당했다. 경찰은 강도를 범행 동기로 지목했다.[21] 같은 달에 보스턴에서는 우버 기사 2명이 승객에게 강도를 당했다.[22] 브루클린에서는 2016년 6월 영업용 차량에 계속 우버 스티커를 붙여 놓은 운전자가 피살됐고, 로스앤젤레스 웨스트코비나에서도 우버 스티커가 붙은 차량에서 변사체가 발견되는 사건이 여러 건 발생했다.[23]

가시적 증거가 없으면 대중의 분노도 줄어들게 마련이다. 시애틀의 우버 기사 매기 영은 2015년 11월 고속도로에서 운전 중에 성폭행을 당한 후 인터넷 매체 〈버슬Bustle〉을 통해 그 사건을 공론화했다. 승객은 성적 동기에 의한 폭행과 희롱 혐의, 즉 경범죄 혐의로 기소됐다. 폭행을 당한 여기사가 영만 있는 것은 아니다. 2016년 2월 위스콘신주 메노모니폴스에서도 여기사가 폭행당한 일이 발생했다. 성폭행 신고율이 최저인 점을 감안하면 실제 기사 폭행 건은 알려진 것보다 많을 가능성이 크다. 실제로 영은 〈버슬〉 기고문에서 "그 승객이 나의 첫 번째 성폭행범은 아니다. 내가 처음으로 신고한 성폭행범일 뿐이다(나는 그를 고소했으며 공판기일은 아직 잡히지 않았다)"라고 썼다.[24] 다른 한편, 우버 기사였던 아서 자와다가 미시간대학 학생에게 동성애자를 차별하는 언어폭력을 당하고 우버 플랫폼에서 제명된 일이 있은 뒤로, 기사들은 공격을 받아도 신고하거나 공론화하기를 꺼렸다.[25]

내가 면담한 기사 중에는 승객에게 물리적 폭력을 당한 사람은 없었다. 하지만 취객을 피하기 위해 되도록 주말 저녁에는 운전하지 않는다고 말한 사람은 여럿 있었다. 승객에게 언어폭력을 당한 사람도 한두 명이 아니었다. 35세 오이벡은 한 무리의 승객에게 가혹 행위를 당한 사연을 말하며 눈시울을 붉혔다.

> 어제 네덜란드인 5명이 탔어요. 모두 취해 있었죠. (…) 차에 타자마자 나를 놀리기 시작했어요. 근데 취객한테 무슨 대응을 하겠어요? 그래서 운전에만 집중하고 걔들이 하는 말은 안 들으려고 했죠. 근데 걔들이 네덜란드 말을 하잖아요? 네덜란드 애들이니까요. 나도 네덜란드어는 좀 하거든요.
> 계속 나를 놀리면서 낄낄대는 걸 그냥 못 들은 척했어요. 그랬더니 이번에는 "아저씨, 아프리카에서 왔어?"라고 하기에 "왜 그렇게 생각해요?"라고 물으니까 "피부색이…"라는 거예요. 지금도 계속 생각나요.

당시 오이벡은 기사로 일한 지 4개월밖에 안 됐지만, 주말 저녁에는 운전을 안 한다고 했다. 취객이 차문에 토해서 급하게 세차를 한 경험 때문이라고 했다. "술 취한 사람이 타면 불안해요. 오줌을 싸든 토하든 사고 칠 것 같아서요."

실내에서만 문제가 발생하는 것은 아니다. "금요일에 빨간불에 정차하면요, 술 취한 사람들이 차를 막 걷어차요. 범퍼를 뻥뻥 차요. 물병이나 캔으로 보닛을 치고요. 차에 기스가 막 나죠. (…) 장난이 아니에요. 왜들 그러는지 모르겠어요."

나는 그에게 우버 일이나 기사 일을 그만둘 생각은 안 해봤는지 물었다. "쉬운 일은 아니죠. 가끔 가슴이 조마조마할 때도 있고요. 네, 분명히 쉬운 일은 아닌데요, 생활비를 벌어야 하니까 별수 있나요. 월세 내고 공과금 내고 돈 들어갈 데가 많아요."

## 무한정 운행

승객과 언쟁을 피할 수 있다고 해도 기사에게는 여전히 위험이 남아 있다. 기사들은 운전석에서 오랜 시간을 보내야 한다. 그리고 적당한 가격에 식사와 주차를 해결할 수 있는 곳을 찾기가 어려워 몸에 안 좋은 음식으로 대충 끼니를 때우기 일쑤다. 많은 기사가 장시간 앉아만 있어서 체중 증가나 관절 이상 같은 건강 문제가 생겼다고 말했다.

54세 래리는 육상 선수 출신 우버 기사다. "기본적으로 일주일에 6~7일을 훈련했는데, 운전을 하면서 몸이 안 좋아졌어요. 운동하고 나서 다리가 짱짱한 상태에서 운전을 하면 금방 다리가 아파요. 더군다나 차 안에 8시간씩 앉아 있으니까 어디 몸이 풀리나요."

여기에 더해 의사들이 '택시 증후군'이라고 부르는 현상도 따른다. 운수업 종사자는 배뇨장애, 불임, 요로결석, 방광암, 요로감염증이 일반 운전자보다 많이 나타난다. 화장실을 쉽게 이용할 수 없는 것이 그 원인으로 꼽힌다. 이미 많은 연구를 통해 대부분의 기사가 그런 어려움을 겪고 있는 것으로 나타났다. 특히 앱 기반 기사에게는 더욱 심각하게 작용할 수 있다.[26]

뉴욕의 택시 기사는 뉴욕 시내와 뉴욕 교외의 웨스트체스터카운티, 나소카운티를 제외한 시외 운행을 거부할 권리가 있다. 그러나 우버 기사는 따로 운행 지역이 정해져 있지 않기 때문에 어쩌다 한 번씩이라고는 해도 펜실베이니아주 스크랜턴에서 뉴욕주 버팔로까지, 혹은 캘리포니아주 산타바바라에서 팰로앨토까지 초장거리 운전을 해야 하는 경우도 생긴다. 2018년 초를 기준으로 최장거리 기록은 버지니아주 윌리엄스버그에서 뉴욕 브루클린으로 이어진 '장장 397마일(약 639km), 7시간 42분에 걸친 고난의 행군'이었다. 요금은 294.09달러로 왕복 15시간 30분을 달리며 유류비와 통행료로 쓴 32달러를 감안하면 기사가 올린 수입은 시간당 9달러 수준이었다.[27]

전직 육상 선수였던 래리는 평소보다 2.75배를 더 받는 할증제 덕분에 뉴욕에서 필라델피아 교외까지 운전하고 700달러를 번 적이 있다. 거리는 90마일(약 145km) 정도밖에 안 됐지만 내내 차가 밀렸다. "홀런드터널 타고 뉴욕을 나가야 하는데 그날 터널 교통량이 최악이었어요. 하필이면 기차가 운행하지 않아서 다들 차를 타고 나왔거든요. 도로가 꽉꽉 막혔죠. 크리스토퍼가에서 홀런드터널까지 1시간 반쯤 걸렸어요. 속으로 '손님, 제발 취소하지 마세요' 라고 빌었어요. 정말 좋은 기회였거든요. 다행히 취소 안 하더라고요." 래리는 요금을 많이 받아서 좋았다고 했다. 하지만 32세 우버 기사이자 뉴욕시립대생인 아흐메드는 수업 2시간 전에 운전을 끝내야 해서 불확실성이 큰 장거리 운행은 되도록 꺼렸다.

장거리 운행뿐만 아니라 우버풀과 리프트라인LyftLine도 용변을 방해하는 요인으로 작용할 수 있다. 기사가 여기저기서 승객들을 태우고 내려주는 식으로 '즉석 버스 노선'을 만드는 우버풀과 리프트라인은 "교통량, 연료 사용량, 오염물질 배출량을 감소시킨다"는 주장을 근거로 환경을 위한 선물이라는 찬사를 받았다. 하지만 여러 건을 묶어서 달리는 것은 장시간 운행으로 이어질 수 있다.

"샌프란시스코에서 승하차를 위해 아홉 번 정차하면서 1시간 동안 10마일(약 16km)을 달린" 경우도 있었다.[28]

우버는 장시간 운행을 근거로 기사가 승객을 태우는 시간(요금을 받지 않고 운전하거나 길가에 정차하고 기다리는 시간이 아닌)의 비율이 높아져서 기사의 수입이 증가했다고 주장할지도 모른다. 하지만 휴식의 기회가 줄어든다는 문제가 있다. 이미 차량이 운행 중이라면 기사는 리프트라인이나 우버풀 요청을 거부할 수 없다. 그래서 노동시간을 자유롭게 조절하기가 더욱 어려워진다. 택시는 승객을 내려주고 바로 영업을 중단할 수 있지만, '합승' 서비스 기사는 코스를 다 돌아야 영업을 중단할 수 있다. 2017년 8월 우버는 예상 주행 시간이 45분 이상이면 기사에게 미리 알리고 수락 여부를 결정하게 하는 장거리 알림 서비스를 시작했다. 하지만 이 알림만으로 우버풀의 문제는 해결되지 않는다.

게다가 장거리 운행으로 기사는 화장실을 이용하기가 특히 더 어려운 곳에 도착할 가능성이 있다. 심지어 가게에서 물건을 사도 화장실 이용을 거부당하기도 한다. 오이벡은 우버 기사로 일한 첫날부터 화장실 이용이 원활하지 않은 게 문제라고 했다. "첫날 집에 가서 아내한테 제일 처음 한 말이 '으. 저기, 나 화장실부터 갔다 올게'였어요."

화장실은 있는데 주차가 불가능한 경우도 있다. 오이벡은 "아무데나 주차할 수는 없잖아요. 아무리 화장실이 급해도 말이죠. 카페를 이용하려고 해도 주차가 문제예요. 그래서 돈을 주고 주차해야 해요. 괜찮은 주차장이 보이면 돈 내고 세워요. 가끔은 고객

전용인 곳도 있어요"라고 했다. 많은 가게와 음식점에 큼지막하게 "화장실은 고객 전용입니다"라고 적혀 있지만, 스타벅스는 화장실을 쉽게 이용할 수 있고 뉴욕 전역에 깔려 있어서 '뉴욕의 화장실'로 불린다.[29] 그렇지만 규정상 화장실 개방 여부는 점장의 재량에 달려 있고 고급 카페다 보니 매장이 주로 부유한 동네에 입점해 있다. "진짜 급하면 스타벅스를 이용해야겠다고 생각했어요. 커피 살 테니까 화장실 좀 쓰자고 하는 거죠. 그런데 안 된다고 하는 매장도 있어요. 지갑 보여주면서 커피 마실 거니까 일단 화장실 좀 가자고 해도 안 된대요."

오이벡의 설명은 계속 이어졌다. "맨해튼에서는 화장실 쓰기가 진짜 어려워요. 그래서 이제는 계획을 세워요. 30분만 더 있다가 차 세우고 화장실에 가자, 하는 식으로요. 브루클린에서는 아무 주유소에나 들어가요. 주유소가 제일 만만하거든요."

## 극단적인 상황에는 극단적인 방법이 요구된다

극단적 상황에 몰린 기사들은 극단적인 방법을 쓰기도 했다. 31세 엑토르는 이렇게 말했다. "기사들한테는 화장실이 가장 큰 문제입니다. 공중화장실이 없어요. 이제 맥도날드도 다른 데처럼 화장실을 잠가두고요. 열쇠를 쓰려면 뭐라도 사야 하죠. 손님이 돼야 해요. 그래서 저는 프라페나 작은 버거 같은 거 산다고 돈을 많이 써요. 기왕이면 먹을 걸 사다 보니 체중이 점점 불고 있어요. 그리고 늦은 밤에는 가게가 다 닫혀 있어서 화장실 찾기가 훨씬 어려워요. 그때는 컵을 써야죠. 택시 기사들은 주로 컵을 이용한대요. 문 열고 버리면 되거든요. 어제 태운 손님은 차 안에서 오줌 누는 게 안 보이도록 선팅을 했다더라고요."[30]

내가 물었다. "좌석에 안 묻히는 비결이 있나요?"

"글쎄요, 쉽진 않죠. 저도 딱 한 번 그랬는데 진짜 찝찝했어요. 그날은 컵이 컸어요. 한 600밀리 됐나? 근데도 넘치기 직전까지 갔어요. 왜냐하면 아무리 찾아도 화장실이 없었거든요. 뉴저지에 있을 때였는데 거긴 가게가 다 일찍 닫아요. 컵을 쓸 수밖에 없었죠." 그는 볼일을 보고 컵을 창밖으로 버렸다. "딱 한 번 그랬어요. 이제는 그냥… 어제, 아니 어제가 아니라 그제는 5시간쯤 참았어요. 그만큼 바빴거든요. 속으로 '꾹 참고 운전만 하자, 생각하지 말자.' 했죠. 그런데 점점 힘들어지더라고요. 그런 부분이 수입을 깎아먹는 것 같아요. 화장실 찾아다니는 거요. 차 세워놓고 화장실 갈 때는 요청이 안 들어오도록 앱을 꺼놔야 해요. 근데 못 참겠는 걸 어쩌겠어요. 맥도날드나 버거킹 같은 데 찾다 보면 30분씩 날아가고 그래요."

기사는 어쩔 수 없이 소변을 참기가 일쑤지만, 승객인 경우 항상 그런 자제력을 발휘하는 것은 아니다. 다른 지역은 몰라도 뉴욕의 택시는 좌석에 수분이 흡수되거나 얼룩이 남지 않도록 비닐 커버가 씌워져 있다. 개인 소유인 우버X 차량은 좌석 시트가 대부분 천 재질이고, 우버블랙은 대부분 가죽이다. 둘 다 수분, 특히 소변 방수가 안 된다. 기사들의 비공개 페이스북 그룹이나 공개 게시판인 우버드라이버스닷넷Uberdrivers.net에는 승객이 체액을 남기고 내려서 고생한 기사들의 사연이 많이 올라와 있다.

혹자는 체면을 아는 성인이라면 차에서 소변을 볼 리가 없다며 그런 글을 날조로 치부한다. 하지만 내가 면담한 기사 중에서도 여러 명이 화장실이나 병원에서 더 많이 볼 법한 체액 때문에 고생한 경험이 있다고 했다. 제럴드의 말에 따르면, 차에서 예상치 못한 액체를 맞닥뜨리는 게 결코 자기 혼자만은 아닐 거라고 했다.

> 할렘 서쪽에서 부부를 태웠어요. 남편은 정장에 타이를 매고 있었는데 말이 없고 부인이 주로 얘기했어요. 아주 쾌활한 성격이더라고요. 그 사람들을 태우고… 어디로 갔더라? 코네티컷주였나? 하여튼 뉴욕에서 북쪽으로 올라갔어요. 언덕을 올라가면 나오는 동네였는데 올라갈 때마다 집이 하나씩 나왔어요. 구불구불한 도로가 지나가고 숲으로 둘러싸인 동네였죠. 딱 봐도 집값이 싼 동네는 아니었어요. 드라이브하기 좋은 부촌이었죠. 가는 내내 남편은 계속 말이 없고 부인이 혼자 다 말했어요. 부인이 말을 시켜도 남편이 대답을 안 하기에 자는구나 했죠.
>
> 언덕 위 예쁜 집에 내려주고 돌아오다가 아가씨 한 명을 태웠어요. 미니드레스인지 미니스커트인지 입고 밤에 외출하는 것 같았어요. 아까 남편이 앉았던 쪽에 탔죠. 의자에 손을 내려놨던가 봐요. "의자가 축축한데요"라기에 "그럴 리가요"라고 말했죠. 속으로 '의자가 왜 축축하지? 아까 그 부부가 병을 들고 타지도 않았는데. 뭘 마신 것도 아니고'라고 생각했어요. 가만히 생각해보니까 의자가 축축한 이유

는 하나밖에 없겠더라고요.

손님한테 솔직히 말하진 못했어요. 말했으면 우웩 했을 걸요. 아마 우버에 따지고 나한테 따졌을 거예요. 그러니까 아무 말 못 했죠. 기분이 영 찝찝했어요.

"진짜 축축해요"라는 걸 "그럼 다른 쪽에 앉으세요"라고 했어요. 부인이 앉았던 쪽요. "앞에 태운 손님들이 병을 갖고 탔는데 와인 같은 걸 좀 쏟았나 봐요." 그게 뭔지 알면서도 거짓말을 해야 하는 게 너무 싫었어요. 손님은 다른 쪽으로 옮겨 앉았어요. 내 자신이 밉더라고요. (…) 손님한테 물티슈를 줬어요. "이걸로 손 닦으세요. 아마 와인이나 그런 걸 거예요. 손에서 술 냄새 나면 좀 그렇잖아요." 내가 할 수 있는 건 그게 다였어요. 진짜 미안했죠. 목적지에 내려주고 차를 세우고 나서 우버에 문자를 보냈어요. 메일도 보내고 문자도 보냈어요. "손님이 차에서 소변을 봤습니다"라고요.

주유소에 갔어요. 주유소에 가면 뜯어 쓸 수 있는 종이 수건이 있거든요. 혹시 모르니까 잔뜩 뜯었죠. 뒷좌석을 닦는데 아주 흠뻑 젖었더라고요. 노란색이 다 보일 정도로요. 욕이 절로 나왔죠. 다 큰 남자가, 그것도 번듯하게 차려입은 남자가…. 그 아가씨한테 손에 뭐가 묻었는지 거짓말을 한 게 마음에 걸려요. 그런데 사실을 말했으면 둘 다 곤란해졌을 거예요.

공중보건의 관점에서 소변과 토사물이 위험 물질로 간주되진 않지만 취급 시 위생을 위해 장갑과 보호경 착용이 권장된다. 하지만 기사가 주유소에서 세차할 때나 승객이 뜻밖의 물질을 접했을 때 그런 장비가 준비되어 있는 경우는 드물다. 기사가 우버에 연락해 승객에 대한 불만을 제기할 수는 있지만, 우버는 연락이 잘 안 되기로 유명하다. 보통은 메일과 트위터로만 연락이 가능하다. 게다가 차가 더러워서 하루 쉬면 그만큼 수입이 줄어든다. 기사가 최대 200달러까지 세차비를 청구할 수는 있지만, 일부는 번거롭고 시간만 많이 잡아먹는다며 직접 청소하고 신속히 복귀하는 것을 선호한다.

제럴드는 실내 세차를 맡기고 마를 때까지 기다리느라 그날 나머지 시간을 공쳤다. "진짜 열 받더라고요. 아가씨 내려준 후에는 손님을 못 받았어요."

## 새로운 경제의 노동자 보호하기

이상의 이야기는 공유경제 노동자들이 업무상 재해를 당할 위험이 큰데도 정작 몸이나 재산이 망가지면 스스로 경제적 부담을 져야 하는 현실을 잘 보여준다. 하지만 이런 상황만 존재하는 것은 아니다. 모든 공유경제 업체가 독립계약자 모델만 채택하는 것은 아니기 때문이다. 노동자를 종업원으로 채용해 비즈니스 모델을 해치지 않는 범위에서 종업원 지위에 수반되는 보호장치를 모두 제공하는 스타트업도 존재한다.

일례로 뉴욕에 소재한 주문형 청소업체 마이클린MyClean은 초기에 W2 종업원(임시직이지만 '1099 노동자'와 달리 고용주가 복지 혜택을 제공할 의무가 있다 – 옮긴이)을 둔 청소 회사들과 계약을 맺었다. 그리고 얼마 후 종업원을 직접 고용하는 쪽으로 선회했다. 회사 블로그에 따르면, 이는 영세한 스타트업을 넘어 100명 이상의 청소원을 거느린 영향력 있는 기업으로 도약하기 위해 꼭 필요한 과정이었고, 그 결과 3년 만에 월 매출액이 1만5,000달러에서 30만 달러 이상으로 증가했다고 한다. 더욱이 노동자를 종업원으로 채용한 이후 고객 만족도가 높아져 회사 이미지가 좋아지고 고객 유치 비용이 절감됐다. CEO 마이클 샤프Michael Scharf는 "우리는 [독립계약자를] 법적 위험 요소로 봅니다. 그리고 우리는, 더 좋은 표현이 생각나지 않는데, 관리를 하고 싶어요. 다시 말해 노동자를 감독하고, 파견하고, 교육하고, 우리가 원하는 서비스의 기준을 확실히 지키게 하고 싶은 거죠. 우리는 마이클린이 항상 일관된 서비스 품질을 유지할 수 있기를 원했습니다"라고 말했다.

음식 배달업체 먼처리Munchery도 노동자를 종업원으로 고용한다. 우버, 태스크래빗, 에어비앤비와 달리 먼처리는 웹사이트에 프로그래머와 배달원 채용 페이지가 분리되어 있지 않고 한 페이지에 모든 직군이 나열되어 있다. 그리고 "기사와 배달원을 간접 고용하는 다른 업체들과 달리 먼처리는 여러분을 독립계약자가 아닌 직원으로 모십니다. 여러분은 먼처리의 직원으로서 직원에게 따르는 당연한 혜택을 모두 누릴 수 있습니다!"라는 안내 메시지도 눈에 띈다.

일부 스타트업은 노동자를 풀타임 종업원으로 뽑진 않더라도 업무상 위험으로부터 보호하기 위한 장치를 제공한다. 공유경제 배달업체 포스트메이츠Postmates는 2014년 7월 배달원에게 업무상 재해가 발생하면 일반책임보험과 초과책임보험, 직업사고보험을 모두 제공하겠다고 발표했다. 우버와 리프트를 포함해 대부분의 운수업체나 배달업체가 노동자에 의한 타인의 상해에 대비해 일반책임보험은 제공하지만, 포스트메이츠와 같이 직업사고보험은 어떤 경쟁 업체도 제공하지 않는다(이 글을 쓰는 현재 기준). 이 보험은 노동자가 업무상 재해를 당했을 때 5만 달러 한도에서 의료비를 지급한다.[31]

22세 흑인 남성 코디는 나와 만나기 몇 달 전에 자전거 사고가 났는데, 다행히도 포스트메이츠 배달 중에 일어난 일이었다. "5번가와 22번가를 달리고 있었어요. 그 22번가는 직선이잖아요. 차도 끝에 붙어서 달렸죠. (…) 맨해튼 사람들 아시죠? 신호가 안 떨어져도 일단 건너고 봐요. 그래도 된다고 생각하는 거죠." 보행 신호가 들어오기 전에 길을 건너는 뉴요커의 습성은 이미 유명하다.[32] "내가 '비켜요!'라고 소리를 질렀어요. 그런데 남자친구는 건너고 여자는 그냥 거기 서버린 거예요."

코디는 여자를 피하려 했다. "내가 왼쪽으로 가면 여자도 왼쪽으로 가고 오른쪽으로 가면 또 오른쪽으로 가는 거예요. 브레이크를 잡았죠. 그런데 완전히 서기 전에 여자와 충돌했어요. 넘어지지 말라고 여자를 붙잡았죠. 붙잡고 한 바퀴 돌았어요. 뒤통수를 땅에 박았는데 머리숱이 많아서 충격은 별로 안 컸어요. 근데 여자는, 여자는 뒤로 자빠졌어요."

그는 여자를 붙잡고 한 바퀴 돈 이유를 설명했다. "내 옆으로 차가 달리고 있었거든요. 내가 여자를 그대로 쳤으면 아마 차에도 치였을 거예요. 그러면 더 큰일이잖아요. 그래서 붙잡았죠. 충돌과 동시에 붙잡고 돌았어요. 그래서 내 등부터 땅에 닿았죠."

헬멧도 쓰지 않은 상태에서 머리와 등부터 떨어졌지만 가장 심하게 다친 곳은 다리였다. 바퀴 쪽에 다리가 끼면서 뒤로 꺾이는 바람에 인대가 끊어졌다. 이틀 동안 병원 신세를 지고 두 달 동안 뻣뻣한 무릎 보호대를 차고 다녔다. 사고로 자전거가 박살이 났고 무릎 보호대 때문에 자전거를 탈 수가 없어서 생계와 통학 수단을 동시에 잃었다. 코디는 지팡이를 짚고 다녀야 했다.

"한동안 버스를 타고 다녀야 했어요. 버스 타는 게 쉽지 않더라고요. 사람들이 막 밀치고 지나가거든요." 그는 물리치료를 받고 침을 맞았다. 그리고 다리 통증을 무시하고 심심풀이로 다시 자전거를 타기 시작했다. "물리치료사가 '아프면 말하세요'라기에 '아프지만 인정하고 싶지 않아요'라니까 '그거 안 좋은데요'라잖아요. 그래서 '네, 안 좋지만 이게 내가 인생을 사는 방식이에요. 축구가 취미거든요'라고 대답했죠. 축구장에서는… 아프다고 퇴장하진 않잖아요. 경기가 끝날 때까지 버텨야죠."

대학생인 코디는 포스트메이츠 보험뿐 아니라 어머니의 보험도 있었다. 두 보험에서 치료비를 분담했다. "포스트메이츠는 보험을 들어줘요. 일하다 사고가 나면 메일을 보내면 돼요. [누가] 나를 고소한다고 하면 재판도 다 지원해줘요. 우리가 자기들을 위해서 일하니까 우리의 안전을 보장해준다는 거죠."

노동자를 종업원으로 고용하지 않는 기업은 대개 노동자가 종업원이 되면 억지로 주 40시간을 일하거나 자기가 원치 않는 시간에도 일해야 하기 때문에 자유를 침해당한다는 논리를 내세운다. 하지만 코디가 공유경제 업체 포스트메이츠의 자전거 배달원으로 겪은 일은 노동자가 흔히 공유경제의 가장 큰 장점으로 꼽히는 탄력성은 그대로 누리게 해주면서도 업무상 재해를 당했을 때는 보상받는 것도 충분히 '가능'하다는 것을 보여준다. 코디의 말을 빌리자면 "우리가 플랫폼에서 일하다가 사고가 났으면 당연히 플랫폼이 우리를 도와주는 게 도리"인 것이다.

공유경제는 노동계를 발전시키는 게 아니라 초기 산업사회로 퇴보시키고 있다. 노동자 보호장치가 거의 존재하지 않고 업무상 재해를 당해도 신체장애나 소득 손실에 대해 보상받을 길이 없었던 시대로 말이다. 업무상 재해에 대한 보상만 없는 게 아니라 성희롱 방지 장치도 존재하지 않는다. 사람들이 무료 혹은 저비용 공유경제 서비스에 참여하는 이유 중 하나로 "공유는 사랑입니다"라는 표현을 쓰기도 하는데,[33] 이 말은 노동자가 성적으로 불편한 상황에 처하거나 누군가가 섹스를 고객 서비스의 일환으로 간주할 때 악용되기도 한다.

# "공유는 사랑입니다"

5

분투자, 중간자, 성공자

공유경제란 무엇인가?

초기 산업사회로의 회귀

업무 중 사고

**“공유는 사랑입니다”**

더럽고 치사한 일

꿈같은 삶?

결론: 파괴의 결과

"집에 들어왔다 갈래요?"

일반적으로 집은 사적이고 내밀한 공간으로 여겨진다. 누군가를 집에 초대하는 것은 우정, 성욕, 가족애의 표현이 될 수 있다. 우리는 모르는 사람을 함부로 침실이나 소파로 불러들이지 않는다. 아이들에게도 낯선 사람에겐 절대로 문을 열어주어선 안 되고, 엄마 아빠가 출근하면 문을 꼭 잠그라고 가르친다. 그런데 P2P 서비스에 중점을 두는 공유경제에서는 모르는 사람의 집에 가서 요리를 하거나(키친서핑), 잠을 자거나(에어비앤비), 청소, 수리, 가구 조립(태스크래빗)을 하는 게 예삿일이다. 리프트와 우버 같은 앱 기반 승차 서비스는 승객을 모르는 사람의 차에 태운다. 어릴 때부터 배운 '낯선 사람 조심'이라는 철칙을 위반하는 것이다.

이에 대한 의구심을 불식하기 위해 공유경제 업체는 신원 확인과 선별 시스템을 강조한다. 가령 태스크래빗 웹사이트에는 신원과 전과 확인 절차를 통과하고 오리엔테이션에 참가한 사람만 태스커가 된다고 소개되어 있다. 뉴욕에서 우버 기사가 되려면 택시 기사와 동일하게 신원 확인과 지문 검사를 받아야 한다. 하지만 이와 달리 최근 7년간의 전과만 확인하는 지역도 있고, 일각에서는 그런 최소한의 신원 확인 절차조차 마음만 먹으면 얼마든지 우회할 수 있다고 비판한다.[1] 에어비앤비는 페이스북이나 링크드인 계정으로 호스트의 신원을 확인하고, 키친서핑 인력시장은 회사 주방에서 요리 심사를 보는 게 신원 확인이다.

그리고 대부분의 기업이 신원 확인 외에 보험 처리를 약속한다. 태스커가 텔레비전을 떨어뜨리거나 우버 승객이 부상을 당하는 등 사고가 생기면 보험금이 지급된다는 것이다. 태스크래빗은 웹사이트에서 건당 최대 100만 달러를 배상하는 보험에 가입되어 있다고 안내한다. 하지만 바로 밑에 이 보험이 "귀하가 기존에 가입한 보험을 보조하는 보험입니다. 기가입 보험에는 건강보험, 임차인보험, 주택보험, 포괄배상책임보험 등이 포함됩니다"라고 명시되어 있다.

노동자는 선별되고 보험에도 가입되어 있지만 의뢰인은 아니다. 약관에는 의뢰인이 다중 계정을 만들 수 없다고 되어 있지만, 여러 개의 메일 주소와 신용카드를 이용할 수 있는 사람이라면 계정 몇 개 더 만드는 것쯤이야 식은 죽 먹기다. 노동자의 프로필은 의뢰인의 프로필보다 훨씬 상세하게 작성되고 사진과 약력이 포함된다. 특히 태스크래빗은 노동자가 프로필에 추가적인 정보를 입력해야 오리엔테이션을 '통과'할 수 있다. 그래서 의뢰인은 자기가 고용하거나 집에 들이는 사람이 어떤 사람인지 알고 안심할 수 있다. 하지만 노동자는 그런 사치를 누리지 못한다. 더군다나 태스크래빗은 개인정보 보호를 위해 의뢰인이나 노동자의 성만 보여주고 이름은 첫 글자만 표시한다. 성과 이름이 특이하거나 추가 정보가 있지 않은 이상, 인터넷 검색을 해봤자 쓸 만한 정보를 찾기 어렵다.

낯선 사람의 주거지에 들어가는 게 위험할 수 있다는 증거로 여러 태스커가 내게 들려준 이야기가 있다. 한 여성 태스커가 남성 의뢰인의 요트 청소 작업을 수락했다고 한다. 그런데 의뢰인과 채팅으로 대화를 나누면서 작업 내용에 대한 의구심이 생겼다. 인터넷으로 의뢰인에 대해 검색해보니 성범죄 전과자였다. 그녀는 즉시 작업을 취소했다.

이 이야기의 진위는 알 수 없지만 설령 괴담이라고 해도 내가 여러 명에게서 들었다는 것은 노동자들이 신원 확인의 불공평성과 그에 따르는 위험을 불편하게 여긴다는 방증이다. 23세 재스민은 이렇게 말한다.

> 요즘은 어떤지 모르겠지만 전에는 아무나 의뢰인으로 받아주는 것 같았어요. 반대로 태스커는 아주 엄격하게 뽑았죠. 나는 그게 싫었어요. 가끔 프로필 사진도 없고 후기도 없는 의뢰인이 걸렸거든요. 프로필 페이지에 아무것도 없는데 나한테 일을 맡기겠단 거예요. 아니, 우리는 뼛속까지 다 보여주라면서 아무나 다 웹사이트에 받아주는 게 말이 되나요? 그러면서 우리의 안전에 신경 쓴다고 말하면 안

되죠. (…) 의뢰인도 신원 확인이든 뭐든 확실히 해야 해요. 실존 인물이라는 걸 증명해야 해요. (…) 내가 [나쁜] 일을 당하지 않았다고 해서 다른 사람들도 그렇다는 보장은 없죠. 다른 사람이었다면 어땠을지 모르겠어요. 어쩌면 뭔가 찜찜해서 도착하기 전에 취소했을 수도 있겠죠. 그건 내가 모르는 일이에요. 다만 안전이라는 측면에서 보자면 양쪽 다 확실히 검증해야 한다는 거예요.

## "그런 인간들은 항상 기회를 노리거든요"

내가 면담한 노동자 중에는 어떤 업체에서도 업무 중에 성폭행을 당한 사람이 없었다. 하지만 내가 미리 준비한 질문 가운데 성희롱에 관한 질문이 없었음에도 의외로 많은 사람이 성적으로 불편했던 상황을 언급했다. 재스민은 태스크래빗 의뢰를 받아 집에 가면 유독 친절하게 구는 사람들이 있다고 했다. "'와인 좀 드세요. [대마초] 피울래요?' 하는 식으로 나오면 '고맙지만 사양할게요. 이거 끝나고 또 일이 있어서요'라고 말해요. 보통은 남자들이 그러죠."

재스민은 간혹 추근대는 사람도 있다고 했다. 주로 일 끝나고 문자메시지를 보내는 식이었다. 하루는 청소를 하러 갔는데 의뢰인이 대놓고 추근댄 것은 아니어도 탁자 위에 은근한 초대장을 올려놓은 것처럼 느껴진 적이 있다고 했다.

처음에 갔을 때는 사람이 없었어요. 열쇠를 두고 갔더라고요. 집 안을 청소했어요. 탁자 한쪽에 로션이 있고 더러운 이불이 있었어요. 한바탕한 게 분명했죠. 신경 안 썼어요. 그게 첫 번째 테스트였던 것 같아요. 두 번째로 갔을 때도 사람이 없었어요. 총 세 번 갔거든요. 항상 똑같았어요. 더러운 이불이 있고 침대 옆에 로션이 있고 탁자 위에 콘돔 상자와 와인이 있었어요. 대충 어떤 건지 아실 거예요. 이번에도 '내 알 바 아니야.' 하고 청소만 했어요. 그쪽으로는 신경 끄고 장갑을 끼고 내 할 일만 했죠.

세 번째 갔을 때는 그 남자가 있더라고요. 어쩌다 그런 말이 나왔는지 모르겠는데 "혹시 추근대는 사람도 있나요?"라고 묻는 거예요. 되게 어색하게 "추근대는 사람 있어요?"라고 물어요. "가끔 불편할 때는 있죠"라고 말했어요. 딱히 뭔가 암시를 주려는 건 아니고 그냥 있는 그대로 말한 거였어요. "청소하러 갔는데 남자들이 추근대면 좀 불편하죠." 하는 식으로요. 그러니까 "아, 그래요"라고 하더군요. 그러더니 조금 뒤에 "짐 챙겨서 요 앞 카페에 가 있을게요. 걸리적거리지 않게"라는 거예요. 그냥 "네, 그러세요." 했죠. 그러고 보니까 '뭐야, 아까 혹시 나한테…?' 싶은 거 있죠. 처음 두 번은 나를 테스트했던 것 같아요. 모르죠. 그런 인간들은 항상 기회를 노리거든요.

업무 중에 추근거림을 당하는 게 여성 태스커에만 국한된 일은 아니다. 20대 남성 오스틴은 내가 면담한 태스커 중에서 유일하게 뉴욕 외 지역에서 활동했다. 주업이 엔지니어인 그는 전형적인 중간자였다. 유부남에 비교적 고소득을 올리는 오스틴은 "맥줏값이나 용돈이나 벌자고" 저녁과 주말에만 태스크래빗에서 일했다. 태



5 "공유는 사랑입니다"

스크래빗을 시작하고 3주 동안 20개 이상의 작업을 완수했다. 그 중에는 매장에서 쿠션을 받아서 집으로 배달하는 일도 있고, 포르쉐와 레인지로버가 늘어선 차고의 천장에 100kg짜리 정리 선반을 설치하는 일("가슴이 조마조마했어요")도 있었다.

> 20건 중에서 대부분은 의뢰인이 달랐어요, 의뢰인이. 나이가 들어서 힘이 없으니까 부르는 여자들도 있고 귀찮아서 부르는 사람들도 있었어요. 남자들도 있었죠. 중년인데 요령을 모르니까 부른 거예요. 물론 젊은 여자들도 있었어요. 총각이었으면(웃음) 데이트도 가능했을 것 같은 여자들이요.
> 솔직히 말해서 그게 그 여자들이 진짜로 원하는 것 같았어요. (…) 분명히 뭔가 다른 걸 원하는 눈치였거든요. 그런데 내가 결혼했다고 하니까 "어머, 그래요?" 하더라고요. 그러니까 내가 볼 때 이건 유사 데이트 서비스 같은 거예요. 젊고 잘생긴 남자가 와서 실력을 뽐내잖아요.

또 다른 남성 태스커 숀은 짐을 싸서 나르는 평범한 작업을 하던 중에 은밀한 대화를 엿듣게 되면서("기억에서 지워버리고 싶어요") 심상찮은 일을 겪었다.

> 나이 든 여자와 젊은 남자였어요. 짐을 싸고 있는데 싸우는 소리가 들렸어요. 내 앞에서는 아니고 방에서요. 중간중간 언성이 높아지면서 몇 마디씩 들렸는데 별로 신경 쓰진 않았어요. 그런데 듣다 보니

까 그 사람들이 처음 생각했던 것과 달리 부부가 아니라 엄마와 아들이더라고요. 게다가 근친상간에 대해 얘기하고 있는 거예요. (…) 아들이 불쑥 나와서 "혹시 우리가 하는 말 들었어요?"라고 묻더라고요. "아니요"라니까 "그럼 됐어요." 하더라고요.

작업이 끝나갈 때쯤 아들이 나가서 여자친구를 데리고 들어왔어요. 셋이 얘기하는데 여자가 어머니한테 말하는 것도 별로 특이한 게 없었어요. 일 마치고 아파트를 나오는데 그 여자랑 마주쳤어요. "저기, 아까 봤어요?"라기에 "신경 쓰지 마세요. 나는 짐 나르는 거 도와주러 온 사람이에요. 이제 끝나고 가요"라고 했죠. 그러니까 "혹시 아는지 모르겠는데 내 남자친구가 엄마하고 좀 끈끈한 관계예요"라고 말하더라고요. 그래서 "나랑 상관없는 일이에요. 갑니다." 했죠. 그런 거 더 알고 싶지도 않고 얼른 빠져나오고 싶었거든요.

그런데 또 "둘이 이사 가는 거 알죠?"라고 해서 "네, 알죠"라고 했어요. 그러니까 "나 옛날부터 복수하고 싶었어요"라고 해요. 바로 "됐어요" 했죠.

'됐어요, 이런 얘기 한마디도 더 하고 싶지 않아요.' 하는 마음이었어요. 여자가 어떤 페티시에 대한 얘기까지 꺼내려고 하는데 맞장구치고 싶지 않았어요. 그래서 "급한 볼일이 있어서요"라고 말하고 서둘러 왔어요. 진짜 불편했어요.

태스커들은 주로 심부름을 하거나 지역 업체의 일일 임시직으로 고용되곤 한다. 그래서 의뢰인의 집에 함께 있어야 하는 경우는 별로 없다. 반면에 키친서핑 셰프는 남의 집에 가서 요리하는 게 일이라서 거의 예외 없이 의뢰인의 집에서 의뢰인을 대면해야 한다. 그러다 보니 성적인 의도가 담긴 말을 듣거나 그 밖에 불편했던 경험을 더 많이 이야기하는 게 어찌 보면 당연하다.

27세 록산은 염색과 문신으로 화려하게 외모를 꾸민 키친서핑 셰프였다. 그래서 같이 셀카를 찍자는 의뢰인이 많았다. 그중에는 '이상한' 의뢰인도 한 명 있었다.

> 그 남자가 같이 셀카를 찍자고 했어요. 요리를 도와주면서요. 좀 있으니까 옥상에 가서 같이 저녁을 먹자는 거예요. 여자친구가 못 오게 됐다면서요. 그래서 "아니요, 이만 갈게요." 했죠. 그건 좀 그렇잖아요. 오버죠, 오버.(웃음)
> 내가 "아니요, 저녁 맛있게 드세요." 했어요. 그러니까 "네, 정말 맛있어 보이네요. 좀 더 있다 가시죠." 하는 거예요. 이사 온 지 얼마 안 됐는지 막 들떠 있더라고요. 그거야 그쪽 사정이고 속으로 '내가 왜 너랑 같이 옥상에서 밥 먹니?' 했죠.(웃음)
> 물론 말로는 "어쩌죠. 다음 예약이 있어서요. 혹시 다음에 기회 되면 해요. 오다가다 만날 수도 있잖아요"라고 했어요. 정중하게 양해를 구했죠. 괜히 나쁜 인상 안 주게요. "고맙지만 가봐야 해서요"라는 식으로 말해야죠. 대놓고 "당신 수상해." 하고 갈 수는 없잖아요.

공유경제 노동자가 일하다 생긴 통증이나 부상에 대해 신중을 기해서 말해야 하는 것처럼 의뢰인이 추근대거나 불편한 상황을 만들 때도 이미지를 관리해야 한다. 그래서 록산은 의뢰인이 흑심을 품고 옥상 만찬을 제의한 게 아닐까 싶은 생각이 들었을 때 정중히 거절해야 했다.

키친서핑 노동자는 의뢰인의 평가를 보기가 어렵지만, 사측은 의뢰인에게 노동자에 대한 피드백을 요청해서 검토할 수 있다. 의뢰인의 제안을 거절하면 일자리를 잃게 된다는 말은 어디에도 없지만, 그렇게 성희롱이 의심되는 제안 때문에 노동자는 불편해질 때가 많다.

## 성희롱에 대한 배경 설명

1964년 민권법 제7장은 성희롱을 성차별의 일종으로 간주한다. 미국고용기회평등위원회US Equal Employment Opportunity Commission에 따르면 "불쾌한 성적 접근, 성행위 요구, 기타 성적 의도에 의한 언행이 개인의 고용 상태에 직간접적인 영향을 미치는 경우, 개인의 인사고과에 비합리하게 불이익을 끼치는 경우, 위협적이거나 적대적인 노동환경을 조성하는 경우 성희롱에 해당"한다.

성희롱은 최근에 등장한 개념이 아니다. 상급자에 의한 성적 강압이나 원치 않는 성관계는 노예제에서 빈번히 발생했다.[2] 타인의 집, 공장, 상점에서 일하는 여성들 사이에서도 남성 고용주의 성적 접근에 대한 언급이 많다.[3] 19세기 말 기독여성절주회Women's Christian Temperance Union의 주도로 여성 성보호 관련 법을 개혁하려는 시도가 있었으나, 그 초점은 어디까지나 의제강간의 기준이 되는 성교 동의 연령을 높이는 것이었다.[4]

1964년 민권법이 제정된 후로도 법정에서 성희롱이 인정되지 않는 경우가 많았다. 간혹 사적인 문제라거나 단순히 업무 중 발생한 폭행이라는 판결이 내려지기도 했고, 심지어는 "법리를 통해 직장에서 근절 가능하다고 판단하기 어려운 당연하고 필연적인 현상"이라는 판결도 있었다. 성희롱이 성차별이라는 주장에 대해서 법원이 자주 쓴 반박 논리는 남녀 모두 피해자가 될 수 있고, 설령 피해자 중 여성의 비율이 높다고 하더라도 그 대상이 "모든 여성이 아니라 상급자의 접근을 거부하는 여성으로 국한된다"는 것이었다. '반스 대 코슬Barnes vs. Costle' 판례(1977)에서 스포츠우드 로빈슨Spottswood Robinson 판사는 양성애자 상급자의 성행위 요구가 한 성에만 국한되지 않고 성별이 아니라 성행위 거부를 이유로 차별이 행해졌으므로 성차별에 해당하지 않는다고 판단했다.[5]

## 현대판 임시 직원으로서의 공유경제 노동자

학계에서는 많은 연구자가 성적 행위와 성희롱이 노동 현장의 남녀 분리 현상을 지속하는 방편으로 쓰이는 현상을 연구했다. 경제학자 바버라 베르그만Barbara Bergmann은 여성에 대한 성희롱이 주로 모욕과 "성관계에 대한 거짓된 제의"의 형태로 나타나며, 그 밑바탕에는 경멸과 "상대방이 일자리를 포기할 만큼 불쾌함을 느끼길 바라는 욕구"가 깔려 있다고 했다.[6] 1975년 '성희롱'이라는 용어를 만든 린 팔리Lin Farley는 "비전통적 직군에서 성희롱의 목적은 여성을 배척하는 것이고, 전통적으로 여성 위주였던 직군에서 성희롱의 목적은 여성을 억압하는 것"이라고 주장했다.[7] 그 밖에 조직 내 구조적 혹은 공식적 권력 불평등이 존재하기 때문에 상급자가 직권을 남용해 노동자를 희롱할 수 있다는 견해도 있다.[8] 하지만 가해자 가운데 동급자의 비율이 더 높고, 간혹 하급자가 가해자인 경우도 있다는 연구 결과도 존재한다.[9] 이에 공유경제는 대등한 개인 간의 거래를 장점으로 내세우는데, 사실상 대등한 개인 간에도 권력 비대칭 현상이 생겨서 성적으로 불편한 사건의 발생 빈도가 높아질 수 있다.

연구자들은 조직 내에서 '젠더화된 프로세스'와 '젠더 수행'이 업무 현장의 성희롱과 어떤 관련이 있는지 집중적으로 연구했다.[10] 예를 들어 임시 직원은 그 특성상 권력이 없는 여성의 지위에 있기 때문에 대부분 상급자에게 고분고분할 수밖에 없다. 그래서 비대칭적인 권력관계가 심화되어 성희롱을 당할 위험이 커진다. 심지어 계약 기간이 몇 주, 몇 달이 아니라 단 하루라고 해도 그 임시성을 근거로 임시 직원을 소외시키거나 고용주가 이름을 기억하지 못하는 게 정당화되곤 한다.[11]

1990년대의 임시 직원은 현재의 공유경제 노동자와 단순히 유사한 정도를 넘어서 판박이라고 볼 부분이 많다. 시애틀과 샌프란시스코 같은 서해안 지역에는 별도의 '서비스원runner'용 출입구를 만든 기업도 존재한다. 서비스원은 흔히 임시 직원을 부를 때 쓰는 말이다. 《와이어드Wired》는 태스크래빗을 가리켜 "'그런 일은 서비스원에게 시키면 돼'라는 말이 공공연하게 나올 정도로 직원 채용에 인색한 샌프란시스코의 스타트업 경영자들이 사족을 못 쓰는" 플랫폼이라고 표현했다.[12] 초창기에 태스크래빗은 개인을 주고객으로 삼았으나, 설립 1년쯤 되는 시점에는 길거리 마케팅과 물품 배달, 행사를 위한 단기 인력을 구하는 기업들을 겨냥해 '태스크래빗 포 비즈니스TaskRabbit for Business'를 출시했다. 〈테크크런치〉 보도에 따르면, 기업의 단기 업무에 필요한 노동자를 신속하게 파견하고 "온라인 구인 광고보다 믿을 만하고 기존의 인력사무소보다 저렴한" 상품을 만드는 게 그 목적이었다.[13] 태스크래빗 포 비즈니스는 한때 기업 고객이 1만6,000개에 이르렀고, 임시 직원(W2 종업원)의 급여세, 산재보험, 실업보험 등과 관련된 서류 업무도 대행했다.[14]

사무직 임시 직원은 업무의 임시성 외에도 공유경제 노동자와 흡사한 부분이 많다. 한 인력사무소 소속 노동자들은 스스로를 노동자가 아니라 손님이라고 생각하라는 말과 함께, "예의 바른 손님은 집주인에게 대들거나 어떤 식으로든 그 기분을 상하게 할 만한 언행을 삼간다"는 주의를 듣기도 한다.[15] 손님이라는 자기 인식은 미소를 지으며 협조하는 감정노동을 강제할 뿐만 아니라 "업무에 대한 임시 직원의 불만이나 자기주장을 부적절한 것으로 만들어 수동성을 강제"한다.[16] 그러면 업무상 재해를 당하거나 단순히 휴식이 필요할 때도 말을 신중하게 해야 한다는 생각이 들 수밖에 없다.

한편 공유경제 노동자는 의뢰인이 부정적인 평을 남겨서 자신의 시장성이 떨어질 수도 있다는 사실을 늘 염두에 둔다. 이와 마찬가지로 고분고분하지 않은 임시 직원은 의뢰인이 인력사무소에 항의하면 언제든 일자리를 잃을 수도 있다. 노동의 임시성은 의뢰인이 함부로 행동할 수 있는 여지를 만들어준다. 상대방을 다시 안 봐도 된다는 생각이 예의 있고 프로다운 처신에 대한 사회규범을 나 몰라라 하게 만들어버리기 때문이다.

## '그냥 임시로 하는 일'인 경우 무슨 일이든 벌어질 수 있다

노동자가 좋은 모습을 보이기 위해 고분고분하고 친근하게 행동하는 것이 오히려 추근댐에 대한 호의적인 반응으로 해석될 수 있다. 일레인 홀Elaine Hall이 5개 유형의 음식점에서 일하는 웨이터와 웨이트리스에 대해 연구한 결과, 남녀 모두 "업무의 일환으로써 추파를 던지는 행위"가 당연시되지만 여성이 성적인 여지를 더 많이 보여줄 것이 예상되고, 손님은 여자 직원을 성적으로 희롱해도 된다고 생각할 때가 있다는 사실이 드러났다.[17]

친근함이 성적인 의미로 해석될 가능성은 록산이 어느 부부를 위해 요리하면서 겪은 일에서 잘 드러난다.

> 록산: 나도 그런 경험 있어요.(웃음) 성격이 시원시원한 부부였는데 아까 말한 부부처럼 우리가 친한 사이인 양 [행동하더라고요]. 마지막 팁이었기 때문에 같이 앉아서 노닥거렸죠. 그날 메뉴에 대한 질문도 받고요. 그런데 그 사람들이 스와핑을 하는 줄은 몰랐어요. 부

인이 나한테 작업을 걸어서 기분이 진짜 이상했어요. 엄청 섹시한 여자이긴 했어요. 그래도 "저기, 이거 좀 갑작스러운데요, 나도 이것저것 경험하는 건 좋아하지만 두 분은 결혼한 사이고 나는 아니잖아요. 이건 내 스타일이 아니에요"라고 했죠.

나: 그쪽에서는 왜 그랬던 걸까요?

록산: (웃음) 분위기 때문 같아요. 내 쪽에서 작업을 건다고 생각했나 보죠. 가끔 그렇게 느껴지기도 하나 봐요. 물론 내가 실제로 작업을 거는 건 아니에요. 그냥 친근하게 대하는 거죠.(웃음) 난 아무한테나 집적대는 그런 사람 아니거든요. 그냥 친근하게 대하는 건데 그쪽에서는 그렇고 그런 거라고 생각했나 봐요. 그러고 나서 자기들끼리 얘기하러 가더니 부인만 돌아왔어요. 내 옆에 앉더라고요. 기분이 어떠냐는 둥 이러쿵저러쿵 하기에 "난 괜찮아요. 두 분 인생이니까요. 각자 방식대로 사는 거죠"라고 대답했어요. 그랬더니 점점 사적인 질문을 하는 거예요. 그래서 "혹시 저한테 작업 거시는 거예요?"라고 대꾸했어요. "남편분이 저기 있잖아요. 저 사람이 사모님의 배우자예요. 난 애인 사이 같은 건 싫어요. 좋게 봐주시는 건 감사하지만 그래도 아닌 건 아니죠. 미안합니다. 그만 일어날게요. 음료수 잘 마셨어요. 음식 좋게 평가해주셔서 감사합니다."

나: 얼마나 사적인 질문이었기에….

록산: "혹시 침실 불륜 상황극 관심 있어요?" 같은 거요.

일반적으로 업무 중에 성적 취향에 대해 묻거나 성행위를 제안하는 것은 금기시된다. 하지만 공유경제에서는 무슨 일이든 일어날 수 있다. 그런데 내가 면담한 이들 가운데 이런 경험을 성희롱이라고 말한 사람은 아무도 없었다. 놀랄 일은 아니다.

재키 크라서스 로저스Jackie Krasas Rogers와 케빈 헨슨Kevin Henson은 "언어적 희롱이나 적대 환경 희롱이 발생했을 때 임시직 노동자는 희롱을 모른 척하거나 성희롱이라고 인지하지 못하는 경향이 있다"고 썼다.[18] 노동자가 성희롱을 모른 척하거나 '별것 아닌 것'으로 치부하는 이유는 '그것이 그냥 임시로 하는 일'이기 때문이다. 이는 공유경제 노동자에게서도 많이 들을 수 있는 대답이다. 공유경제 노동자들은 성적으로 불편했던 경험을 이야기할 때 대체로 '이상했다' '묘했다' 같은 표현을 쓰면서 웃어넘긴다. 그 상황을 불편하거나 뭔가 '심상찮게' 느꼈다는 방증이다.[19]

이들의 언어는 긱경제 노동의 고충을 잘 보여준다. 공동체, 신뢰, P2P에 초점이 맞춰져 있다 보니 노동자들은 감정노동에 대한 높은 기대치에 직면한다. '진짜 사람'을 고용하기 때문에 '진솔한' 교류를 기대할 수 있다는 점이 공유경제의 매력으로 비치는 부분이다.

또 다른 고충은 집에서 이뤄지는 일이 많다는 데 있다. 집은 친밀감을 기본으로 하는 공간인 만큼 공공장소와는 다른 행동 규범이 적용된다. 나는 누가 사무실에 형광등을 갈러 오면 대화를 많이 안 하겠지만, 그 사람이 집에 에어컨 필터를 갈러 온다면 아마 물 한 잔을 대접하고 날씨 이야기를 꺼낼 것이다. 사적인 공간이라는 특성 역시 행동에 영향을 미친다. 닫힌 문 뒤에서 일을 할 때는 성적 취향을 묻는 것처럼 일반적인 업무 공간에서 허용되지 않는 행위가 어느 정도 용인되기도 한다.

여기에 더해 남성 중심의 실리콘밸리 환경도 성희롱 문제와 연관된 것으로 보인다. 샘 레빈Sam Levin은 "여성 엔지니어나 스타트업 설립자가 보복이나 투자 철회에 대한 두려움 때문에 성희롱 신고를 머뭇거리는 것처럼 긱경제 노동자도 불안정한 지위에 있다"고 썼다.[20] 성적으로 불편한 상황을 신고하는 노동자는 문제 노동자로 비칠 위험이 있고, 실제로도 괜히 항의했다가 이용 정지만 당할 것 같아 불안하다는 말을 많이들 한다.[21]

끝으로, 공동체와 신뢰를 칭송하는 번드르르한 말 때문에 노동자가 성희롱으로 볼 만한 상황을 겪어도 성희롱으로 잘 인지하지 못한다. 대신 '불편한' 느낌에만 신경이 쓰인다. 이런 현상은 공동체와 신뢰라는 개념에 대해 생각해보면 이해가 쉽다. 그런 이상적인 덕목을 약속하는 상황에서 우리는 마땅히 편안함을 느껴야만 한다고 생각한다.

록산도 키친서핑 측에 의뢰인이 셀카를 찍자거나 같이 식사를 하자고 하는 것에 대해서는 스스럼없이 말했지만, 스와핑 부부의 성적인 제안에 대해서는 함구했다. 자신은 미드타운 맨해튼에서 주로 일하고 그 부부는 윗쪽 동네에 살기 때문에 다시 만날 가능성이 없다고 했다. "그 사람들은 셰프를 지정할 수 있다는 걸 몰랐던 것 같아요. 나야 다행이죠. 또 그 집에 갔으면 어떤 기분이었을지 모르겠어요." 그러면서 어색한 목소리로 "아마도 '어머, 잘 지내셨어요?' 했을 거예요"라고 말했다.

키친서핑 셰프는 거의 항상 의뢰인을 대면하기 때문에 다른 공유경제 노동자보다 성적인 언행에 많이 노출되어 있다. 예를 들어 43세 키친서핑 인력시장 셰프 랜덜에게 '가장 기억에 남는 일'을 물어보자 '섹스 클럽' 사람들을 위해 요리한 적이 있다면서 "스와핑 파티였어요. 진짜 묘했어요"라고 말했다.

종종 사무직 임시 직원들이 "섹시하게 입고 특정한 이미지를 연출해보라"는 강요를 받는 것처럼, 랜덜은 의뢰인으로부터 특정한 스타일의 옷을 입어달라는 요청을 받았다. 그때 처음으로 이상한 낌새를 느꼈다.[22] "그냥 애피타이저만 하기로 했는데 셰프 가운을 입고 오라는 겁니다. 요즘 안 입고 다니는데 말이죠. 거절했죠. 입기 싫어서요. 25년을 입었어요. 그런데도 '셰프 가운 좀 꼭 입고 오세요'라는 거예요. 아주 구체적으로 말하더라고요. '입으실 때…' 평소 같았으면 '됐습니다, 안 해요.' 했을 거예요. 근데 '좋습니다. 까짓것 안 될 게 뭐 있습니까? 아직도 잘 맞는지 한번 볼게요'라고 했어요.(웃음) 그랬더니 또 '이러이러하게 입은 웨이터도 데리고 오세요'라기에 알았다고 했죠."

복장에 대한 요구 사항 말고는 메일이나 대화에서 파티 '분위기'를 짐작할 만한 단서는 없었다.

> 도착했더니 어퍼웨스트사이드에 있는 아파트였어요. 2차 세계대전 전에 지은 고풍스러운 건물이었는데, 인테리어는 고딕풍이고 사람들은 다 괜찮아 보였어요. 한 25명쯤 됐는데 대화가 한창이더라고요. 무슨 토론을 하고 있는 것 같은데, 들어보니까 [이따가 할] 성행위에 대한 이야기인 겁니다. '이런, 스와핑 클럽이구나.' 했죠.

방도 놀이방도 여러 개고 그네도 있고 뭐 다 있대요. 그래서 생각했죠. '이거, 주방에서 장갑이라도 끼고 일해야 하는 거 아니야?'(웃음)

같이 데리고 간 조수들이 놀란 표정을 짓자 랜덜은 어떤 상황이 벌어지든 신경 쓰지 말라고 주의를 줬다. 그는 그 일을 '경험'이라고 표현하면서 "사람들은 괜찮았어요. 팁도 많이 주고 친절하고요. 그날 재미있었어요"라고 급히 덧붙였다.

랜덜의 말하는 속도나 중간중간 웃음이 내게 마빈 스콧Marvin Scott과 스탠퍼드 라이먼Stanford Lyman의 에피소드 연구를 상기시켰다. 이들은 에피소드를 "사회적 행위자가 자신이나 타인의 예상치 못하거나 부적절한 행동을 설명하는 이야기"라고 정의했다.[23] 랜덜은 그 행사가 스와핑 파티일 줄은 몰랐다고 하면서도(무효화 가능성에 호소하기), 파티 참가자들이 괜찮고 팁도 많이 주고 친절했다는 말로 그 경험을 속히 정당화했다.

## '집 안의 낯선 사람' 역할

임시성 외에 공유경제 노동의 또 다른 특징은 기본적으로 서로 잘 모르는 사이이고(디지털 발자취와 신원 확인을 통해서 알게 되는 정보를 제외한다면), 일부러 요청하지 않는 한 다시 만날 일이 없다는 점이다. 랜덜은 '집 안의 낯선 사람'이라는 지위가 의뢰인에게 매력적으로 비칠 수 있다고 했다.

랜덜: 또 하나 재미있는 건 내가 집에 있는데도 자기들끼리 뒹군다는 거죠.

나: 진짜요?

랜덜: 네, 그런 사람 많아요. 어떤 부부가 친구 10명을 불렀다고 해보죠. 아직 친구들이 오기 전이에요. 나는 그럴 때 보통 2시간 전에 도착하거든요. 누가 샤워를 안 했다고 해봐요. 그러면 "저기요, 주방은 여기예요. 우리는 가서 샤워 좀 하고 올게요." 하는 거예요. 그러고는 둘이 같이 사라져요. 그다음에 은밀한 소리가 들리는 거죠. 처음에는 "흠흠"거렸어요. 지금은 "또 시작이네." 하죠.

나: 네? 사람들이 일부러 그러는 거라고요?

랜덜: 다 들으라고 하는 거예요.

나: 그럴 때 기분이 어떠세요?

랜덜: 괜찮아요. 뭐 어때요. 자기들 마음이죠. 신경 안 써요. 그런 게 좋으면 그렇게 하라죠. 뭐 어때요. 그런 일이 한두 번이 아니었어요. 처음에는 [동료와] 같이 있었는데 내가 "걔네 한다." 하니까 그 친구가 심각한 목소리로 "그러네." 합디다.

이런 일이 자주 있다 보니까 랜덜은 현장에 도착했을 때 무슨 일이 벌어질지 조수들과 내기를 할 정도라고 했다. 물론 그는 부부나 커플이 '할 것'이라는 데 걸었다. "주로 내가 따요. 웬만하면 진짜 그렇거든요.(웃음) 사람들이 그런 욕망이랄까, 판타지가 있는 것 같아요. 집 안의 낯선 사람에 대한 판타지요. 내가 그런 존재가 돼주는 겁니다. 대신 비밀을 지켜야죠. 내가 자기들을 위해 요리하는 사람이니까 비밀을 지킬 거라 생각하는 것 같아요. 그게 자기들한테 어느 정도 익명성을 준다고 생각하나 보죠. 좋아요, 좋아요."

랜덜은 그런 경험을 '좋아요'라고 표현하면서 자신은 신경 쓰지 않는다고 힘주어 말했다. 하지만 면담 중에 마치 기다렸다는 듯이 그 이야기를 꺼낸 것은 마음 한편으로 신경이 쓰였다는 방증일 수 있다. 미국에서 가사 노동자를 고용하는 초고소득자들은 거리감을 이용해 "주인과 하인이 위층과 아래층에 분리되어 거주하던 영국 저택의 미국판"을 구현하려는 경향이 있다.[24] 하지만 랜덜은 하인이 아닌 전문가이고, 자신이 요리사로 고용됐기 때문에 의뢰인들이 비밀을 보장받을 수 있다고 "생각하는 것 같다"고 말했는데, 이런 추측성 표현에서 사적 공간에서 일어나는 일에 대한 비밀 유지 원칙에 대해 확신하지 못하는 심리가 드러났다.

참고로 성적으로 불편한 언행이 항상 노동자와 직접적으로 관련되는 것은 아니다. 랜덜은 간혹 자신의 서비스가 에어비앤비와 결합되어 타인을 유혹하는 수단으로도 사용된다고 했다.

> 랜덜: 주로 젊은 남자애들이 그래요. 에어비앤비에서 여기 소호의 꽉대기층 집을 빌리는 겁니다. 그래놓고 자기 집인 척해요. 나는 자기가 데리고 있는 셰프인 것처럼 말하고요. (…) 여자 꼬시려고요. 참고로 난 그런 거 반대예요. 어차피 오래 못 가거든요.
>
> 나: 그런 일이 자주 있나요?
>
> 랜덜: 흔해요. 자주 있죠.
>
> 나: 처음부터 그런 걸 다 말해주나요?

랜덜: 그건 아니지만 척 보면 알죠. 일단 에어비앤비는 다 티가 나요. 집이 휑하거든요. 사진도 없고 아무것도 없으니까 사람 사는 집이 아니란 걸 뻔히 알 수 있죠. 그런 애들 보면 이제 월스트리트 2년 차쯤 된 금융맨이에요. 여자가 오면 여기가 내 집이다 뭐다 하죠. 압권은 그게 여자한테 안 통할 때예요. 아니면 "방금 델라웨어에 있는 컨트리클럽에 가입 신청 넣었어"라거나 "방금 기차 타고 워싱턴에서 돌아왔어." 같은 헛소리에 여자가 넘어갈 때도 재미있어요. 남자가 화장실에 가자마자 친구한테 전화를 걸어서 "저기, 있잖아." 한다니까요. 진짜 재미있어요….

나: 그러면 언제 나오세요?

랜덜: 보통은 "뭐 더 필요한 거 없으세요?"라고 물어봐요. 그러면 남자가 "음, 아니요"라고 대답하거든요. 가끔은 여자애도 같이 데리고 나와야겠구나 할 때도 있어요. (…) 더 진도가 안 나갈 테니까요. 여자한테 탈출구가 필요할 때도 있고요. "뭐 더 필요한 거 없으세요?"라고 물으면 여자애가 "아, 저기, 나도 이제 그만 가봐야겠어요"라고 말하는 거예요.

나: 그러면 나오면서 서로 얘기를 하나요?

랜덜: 내가 "어땠어요?"라고 물어보면 "어휴, 진짜"라고 하죠.(웃음) 아마 남자애는 에어비앤비에 500달러쯤 썼을 거예요. 나한테도 500달러 쓰고 총 1,000달러를 썼는데 여자는 튀는 거죠. 그런 게 통할 때도 있긴 해요. 근데 안 먹힐 때가 80%예요.

데이트에 들어간 돈과 섹스를 결부하는 랜덜의 계산이 비인간적으로 들릴지 모르나 실제로 흔히들 하는 생각이다. 마리나 애드셰이드Marina Adshade는《달러와 섹스: 섹스와 연애의 경제학Dollars and Sex: How Economics Influences Sex and Love》에서 심리학자 수전 배소Susan Basow와 앨릭잰드라 미니에리Alexandra Minieri의 연구를 거론한다. 이 연구에서 여성 참가자들은 남성이 값비싼 저녁을 대접한다고 해서 무조건 섹스를 할 자격이 생긴다고 생각하진 않지만, 데이트에 쓴 돈이 많을수록 자격이 커진다고 느낀다. 그리고 남성은 데이트에 큰돈을 쓸수록 섹스의 의무성이 커진다고 생각하는 경향이 여성보다 강했다.[25]

끝으로, 일 자체가 성적으로 불편하게 느껴지는 경우도 있다. 22세 흑인 남성 코디에게 우버러시UberRUSH(우버의 배달 서비스)와 포스트메이츠의 배달 일을 하면서 이상한 경험을 한 적이 있는지 묻자, 언젠가 밤 10시에 들어온 의뢰를 이야기했다. 물건을 받아서 40블록 떨어진 미드타운 맨해튼으로 배달하는 일이었다. 천천히 가도 20분이 채 안 걸릴 것 같아서 얼른 수락했다. 포스트메이츠, 우버러시, 태스크래빗으로 의뢰가 들어올 때는 시간이 생명이다. 선뜻 결정을 못 내리고 설명을 꼼꼼히 읽다 보면 다른 사람이 채가곤 한다. "딜도 가게에 가는 거였어요. 다른 사람의 성생활에 반대하거나 하진 않아요. 처음 의뢰가 들어왔을 때는 '음, 대충 가게 가는 거네. 좋아, 식은 죽 먹기지'라고 생각했어요. 그래서 갔죠. 근데 [의뢰 내용의] 맨 마지막 줄을 안 읽었던 거예요. 거기에는 '검은색 긴 딜도'라고 써 있었어요. '내가 제대로 읽은 거 맞아?' 싶었죠. 근데 '검은색 긴 딜도'가 맞더라고요."

차마 그 말을 꺼내기가 부끄러워서 그는 점원에게 의뢰 내용이 적힌 화면을 보여줬다.

> "이런 거 있어요?"라니까 "아, 검은색 긴 딜도 필요하시구나." 하는 거예요. "아니요, 난 있어요! 하나 더 필요 없어요"라고 했죠. 물건을 받았어요. 포장해서 종이 가방에 넣어주더라고요. 그리고 또 아래에 적혀 있는 게 '먹는 거…'였어요. 먹는 거래요. 성적으로 먹는 거… 어, 그러니까, 이런 말을 해도 이해해주셨으면 좋겠는데요, 질에 넣고 나서 먹는대요.
>
> 순간 이게 진짜 맞는 건가 싶었죠. 살다 살다 그렇게 이상한 배달도 없었어요. 이런 게 나한테 들어오다니, 진짜 어이가 없었죠. 의뢰인은 젊은 여자였어요. 날 보면서 "코디?" 하더라고요. 그렇다니까 좌우를 살피고 "물건 가져왔어요?"라는 거예요. "네, 가져왔습니다." 하고 건네줬어요. 그러고서 돌아서려고 했죠.
>
> 근데 또 묻는 거예요. "들어와서 볼래요?"라고. "아니요… 안 들어갈래요." 섹스 파티였어요. "죄송합니다. 이만 갈게요." 했죠. 진짜 그렇게 이상한 일도 없었다니까요.

다른 공유경제 노동자들이 성적으로 불편한 상황에서 그랬듯이 코디도 성행위 제안을 정중히 거절하고("죄송합니다") 의뢰인의 집을 빠져나왔다.

## 노동자의 성적 경험

공유경제의 많은 부분이 그렇듯이 이 이야기에도 양면성이 존재한다. 지금까지는 노동자가 성적으로 불편함을 느끼는 상황을 논했지만, 반대로 공유경제가 노동자에게 섹스 뷔페가 되기도 한다. 27세 에어비앤비 호스트로 자칭 호텔리어인 요세프의 경우가 그렇다.

내가 면담한 에어비앤비 호스트는 대부분 자신의 거주지를 말하지 않으려고 했다. 면담은 주로 이스트빌리지 곳곳의 카페에서 진행됐고, 아파트 얘기가 나오면 10번가에 산다거나 "저기 모퉁이 돌아서" 산다는 식으로 모호하게 표현했다. 애매하게 방향을 가리키는 손짓이 동반되기도 했다. 구체적인 주소나 아파트 호수를 말해준 사람은 아무도 없었다.

그래서 요세프가 면담 요청을 수락하고 자신의 에어비앤비 숙소를 견학시켜주겠다고 웨스트빌리지에 있는 아파트에서 만나자고 했을 때 나는 놀라우면서도 적잖이 걱정이 됐다. 모르는 사람을 그 사람의 집에서 단둘이 만나는 것은 현명하지 않은 행동 같았다. 웨스트빌리지 아파트를 언급한 것도 석연치 않았다. 나는 가능하면 맨해튼에서 에어비앤비 숙소가 가장 많은 이스트빌리지의 호스트를 만나보고 싶었다.[26]

온라인에서 검색해보니 요세프는 에어비앤비가 뉴욕에서 벌이는 홍보 사업에 적극적으로 참여하고 있었다. 마음이 조금 놓이긴 했지만 남편에게 행선지를 알려주면서 내가 무사한지 언제 어떤 식으로 확인하고, 혹시 내가 즉각 응답하지 않으면 어떻게 대처해야 하는지 단단히 일러줬다.

약속 시간보다 몇 분 일찍 도착했으나 요세프는 집에 없었다. 잠시 후 모퉁이를 돌아서 나타난 그는 면담 때 먹고 마실 쿠키와 주스를 한 보따리 들고 있었다. 엘리베이터가 없는 건물이라 계단을 올라가니 방 2개짜리 아파트가 나왔다. 월세 인상폭 규제를 받는 그 아파트가 그의 거처이자 처음으로 에어비앤비에 올린 숙소였다. 그는 에어비앤비로 하루에 최대 25인의 투숙객을 받고 있었다. 언젠가 전문 호텔리어가 되겠다며, 나이나 학력은 큰 문제가 아니라고 했다. 가족의 지원으로 어퍼웨스트사이드에서 방 3개짜리 아파트 2채를 임차했고, 한 방에 최대 2인 30일 단위로 투숙객을 받으며 유사 호스텔로 운영 중이었다. 그 외에도 동업자와 함께 운영하는 숙소가 10개 더 있었다.

당시는 에어비앤비 면담이 막바지에 이르렀을 때라 이제 더 새로운 내용이 나올 게 없다고 생각했다. 하지만 통상적으로 마지막에 하는 질문을 던졌을 때 뜻밖의 상황이 펼쳐졌다. "혹시 내가 물어봐야 하는데 안 물어본 게 있을까요?"

요세프는 대뜸 "저기, 그, 에어비앤비를 하면서 있었던 로맨스에 대해서는 안 물어보셨는데요"라고 대답했다.

"로맨스가 있었어요?"

첫 번째 이야기가 그나마 가장 건전했다. 젊은 여자 투숙객과 '눈이 맞은' 이야기였다. 그들은 3주를 함께 보냈다. 같이 음식을 해 먹고 친구들을 만나는가 하면, 안식일 저녁에는 그의 부모님 댁에 가서 함께 식사하고 에어비앤비 행사에도 참여했다. "서로 꼭 껴안고

잔 게 로맨틱했어요. 근데 솔직히 그 친구는 여동생 같은 느낌이 좀 있었어요. 스무 살이었거든요. 동생은, 음, 나보다 두 살 어리지만 지금도 내 눈에는 열아홉이에요. 그래서 음, 그, 더 정이 가는 게 분명히 있었고, 뭔가 긴장감 같은 것도 있었죠. 그래도 나는 그 친구를 손님으로 봤고 내가 챙겨줘야 할 여동생 같다고 생각했어요."

듣고 있으니 왠지 더 하고 싶은 말이 있는 것 같았다. 혹시 또 다른 손님과 동침한 적이 있는지 묻자 두 번 있었다고 했다.

첫 번째 여자는 요세프의 빈방에 투숙하기 직전에 7년 사귄 남자친구와 헤어진 연상녀였다. 그는 그녀와 뭔가를 해볼 생각은 못하고 그녀가 머무르는 동안 여자 2명을 번갈아 침대로 데리고 들어갔다.

> 누님이 체크아웃하기 전날 밤에 같이 라운지바였던가 댄스바에 갔는데 "아주 활동적인 성격인가봐"라는 거예요. 그러면서 쓰레기통에서 [콘돔을] 봤대요. 미안하다니까 괜찮대요.
>
> 집에 와서 누님이랑 그, 졸라, 막 그래 갖고 10초 만에 콘돔을 꼈어요. "와!" 하더라고요. 그때 이미 서로 달아올라 있었거든요. 그리고 내가 또 달라면 막 퍼주는 성격이거든요. 그래서 시작하자마자 너무 급하게 했나 봐요. 누님이 겁이 났는지 "잠깐만, 천천히 하자, 천천히"라는 거예요. 그러고는 나도 모르게 잠들었어요.
>
> 일어나니까 혼자더라고요. '에이씨, 이게 뭔 망신이야. 진짜 개망신이다. 날 뭘로 생각하겠어?' 싶더라고요. 근데 누님은 나랑 잘 잤대요. 그래서 혹시 우리가 섹스를 했냐고 물어봤죠. 기억이 안 나서요.

내가 떠날 채비를 하자 요세프는 시간이 더 있냐며 자기가 생각해도 '미친 짓'을 한 적이 있다고 했다.

요세프: 커플이 예약했어요. 프로필은 남자 거만 봤지만요. 응, 커플이구나, 잘됐네, 했죠. 도착해서 보니까 남자는 40대인데 여자는 20대예요. 아방가르드한 매력이 있는 여자였죠. 머리를 군데군데 파란색으로 염색하고 피어싱하고 문신하고… 그런 스타일요. 그래서 와, 저렇게 젊고 매력적인 여자랑 사귀다니 저 아저씨 운도 좋네, 했어요. 근데 5일쯤 지났나, 여자가 그러는 거예요. "우리 커플 아니에요. 뉴욕 가고 싶다면서 티켓값 대준다기에 따라온 건데요?" "그래도 한 침대에서 자잖아요"라니까 "그렇긴 한데, 어휴, 재수 없어요. 혹시 나를…"이라고 하기에 "아, 그러면 커플은 아니군요"라고 했죠.

아, 나이 든 아저씨 따라다니면서 같이 자고 하는 여자는 아니구나, 했어요. 일은 꼭 마지막 날에 터지죠. 그날은 아침 7시에 일이 있는데도 새벽 4시까지 깨어 있었어요. 근데 둘이 대판 싸우더라고요. 그러고 나서 여자가 몬스터 에너지드링크 있잖아요. 그거랑 맥주를 섞어 마시는 거예요. 나는 그냥 콜라나 꺼내서 마시고 있다가 아저씨가 담배 피우러 위층에 올라갈 때마다 여자랑 물고 빨았어요. 그러면서 여자한테 "나 저 아저씨한테 들키면 쳐맞겠다"라고 했죠.

결국에는 아저씨도 눈치챘어요. 근데 그냥 여자한테 그러더라고요. "네가 그렇지. 아무 남자한테나 붙어먹는 년." 내가 일어나서 말했어요. "죄송합니다. 커플이 아니라고 해서…." 그리고 또 그랬어요. "죄송합니다. 더는 불미스러운 일이 없게 하겠습니다." 그러니까 "됐어요, 상관없어요." 하고는 자러 가는 거예요. 그다음부터는 후끈후끈 한 사랑의 연속이었죠. 좋았어요.

나: 그 커플이 후기는 어떻게 남겼어요?

요세프: (웃음) [첫 번째 여자는] 아주 잘 써줬어요. "요세프는 최고의 호스트예요"라고요. "빠는 게 예술이에요"라고 써줬으면 더 좋았을 텐데. 아, 씨, 그 누님 이름이 뭐였더라? 애—였던가, 아—, 이—였던가. 그리고 그 사람들도 후기는 괜찮게 써줬던 것 같아요. 나쁘게 쓰진 않았어요. 아예 안 썼든가 괜찮게 썼든가 했을 거예요. 나쁘게 썼으면 내가 기억했겠죠.

요세프가 에어비앤비를 성적으로 악용하는 것은 단순히 대도시에 사는 젊은 남자여서가 아니다. 그는 자신의 모험담을 '69'라는 제목의 책으로 출간할 꿈을 꾸고 있었다. "그러니까, 음, 같이 잔 여자들한테 우리 얘기를 좀 써달라고 해보면 어떨까 한 거죠. 나에 대한 후기랄까요. 이야기 형식의 후기요. 그걸 한 권으로 묶으면 한 남자를 69가지 관점에서 보는 책이 되는 거예요."

"같이 잔 여자 69명의 관점이란 말이죠?"

"네."

요세프는 통계적 예외에 가까웠다. 그는 내가 만난 에어비앤비 호스트 중에서 유일하게 투숙객과 동침한 이야기를 꺼낸 사람이었다. 투숙객과 성관계를 맺은 호스트가 더 있을지도 모르나 아무도 그런 말을 하진 않았다. 내가 면담한 모든 호스트가 실제 생활하는 집을 모르는 사람에게 빌려주긴 했지만(보통은 직감, 온라인 스토킹, 에어비앤비 보험, 소셜네트워크 인증을 믿고), 그래도 대부분은 집을 비울 때만 투숙객을 받았다. 요세프는 다른 사람들에 비해 자신의 공간을 수시로 공유하는 것에 거리낌이 없었다.

어쩌면 요세프는 방만 공유하는 게 아니라 숙소용 아파트도 여러 채 보유한 성공자라는 점이 큰 차이점일 수 있겠다. 그는 경제적으로 안정되어 있어서 투숙객을 골라 받을 수 있다. 에어비앤비 호스트는 일반적으로 아파트를 통째로 빌려주는 편을 선호한다. 프리미엄 요금을 받을 수 있고, 낯선 사람과 같은 공간에서 마주칠 필요가 없기 때문이다. 성공자와 중간자는 에어비앤비에서 아파트를 빌려주는 것으로 휴가비를 벌거나 아파트를 투자자산으로 취급한다(7장에서 자세히 이야기하겠다).

하지만 분투자와 일부 중간자는 돈이 부족해서 집을 빌려주는 경우가 많다. 예를 들어 분투자인 27세 대학원 유학생 개브리엘레는 브루클린 크라운하이츠에 있는 아파트에 살면서 주로 어린 아들과 타지에 갈 때 아파트를 숙소로 내놓았다. "평소에는 안 그래요. 남이랑 한 집에 같이 있는 게 불편해서요. 근데 아파트가 크거든요. 아들이랑 단둘이 사는데 방이 세 칸이에요. 그래서 어쩌다 어린이집 보육료가 많이 나와서 감당하기 힘들면 방을 빌려줘요. 근데 지금까지 그랬던 게 딱 두 번이에요. 완전히 동선이 겹치지 않는 방이 하나 있어서 그걸 빌려줘요." 개브리엘레는 꼭 돈이 필요할 때만 낯선 사람과 집을 공유했다. 그녀는 아파트에 "엄청난 애착 같은 건 없다"면서, 다만 아파트를 생활비를 충당하거나 휴가비를 마련하기 위해 쓸 수 있는 '값진 자산'으로 여긴다고 했다.

사람들과 어울리기 위해 집을 공유하는 호스트도 있었지만, 대부분은 공유 임대가 자신이 아끼거나 좋은 조건이라고 생각하는 아파트에서 계속 살아가기 위한 방편이었다. 일례로 38세 레이철은 임대차 계약을 갱신한 직후에 오랫동안 동거했던 남자친구가 이사를 하자 남는 방을 에어비앤비에 올렸다. 36세 매튜도 경제적 위기에서 벗어나기 위해 에어비앤비를 시작했다. 레스토랑을 열려던 계획이 엎어지면서 우울증에 빠진 그는 빈털터리가 되어 노점에서 길거리 고기를 외상으로 먹어야 하는 지경까지 갔었다.[27]

요세프와 여타 호스트의 또 다른 차이점은 그가 싱글이라는 점이다. 내가 면담한 에어비앤비 호스트는 거의 다 애인이나 배우자가 있었고, 대부분이 연인이나 부부끼리 살았다. 그렇다고 공유경제에서 꼭 싱글에게만 '불장난'의 기회가 생기는 것은 아니다.

33세 우버 기사 무하마드는 어린 딸과 임신한 부인이 있었다. 혹시 승객의 행동이 문제가 된 적이 있는지 묻자 심야에 타는 여성 승객들의 이야기를 꺼냈다. "가끔 클럽에서 혼자 나오는 여자 손님을 태울 때가 있어요. 알딸딸하게 취했어도 이성을 잃은 건 아니어서 몸도 잘 가누고 말도 정상적으로 해요. 그러면서 나한테 자기 집에 같이 들어가자고 하는 거예요. '에휴, 재미는 있었는데 한 명도 못 건졌어요.' 하면서요. 밝히는 여자 많아요."

같이 들어가자는 제안을 수락한 적이 있는지 물었다.

"그냥 로그아웃해버리면 근무 끝이잖아요. 목적지에 도착해서 로그아웃해버리면 근무가 끝나는 거죠. 자유예요. 뭐든 하고 싶은 대로 할 수 있죠. (…) 그러니까 뭐, 난 괜찮다고 봐요. 어차피 일은 끝났고 서로 재미 좀 보자는 건데 어때요."

승객과 동침하는 것은 우버 규정 위반이지만 그렇게 할 자유야 말로 앱이 만드는 탄력성의 좋은 예다. 렌트한 택시를 운행하는 기사는 정해진 근무시간에 일해서 렌트비를 벌어야 한다. 고급차 호출 서비스 기사는 배차 담당자와 기싸움을 해야 하고 근무시간이 정해져 있다. 하지만 우버가 잠재적 노동자에게 광고하는 것처럼 우버 기사는 "정해진 근무시간도, 상사도, 제약도 없이" 일할 수 있다. 그래서 필요하면 로그아웃했다가 몇 분, 몇 시간 후에 다시 로그인하면 된다. 앱이 만드는 탄력성 덕분에 다른 기사들보다 승객과 동침하는 게 훨씬 쉽다.

앱 기반 기사들은 승객과 얼마나 많이 잘까? 물론 콕 집어 말하기는 어렵다. 그렇다고 근시일 내에 우버나 리프트에서 실태조사를 해서 발표할 것 같지도 않다. 익명제 소셜미디어 사이트 위스퍼Whisper에서 "우버나 리프트 기사와 같이 잤다고 하는 사람들, 승객과 성관계를 했다고 하는 기사들의 계정을 조사"하기 위해 "포스트의 위치 정보를 확인하고 직접적으로 묻는 등의 방법을 동원한 결과, 그런 포스트가 허위라고 볼 이유는 없다"고 나타났다.[28] 우버의 전 CEO조차도 우버 덕분에 여자들과 자기가 쉬워졌다며 우버를 '부버boob-er'('boob'은 여성의 가슴을 뜻하는 비속어 – 옮긴이)라고 불렀을 정도니, 기사나 승객이 그 서비스를 단순한 이동 수단 이상으로 여긴다는 게 그리 놀랄 일은 아닐지도 모른다.[29]

노동자 보호장치와 노동자의 단결권은 초기 산업사회부터 1900

년대 초에 걸쳐 확립됐지만 미국에서 성희롱에 대한 보호장치가 마련된 것은 2세대 페미니즘의 산물이다. 공유경제 찬성론자 중 일부는 이제 노동자 보호장치가 필요하지 않고 관련 법이 시대에 뒤떨어졌거나 의미가 없다고 주장하지만, 비교적 최근에 생긴 규정조차도 불도저처럼 보호장치를 밀어버리는 공유경제를 당해낼 재간이 없다.

이처럼 과거로 퇴보하는 경제적 움직임은 노동자를 위한 성희롱 방지 장치를 약화시킨다. 공유경제에서 기업들만 성희롱 문제를 도외시하는 게 아니라 노동자들도 보호장치가 '당연히' 있어야 한다고 생각하지 않는다. 사무실에서는 용납되지 않을 행동이 의뢰인의 침실이나 주방에서 벌어지면 아무것도 아닌 일이 되거나 그저 '이상한' 일로 치부된다. 이것은 상하관계 없이 대등한 P2P 체계를 추구한다는 공유경제의 주장과도 관련이 있다. 의뢰인이 성적으로 접근할 때도 노동자가 그것을 선불리 성희롱이라고 단정하지 못하고 '묘하다' 같은 말로 혼란스럽고 불편한 기분을 표현하는 것이 그 증거다.

성희롱이 긱경제에서 일어나는 유일한 불법행위라고 보기는 어렵다. 노동자들은 간혹 '더러운' 일에 연루되기도 한다. 긱경제 노동의 익명성을 악용해 준법 시민인 노동자에게 마약 배달이나 사기 등이 아웃소싱되는 것이다. 긱경제는 노동자를 불법행위 내지는 합법성이 의심되는 행위의 공범자로 만들고, 그래서 노동이 범죄로 돈을 버는 것에 대한 대안이라는 인식을 뒤엎는다. 한마디로 노동자 보호장치를 후퇴시키면서 범죄의 기회를 창출하는 것이다.

# 더럽고 치사한 일

# 6

분투자, 중간자, 성공자

공유경제란 무엇인가?

초기 산업사회로의 회귀

업무 중 사고

"공유는 사랑입니다"

**더럽고 치사한 일**

꿈같은 삶?

결론: 파괴의 결과

신장 180cm에 딱 벌어진 어깨, 짧게 자른 검정 머리가 인상적인 자말(4장에서 소개)은 졸업생들이 공유경제에서 일하기보다 공유경제 앱을 만드는 데 더 관심이 있는 명문대 출신이다. 자칭 '소셜미디어 박사'인 그는 나긋나긋한 목소리에 말투에서 남부 억양이 살짝 묻어난다. 긴장하거나 남을 의식할 때는 말을 얼버무리는 버릇이 있어서 그의 얘기를 들으려면 가까이 다가가야 한다. 그는 마음에 드는 온라인 콘텐츠를 모아놓는 사이트인 핀터레스트Pinterest 계정에 팔로워가 수십 명 있고 그중 대부분이 여성이다. 그의 핀터레스트 보드 중에서 가장 많은 '핀'을 받은 것은 그가 생각하는 이상적인 아파트 인테리어를 모아놓은 보드로, 구형 닌텐도 게임기를 본뜬 커피 테이블이 눈에 띈다. 서인도제도 혈통인 그는 깔끔하게 면도하고 웃음기 많은 얼굴에 힙합을 좋아하는 것이 왠지 옆집에 살 것처럼 친근한 이미지를 풍기는 청년이다.

대학 교수의 아들인 자말은 대학을 졸업한 후 고향인 남부로 돌아갔다. 조지아주에서 1년간 일하며 그리 많지 않은 학자금 대출을 모두 갚고 돈을 모았다. 이후 소셜미디어 마케팅 쪽으로 진출할 생각으로 뉴욕에 왔다. 뉴욕에 도착한 2월은 춥고 습했지만 초봄부터 시작되는 채용 시즌에 대비하기에는 적기였다.

그런데 뉴욕은 생각보다 물가가 비쌌다. 그리고 이름에서부터 백인이 아닌 게 티가 나는 흑인 청년은 금방 일자리를 찾지 못했다. 급한 대로 바텐더로 돈을 벌어보려 했지만 그마저도 잘 풀리지 않았다. "여기 뉴욕은 아무나 바텐더로 안 써요. 바텐더 자격증이 있거나 진짜 매력적인 여자여야 하는데, 나는 둘 다 아니잖아요.(웃음)" 계획과 달리 바텐더나 웨이터로 일할 수 없게 되자 태스크래빗에 가입했다. 그게 "계속 지원 서류를 내고 면접을 보면서 그때그때 필요한 돈을 버는 수단"이었다.

자말은 면접 일정을 피해 태스크래빗 일정을 잡았고, 매일 아침 습관적으로 태스크래빗에 괜찮은 일이 올라오는지 확인했다. 가장 많이 올라오는 것은 배달 의뢰였다. "한 시간에 거짓말 안 보태고 배달 일이 50~60건 정도 올라왔던 것 같아요. 하루에 배달로만 20~50달러는 벌 수 있었죠."

그는 일을 낙찰받으면 곧바로 나가서 일을 했다. 간혹 그가 응찰한 일이 다른 사람에게 돌아가거나, 낙찰받은 일을 몇 시간 뒤에 시작해야 하는 경우도 있었다. 일을 더 많이 따내기 위해 노트북을 들고 맨해튼의 공공도서관에 다녔다. 맨해튼이 '일감이 몰리는 곳'이었기 때문이다. 그 덕에 보통 하루에 2~3건 정도는 맡을 수 있었다.

자말은 운 좋게도 뉴욕에 친척이 있어서 처음에는 그 집에 얹혀 살았다. 하지만 몇 달 뒤 사이가 틀어져 친구들이 있는 워싱턴DC로 갔다. DC에서 한 달을 보냈지만 그 기간 정도로는 친척과 관계가 봉합되지 않았다. 다시 뉴욕으로 돌아왔을 때 그는 사실상 노숙자나 다름없었다. 친척 집에 다시 들어갈 수도 없고, 전대차轉貸借 아파트에 들어갈 돈도 없었으며, 직접 아파트를 임차하기 위해 집주인에게 보여줄 급여명세서 역시 없었다.

직원으로 일하는 조건으로 무료로 숙박을 제공하는 불법 호스텔에 들어갔다. 하루 8시간 주 6일 근무였고, 근무시간은 오전 9시~오후 5시 혹은 오후 5시~오전 1시였다. 가끔은 16시간 연속으로 근무하기도 했다. 손님을 맞고 장부를 기록하고 여권을 복사하는 한편, 수시로 숙소를 청소했다. "바닥 쓸고 닦고, 화장실 청소하고, 빨래하고, 샤워 부스에서 머리카락과 털을 치웠어요. 어휴, 그거 진짜 밥맛 떨어져요."

호스텔에서 일한 덕에 잠을 자고 소지품을 보관할 곳이 생겼고, 끊임없이 사람이 들락거리다 보니 어느 정도 끼니가 해결됐다. 그 호스텔은 일반 주택 구조였기 때문에 손님들은 돈을 아끼기 위해 주방에서 직접 음식을 해 먹었다. 보통은 손님이 떠나면 음식이 남았다. "그렇게 남은 음식을 먹었어요." 물론 그것만으로는 충분치 않았다.

> 그때가 여름이었는데 20kg쯤 빠진 것 같아요. 뉴욕에 올 때만 해도

> 85kg이었는데 70kg인가 65kg이 됐어요. 그해에 몸무게가 많이 줄었죠. (…) 지금 와서 생각해보면 빈곤선 이하의 삶을 살았던 것 같아요. (…) 엄살이 아니라 돈을 많이 못 벌어서 먹는 걸 제대로 못 먹었어요. 한 번에 먹을 걸 여러 번 나눠 먹어야 했죠. 스파게티를 만들어서 5일 동안 먹었어요. 최대한 돈을 안 쓰려고 뭐든 다 했다니까요.

온라인에서 그 호스텔의 후기를 보면 원래는 세 가구용 주택으로 허가를 받았는데 층마다 있는 4~6인실에 2층 침대를 잔뜩 놓아서 최대 10명씩 받았고, 욕실은 3개인데 투숙객은 최대 30명에 이르니 한참씩 기다려가며 써야 했다고 한다. 자말은 그렇게 사람이 바글대는 집이 불법 호스텔이고 소방법도 지키지 않는다는 것을 알고 있었다. "실제로 불이 났어요. 전체가 타진 않고 현관 근처에만 불이 붙었어요. 내가 소방서에 전화하지 말랬는데도 같이 일하던 사람들이 기어이 신고하더라고요. 그게, 뉴욕 소방서는 불 끄러 와서 집을 다 부숴버리거든요. 그러니까 집이 완전히 박살이 났는데, 불 때문에 그런 게 아니라 소방관들이 도끼로 부수고 수압 때문에 부서지고 한 거예요."

화재 후 자말은 당시 사귀던 여자친구 집에서 하룻밤을 보내고 친구나 먼 친척들의 집에서 소파 신세를 졌다. 그러다가 다른 호스텔에서 1박에 35달러짜리 방을 구했으나 거긴 "훨씬 더 밥맛 떨어지는" 곳이었다. 지난번 호스텔처럼 직원으로 일하면서 숙식을 해결할 수가 없었기 때문에 태스크래빗 일이 더욱 절실해졌다. "어떻게 해서든 매일 꼬박꼬박 태스크래빗 일을 했어요. 먹고살기 위해서 꼭 해야 하는 일이 된 거죠."

자말은 태스크래빗의 입찰 시스템이 좋았다. "나한테 힘이 있는 것처럼 느껴졌어요. 내가 어떤 일을 할지 고를 수 있으니까요. 사람들이 뭘 원하는지 확인하고 내가 직접 골랐어요. 내 입맛대로요. 내가 해주고 싶은 일만 한 거죠."

하지만 2014년 여름, 태스크래빗은 입찰제에서 시급제로 전환하는 피벗을 단행했고(2장 참고) 자말은 새로운 시스템이 못마땅했다. 졸지에 면접 일정을 피해 일을 잡기가 어려워졌다. 더욱이 높은 수락률을 유지해서 계속 플랫폼을 이용하려면 자신에게 주어지는 일을 되도록 수락해야 했다. 피벗 이후 자말은 평범한 심부름처럼 보이는 일들을 수락했다. 그날도 약국에서 약을 타서 가져다주는 간단한 일이었다.

"전에도 해본 적 있으니까 별 생각 안 했어요." 그런데 이전에는 겨우 두 블록 떨어진 거리에 약을 배달했다면 이번 일은 조금 달랐다. 약국으로 가는 길에 의뢰인에게 전화가 와서 얼마 전에 중국으로 출국했는데 약을 타는 것을 잊었다며 우편으로 보내달라고 했다. 게다가 그녀가 외국에 있어서 약국에서 그녀의 신용카드로 결제가 되지 않았다. 약국과 의뢰인 사이에 한바탕 말다툼이 벌어졌다. 자말은 두 시간 뒤에야 약을 받을 수 있었다.

"약을 타고 보니까 양이 엄청 많았어요." 그는 초대형 약병의 사진을 찍었다. "이거 생각 좀 해봐야겠다 싶었죠. 처방약을 외국으로 보내는 게 합법인가?(웃음) 속으로 생각했어요. 세관에 신고해야 하는 거 아닌가 하고요." 그가 약을 DHL이나 페덱스로 보내야 한다는 것을 알았을 때 의뢰인은 생각을 좀 해볼 테니 일단 약을 갖고 있어달라고 부탁했다.

> 그래서 알았다고 했죠. 그러고 나서 친구한테 얘기하니까 태스크래빗에 전화해서 자초지종을 말하라는 거예요. 생각해보니까 그렇더라고요. '벌써 이 약을 갖고 다닌 지도 일주일째야. 메스암페타민까진 아니어도 암페타민과 수면제잖아. 양도 많고. 가지고 있다가 걸리면 내가 무슨 마약 제조라도 하는 줄 알 거야.'
>
> 그래서 태스크래빗에 전화해서 자초지종을 말했어요. 처음에는 "그거 불법이니까 하지 마세요"래요. 그러다 5분쯤 지나서 상급자와 얘기해볼 테니까 잠깐 기다리라는 거예요. 자기도 이런 일은 처음이라면서요. 5분 후에 다시 전화가 왔어요. "저기요, 그거 하셔야 될 것 같아요. 태스커는 의뢰인이 원하는 건 다 해야 하거든요." 그러니까 뭐, 무조건 해야 된다는 거예요. 아무리 불법이라도 의뢰인이 돈 주고 시키는 거니까 하라는 거죠.

자말은 친구의 조언을 듣고 당시 통화를 녹음했다. 녹음본을 들어보니 여자인 친구의 목소리가 들렸다. 친구는 자말에게 태스크래빗 직원의 말이 무조건 그 일을 하라는 뜻인지 명확하게 물어보라고 조언했다. 자말은 그 상황이 '문제의 소지'가 있었다며 심각성을 다소 축소해서 표현했다. "[태스크래빗 측은] 내가 그 사람을 위해서 법을 위반해야 한다는 거예요. 근데 만약에 내가 붙잡히면, 체포되면 나는 누구를 위해 일하는 게 되죠? 태스크래빗은 문제가 뭐냐면요, 태스크래빗 계약에 따르면 내가 정식 직원이 아니란 거예요. 그냥 태스크래빗을 통해 계약을 맺었을 뿐인 거죠. 그러니까 만약에 사고가 터지면 난 보호막이 없어요."

자말은 약을 부치지 않기로 했다. 결국에는 의뢰인이 자기 친구에게 약을 건네달라고 했다. 하지만 그렇게 될 때까지 자말은 항상 약을 갖고 다녔다. 뉴욕에서 젊은 흑인 남자가 타인의 처방약을 대량으로 들고 다니는 것은 특히 더 위험하다. 뉴욕 경찰의 악명 높은 '불심검문'이 2013년 말에 급감하긴 했지만, 그래도 지하철에 들어서는 사람에게 무작위로 소지품 검사가 이뤄졌다. "위험한 건 알았어요. (…) 다행히 내가 뉴욕에 갔을 때는 불심검문이 거의 없어지는 시기였어요. 그래서 무조건 걱정해야 하는 건 아니었죠. 그래도 역에서 무작위로 소지품 검사를 하면 걸릴 수도 있는 거잖아요. 다행히 한 번도 안 걸렸어요. 그래도 걱정이 되긴 했죠. 만약에 걸렸어도 '태스크래빗에서 일 받아서 배달 중이에요'라고 말하진 못했을 거예요. 설사 경찰이 그 말을 믿어준다고 해도 내가 누굴 의지할 수 있었겠어요? 내 편이 돼줄 사람이 아무도 없었어요."

당시 자말은 꾸준히 태스크래빗으로 일하고 틈틈이 면접을 보러 다니는 와중에 호스텔에 약을 두고 나갈 엄두를 내지 못했다. "그 사람이 언제라고는 말 안 하고 그냥 다시 연락하겠다고만 했거든요. 그러니까 선택의 여지가 없었죠."

고등교육을 받은 젊은 남자가 '선택의 여지가 없는' 노동환경에 처했다고 말하는 게 의외였다. 더군다나 공유경제는 일과 시간은 물론이고 보수까지 스스로 결정하는 것을 거의 신성불가침의 원칙으로 여기지 않던가. 하지만 긱경제가 약속하는 자유는 신기루에 가까워서 노동자는 이전보다 선택의 폭이 더 좁아진 기분이 들 수 있다. 공유경제로 인해 노동의 비정규화가 일어나면서 사람들이 오래전부터 미국의 노동환경과 노동의 범죄 예방 효과에 대해 갖고 있던 막연한 생각이 많이 바뀌었다.

## 범죄의 대안인가,
## 범죄의 발판인가?

《노동이 사라질 때: 새로운 도시 빈곤층의 세계When Work Disappears: The World of the New Urban Poor》에서 윌리엄 줄리어스 윌슨William Julius Wilson은 생산직 일자리가 줄어들고 백인이 교외로 이탈하면서 도시에서 흑인 가정의 여건이 악화되고 범죄율이 높아졌다고 썼다. 윌슨에 따르면, 일자리가 없어지면 돈을 벌 수단이 끊기고 결혼의 유인이 사라진다. 그리고 사회의 안정을 떠받치는 결혼과 노동이 무너지면 사회적으로 범죄를 방지하는 울타리가 무너진다. 다시 말해 개개인이 범죄를 저지르지 말아야 할 이유가 줄어들고 젊은이가 범죄의 길로 들어설 때 꾸짖을 '어르신'이 사라진다.[1]

그 해법은 미국에서 수립된 모든 경제개발계획에서 찾아볼 수 있다. 산업을 일으키고 일자리를 창출하면 범죄율이 떨어진다는 것이다.[2] 1990년대 말 고용률 증가가 범죄율 감소의 직접적 원인이었다는 말을 심심찮게 들을 수 있다. '사회학계의 이단아' 수디

르 벤카테시Sudhir Venkatesh의 연구도 이런 주장을 뒷받침한다. 그가 시카고에서 연구 프로젝트를 진행하며 만난 마약상들은 찢어지게 가난해서 정부의 보조금을 받고 어머니 집에 얹혀살았다.[3]

그러나 긱경제에서는 돈이 되는 일자리가 범죄율을 줄이거나 범죄의 길로 빠지는 것을 막게 해준다는 논리가 성립되지 않는다.[4] 노동자는 일을 하고 말썽을 피하려 하지만 임시 노동과 익명성을 강조하는 긱경제의 특성상 범죄에 연루되기가 쉽다. 노동자는 신원조회를 받는 데 반해 의뢰인은 아니다. 단 몇 초면 태스크래빗이나 키친서핑에서 허위 프로필을 만들 수 있고, 우버나 에어비앤비도 1~2분이면 충분하다.

노동자와 달리 의뢰인은 프로필에 인적 사항을 자세히 기록하거나 사진을 등록하지 않아도 된다. 익명의 선불폰, 임의의 이메일, 현금카드로 계정을 만들면 노동자를 고용해 익명으로 일을 맡길 수 있다. 실제로 범죄자들은 이를 잘 알고 있다. 2015년 태스크래빗은 노동자에게 작업 수행 시 회사의 동의 없이 자비로 300달러 이상 쓰지 말라고 통보했다. 사측이 그 이유를 명확히 밝히진 않았지만 내가 면담한 태스커 중 여러 명이 누군가가 도난당한 신용카드를 이용했거나 나중에 카드사 쪽에 청구 금액에 대한 문제를 제기해서 태스크래빗이 물건 구입비와 태스커의 시간에 대한 비용을 모두 물어줬을 것이라고 말했다.

이제는 많은 태스커가 자비로 300달러 이상을 쓰면 안 된다는 것을 알고 있음에도 여전히 그런 의뢰가 존재한다. 태스크래빗 앱은 태스커와 의뢰인이 익명으로 대화할 수 있고, 분쟁이 발생할 경우에 대비해 대화 내용을 기록으로 남겨둔다. 이 대화 기능은 태스커에게 구체적인 주소나 지시 사항을 알려주기 위해 사용되는 것은 물론이고, 49세 백인 남성 마이클이 겪은 것처럼 작업이 시작된 후 작업 내용을 바꾸기 위한 목적으로도 사용될 수 있다.

정치학 박사로 오랜 강의와 연구 경력이 있는 마이클은 집필과 편집 의뢰가 많이 들어올 줄 알았다. 하지만 실제로는 일감을 거의 구하지 못했다. 그가 연인과 함께 뉴욕으로 와서 태스크래빗에 합류한 시점은 피벗 이후인 2015년 봄이었다. 거구에 대머리인 그는 의뢰인들이 자신을 직접 고용하지 않자 '긴급 작업'을 맡기 시작했다. 긴급 작업이란 다른 태스커가 거부했거나, 주로 몇 시간 안에 완수해야 하는 일로, 배달이나 심부름이 많았다.[5]

그런 배달 작업 중에 지극히 정상으로 보이는 작업이 있었다. 가게에서 주스를 받아오는 일이었다. 하지만 막상 작업을 받고 나자 생각보다 훨씬 일이 커졌다. "식품을 좀 받아다 달래서 목적지에 도착해서 '도착했습니다'라고 메시지를 보내니까 갑자기 주문 내용을 싹 바꿔버리는 겁니다. 주문량이 너무 많아져서 가격이 300달러 정도 나왔어요. 근데 그만큼 쓰려면 먼저 승인을 받아야 하거든요. 콜센터에 전화를 거니까 바로 작업을 취소하고 '이 일 하지 마세요. 우리 쪽에서 의뢰인과 이야기하겠습니다'라고 하더군요."

마이클은 콜센터 측에 "태스크래빗이 사기 행각에 악용될 수 있다는 것을 잘 알고 있고 실제로도 그런 일을 몇 번 접해봤다"고 말하면서 작업 취소 경위에 대해 좀 더 자세한 설명을 요구했다. "전에 통화했을 때 들었던 것과 똑같은 말을 들었어요. 그때도 분명히 사기 건이었거든요. 정확한 표현은 기억나지 않지만 '간혹 우리 플랫폼을 편법적으로 이용하는 경우가 있습니다.' 같은 말을 했던 것 같아요."

마이클은 태스크래빗 측으로부터 1시간치 보수를 받았지만, 만일 회사에 알리지 않고 물건을 받아서 의뢰인에게 배달했다면 더 많은 돈을 벌었을지도 모른다. 물론 규정 위반으로 일자리를 잃고 자비로 쓴 돈을 돌려받지 못할 수도 있다. 포스트메이츠 같은 배달업체는 노동자에게 선불카드를 지급하지만 태스크래빗은 일단 노동자가 돈을 쓴 다음에 비용을 환급한다. 환급금이 들어오기까지는 일주일이 걸릴 수도 있기 때문에 내가 면담한 태스커 중 다수는 자비가 들어가는 일을 거부하거나 들어가는 돈이 적은 일만 수락했다. 경제적으로도 어렵거니와 신용카드 한도를 거의 다 쓴 태스커에게는 환급금이 늦게 들어오는 게 곤혹스럽기 때문이다.[6]

많은 긱경제 노동자가 낮은 소득 때문에 어리석은 선택을 하기 쉽다. 연구에 따르면 "관제사가 충돌 우려가 있는 침로에만 집중하다 보면 다른 항공기들을 등한시하기 쉽듯이" 가난으로 인해 여러모로 신경 쓸 게 많으면 다른 문제를 놓칠 수 있다.[7]

태스커는 응답시간 제한과 태스크래빗 규정만 잘 지킨다고 다가 아니다. 작업이 자신의 일정과 능력에 부합하는지, 혹시 미심쩍은 구석은 없는지 잘 판단해서 현명하게 수락해야 한다. 경제 사정이 나은 노동자는 여유 있게 작업 내용을 살펴보고 문제점을 따져볼 수 있다. 30대 흑인 남성 브랜든이 좋은 예다.

다년간 금융계에 몸담은 브랜든은 로스쿨 진학 계획을 세우고

1년간 일을 쉬면서 여행을 다녔다. 로스쿨 개강을 앞둔 여름에 그와 만나 면담했다. 그는 대부분의 태스커보다 경제 사정이 나았다. 굳이 태스크래빗 일을 안 해도 생활비를 감당할 수 있었기 때문에 어딘가 미심쩍어 보이는 작업은 쉽게 걸러냈다. 한번은 어떤 의뢰인이 그에게 우편함 열쇠를 보내려고 했다. "나한테 웨스트체스터로 가라는 거예요." 웨스트체스터는 뉴욕에서 약 45분 거리에 있는 카운티다. "우편함에서 뭘 꺼내서 자기들한테 부치래요. 한 달 동안 집에 못 들어가게 됐다면서요." 그 수수께끼의 우편물이 법조인으로서 미래에 악영향을 끼칠 수도 있다는 것은 깊이 생각해보지 않아도 알 수 있었다. 그는 작업을 거부했다.

## 저항하기보다는 동조하는 게 더 안전하다

경제 사정과 별개로 의뢰인의 평점과 후기에 따라 앞으로의 고용 여부가 달린 노동자는 범죄의 소지가 있는 의뢰를 쉽사리 거절하지 못한다. 물론 딱 봐도 범죄인 것 같은 작업을 등록하는 사람은 없다. 긱경제 노동은 이사 보조, 줄서기 대행, 집 청소, 심부름 같은 활동이 대다수를 이룬다. 태스크래빗에서 마약 운반책을 고용하거나 우버에서 도주를 도와줄 기사를 고용하는 기능은 없다. 마찬가지로 에어비앤비 투숙객이 광란의 섹스 파티를 열거나 아파트를 털고 싶다고 해도 호스트와 대화할 때는 그런 꿍꿍이를 드러내지 않는다. 따라서 노동자가 본격적으로 일을 수행하기 전에는 자신이 불법적인 일에 끼어들 수도 있다는 사실을 알아채기가 어렵다. 그리고 범죄를 눈치챘을 때는 저항하기보다 모른 척하는 게 덜 위험할 수 있다.

특히 리프트와 우버 같은 승차 공유 서비스가 그렇다. 뉴욕은 공유경제 기사를 당국의 관리 체제에 편입시키는 몇 안 되는 지자체 중 하나다. 기사들은 뉴욕택시리무진위원회(이하 TLC)의 면허를 취득하고 택시 기사와 동일한 신원조회를 통과해야 한다. 하지만 뉴욕의 택시에는 방탄 칸막이, 보안 카메라, 비상 버튼(누르면 번호판 옆에 위험을 알리는 불빛이 들어온다) 같은 보호장치가 설치되어 있다. 그 기원은 1960년대로 거슬러 올라간다.

1967년 뉴욕에서 야간 택시에 한해 방탄 칸막이 설치가 의무화됐고, 1970년대 초에는 그 대상이 모든 택시로 확대됐다. 1970년대 말 칸막이 설치가 자율화됐지만 코카인 파동 때 많은 기사가 피살되면서 1994년에 다시 의무화됐다. 1997년에는 법인 소유 영업용 차량 전체로 대상이 확대됐다. 이후 자기 소유 차량을 이용하는 기사도 칸막이와 보안 카메라 설치가 의무화됐다. 비록 뉴욕의 택시 기사 중 대다수가 승객과 대화하고 돈을 쉽게 주고받을 수 있도록 칸막이를 열어두긴 하지만 적어도 닫고 싶을 때는 닫을 수 있다. 반면 승차 공유 서비스의 차에는 칸막이 자체가 없다.[8]

칸막이를 도입한 이유는 강도를 예방하기 위해서다. 1997년 이후 택시 기사의 강도 피살 사건이 단 한 건도 발생하지 않았으므로 성공을 거둔 것이라고 볼 수 있다. 1991년부터 1995년까지 TLC 위원장을 지낸 피델 F. 델 바예Fidel F. Del Valle는 인터뷰에서 "폭행 의도를 가진 사람이 머릿속으로 무슨 생각을 하든 칸막이가 그것을 저지하는 효과가 있는 것 같습니다. 강도들이 택시를 노리는 이유는 사실상 택시를 도로 위의 돼지 저금통이라고 생각하기 때문입니다. 지금보다 범죄를 저지르기가 더 쉬워져선 안 되겠죠"라고 말했다.[9]

우버와 리프트 기사는 현금을 소지하지 않고 현금을 받는 것도 허용되지 않는 데다 뉴욕에서는 길가에서 택시를 부르는 손님을 태울 수가 없기 때문에 상대적으로 강도를 당할 위험이 적을 것이라고 생각한다. 기사 보호장치가 부족한 것도 앱을 이용하는 전자결제 시스템과 사용자 프로필의 존재로 인해 신뢰성과 공동체 같은 안전함이 보장된다고 보는 공유경제 특유의 분위기에 영향을 받은 것 같다. 승객이 우버나 리프트로 차량을 호출하면 회사에는 승객의 이름, 신용카드 번호, 청구지 주소, 사진이 남는다. 택시 기사가 길가에 서 있는 손님의 외양만 볼 수 있는 것과 대조적이다.

이런 흐름 속에서 앞에서도 말했듯이 리프트는 "차를 가진 친구"라는 슬로건을 내걸고 영업을 시작하면서 승객에게 앞좌석에 앉으라는 안내까지 한다. 하지만 이는 위험 발생 시 기사의 신변 보호 가능성을 더욱 감소시키는 처사다.[10] 더욱이 앞에서 지적했다시피 앱에 등록된 프로필은 무조건 믿을 게 못 된다. 프로필에 기재된 정보가 거짓된 것일 수도 있고, 기사가 위험하고 불법적이라고 판단되는 상황에서 아무런 대처도 못할 가능성이 여전히 존재한다. 더욱이 카메라와 비상 버튼이 없기 때문에 기사가 익명성을 원하는 승객을 만날 가능성이 더 크다고 해도 틀린 말이 아니다.

31세 히스패닉 남성 엑토르는 내가 승차 공유 기사 커뮤니티인 우버드라이버스닷넷에 올린 연구 참가자 모집 글을 보고 연락해 왔다. 대졸자인 엑토르는 가구대여점에서 부점장으로 주 47시간씩 일하며 세후 주급 460달러를 받고 있던 와중에 월수입 수천 달러를 약속하는 우버 광고를 봤다.[11] 본격적으로 우버 일을 할지 안 할지도 모르는데 TLC에 면허 발급 비용부터 내기가 아까워서 일단 뉴저지주에서 주말 운행을 시작하고 첫날 저녁에 200달러를 벌었다. "주급의 절반쯤 되는 돈이잖아요." 몇 달이 지난 시점이었음에도 그의 목소리에서 여전히 흥분감이 느껴졌다. "그래서 점장한테 전화해서 '저기요, 더 좋은 일자리가 생겼어요. 그 길로 가렵니다'라고 말했죠. 이제 변화가 필요한 시점이라고 생각했어요. 그래서 바로 시작했어요. 첫 주에 1,200달러쯤 벌었습니다. '좋아, 현명한 선택이었어'라고 생각했죠."

많은 기사가 그렇듯이 엑토르 역시 우버와 리프트에 모두 등록해놓고 그때그때 수입 보장액, 승객 분위기, 수요에 따라 둘 중 하나를 활성화했다. 그는 리프트 승객이 대체로 더 친절하지만 승객 수 자체는 우버가 더 많다고 했다. 가구대여점에서 일할 때보다 소득이 늘어난 것처럼 보이지만 초기 비용이 꽤 많이 들었다. 차를 우버 인증 모델로 바꾸면서 할부금이 8,000달러 들었고, TLC 면허 발급비, 보험료 선납금, 등록비로 약 4,000달러가 더 나갔다. 신용카드 한도를 다 쓰고도 돈이 부족해 대학생 여자친구가 모아놓은 돈에서 2,000달러를 빌리고 형제들에게도 손을 벌렸다. 우버 광고에는 월 5,000달러를 보장한다고 나와 있었지만 돈은 여전히 심각한 문제였다. 매달 자동차 할부금 800달러와 보험료 500달러가 나가고 나면 저축할 여력이 없었다.

엑토르는 처음부터 기사 일이 위험하거나 불법적인 상황을 부를 수 있다는 것을 알고 있었다. 그가 기사 일을 시작한 뉴저지주에서는 승차 공유가 불법이었다. 처음으로 태운 손님은 모두 5명이어서 차의 정원을 초과했지만 "어떻게든 껴서 앉았다"고 한다. 그는 손님들을 술집 앞에 내려줬다. 몇 시간 후 그들이 다시 호출해서 가봤더니 주차장에서 한바탕 싸움이 벌어지고 있었다. "10명이서 패싸움을 할 분위기라서 그냥 나오려고 했어요. 걔들이 앞쪽에 있어서 부딪히지 않으려고 후진을 했죠. '와, 까딱하다간 큰일 나겠다.' 했는데, 보니까 나가는 길이 막힌 거예요. 걔들이 하필이면 출구를 막고 싸우고 있잖아요."

때마침 엑토르를 호출한 손님들이 술집에서 나왔다. 그들을 태우고 빠져나오는데 공교롭게도 그때 경찰이 도착했다. 하지만 우버의 악명 높은 합법화 전략 덕분에 그는 경찰에 대해서는 걱정할 필요가 없었다.[12] "어느 주에서든 똑같아요. 일단 밀고 들어간 다음에 '변호사 비용은 우리가 다 댈 테니까 걱정하지 마세요.' 하는 식이죠."

그는 경찰은 걱정 안 하지만 최근에 카메라 설치를 고민하게 만든 사건이 있었다고 했다. 퀸스의 자메이카에서 자란 엑토르는 뉴욕 외곽 자치구(맨해튼, 브롱크스, 브루클린, 퀸스, 스태튼아일랜드 중 맨해튼을 제외한 4개 자치구를 뜻함 – 옮긴이)에서 젊은 유색인 남자가 택시를 잡기가 얼마나 어려운지 잘 알고 있었다. 그래서 젊은 흑인 남자의 승차 요청을 처음으로 봤을 때 바로 수락했다. "주소가 공원으로 되어 있더라고요. 그래서 공원에서 기다리고 있는데 갑자기 남자 넷이 우르르 타는 거예요. 전부 후드티를 입고 있었어요. 내 차는 뒷좌석에 손님이 음악을 들을 수 있게 태블릿을 설치해놨고, 그 밖에도 전자기기가 많았어요. 그래서 '혹시 오늘 털리는 건가?' 했죠. 근데 나쁜 애들 같진 않더라고요. 내가 손님들한테 과자를 줬는데 그걸 다 먹었어요. 물을 주니까 그것도 다 마시더라고요."

처음에는 문제가 없는 듯했지만 "걔들이 날 안 보내주려고" 하면서 분위기가 이상해졌다.

> 한 시간 동안 여기 갔다 저기 갔다 했어요. 한 명이 내려서 어디 뛰어갔다 오면 또 딴 데로 이동해서 딴 애가 또 내리는 거예요. 한 명 내리고 딴 애가 타기도 하고, 똑같이 후드 쓴 애가 밖에서 기다리고 있다가 만나서 같이 타기도 했어요. (…) [마약을 파는] 불법행위를 하는 애들 같았어요. 내가 대학에 가라고 타일렀죠.
>
> 그러니까 한 명이 "알았어요, 대학 가서 간호사 할게요." 하더라고요. 나머지 셋은 입 꾹 다물고 있고요. 가벼운 이야기라도 하려고 "여기는 왜 서는 거예요?"라고 물으면 "아, 얘가 뭐 좀 가져와야 해서요." 하는 거예요. 그러고는 빈손으로 돌아오는 거죠. 그래서 지금 내가 마약 운반책이 됐구나 싶었죠.

일이 더욱 심상찮게 돌아간 건 다섯 번째 승객을 태울 때였다. "나이가 좀 더 있는 남자였는데 느낌이 그 판의 주동자 같았어요.

주소는 말 안 하고 '저기 신호등 지나서 좌회전이요.' 하는 식으로 방향만 알려주더라고요."

엑토르는 그 남자의 지시에 따라 목적지에 도착했다. 남자가 내려서 밖에서 기다리고 있던 "왠지 구린 짓을 벌이고 있을 것 같은" 남자에게 다가갔다. 엑토르는 그들이 악수하는 척 은밀하게 마약을 교환하던 손놀림을 내게 보여줬다. 그 남자는 돌아와서 아까 탔던 곳으로 돌아가자고 했다.

> 마음 같아서는 "난 이런 일 안 해, 내려"라고 말하고 싶었지만 걔들이 흉기를 갖고 있을 수도 있잖아요. 펑퍼짐한 운동복 바지나 후드 안에 뭐가 들어 있는지 어떻게 알겠어요. 칼이라도 갖고 있으면 어떻게 해요. 나는 하다못해 펜 같은 것도 없는데요. 목에 불쑥 칼이 들어오면 어떡해요? 사진도 없었어요. 그중에 계정 주인이 누구인지도 모르고요. 그냥 이름만 애—라고 되어 있었는데 애—가 누군지 내가 어떻게 압니까.

물론 승객이 실명을 사용했을 수도 있다. 하지만 성만 알고 사진이 없으니 누가 계정 주인인지 가늠하기 어려웠다. 카메라가 없으니 누가 차에 탔는지 기록으로 남길 수도 없었다. 엑토르는 뉴욕 외곽 자치구에 우버와 리프트 차량이 워낙 많아서 경찰의 의심을 살 확률이 낮기 때문에 승차 공유 서비스가 마약상들에게 인기일 것 같다고 했다. 그의 추측이 맞을 수도 있다. 연구 결과를 보면 외곽 자치구에서는 우버가 택시보다 실적이 좋다.[13]

하루는 젊은 남자들이 엑토르에게 브롱크스로 가자고 했다. 차가 밀리지 않으면 40분 거리였다. 엑토르는 저녁 식사를 하러 집에 가야 한다고 말했다. 그들은 그만 내리겠다고 하면서 마지막으로 한 가지를 요청했다. "한 명이 '기사님 번호 좀 압시다.' 그래요. 날 또 부르고 싶단 거죠. 가짜로 알려줄까 했어요. 근데 개가 앞에 딱 서 있잖아요. 그래서 다시 생각했죠. 진짜 번호를 말해줬어요. 그러니까 바로 폰에 찍어서 전화를 걸더라고요. 내 폰이 울리는 걸 보고 '맞네.' 하고 갔어요."

엑토르는 일주일도 안 되어 그 젊은 남자들의 전화를 받았다. 그들은 또 브루클린에서 보자고 했다. 엑토르는 지금 맨해튼에 있어서 너무 멀다고 거짓말을 했다. 우버에 신고할까 생각도 했지만 그들이 자기 폰 번호를 알고 있기 때문에 혹시라도 해코지할까 걱정이 됐다. 차에 설치할 카메라를 알아보니 TLC 인증 카메라는 약 350달러에 설치비는 별도였다. "아직 빚을 갚고 있는 중이라서 그만큼 투자할 여력은 없어요."

자말과 엑토르의 경험을 이례적이라거나 오해라고 생각할 수도 있다. 정말로 약을 깜빡 잊고 외국에 나간 사람일 수도 있고, 엑토르가 태운 청년들이 잃어버린 핸드폰을 찾거나 친구들을 만나러 가는 중이었을 수도 있다. 80명 정도 면담하다 보면 어이없는 사연 한두 개쯤 나오는 게 이상한 일도 아니다. 하지만 누가 봐도 불법적으로 보이는 상황을 말한 노동자는 한두 명이 아니었다.

## 거리가 안전을 보장하진 않는다

30세 아시아계 여성 크리스티나는 태스크래빗에서 조사 작업을 의뢰받았다. 태스크래빗 작업은 주로 직접 현장에 가야 하지만 이번 일은 집에서 할 수 있는 '원격' 작업이었다. 태스크래빗은 노동자가 시스템을 우회하지 못하도록 플랫폼 밖에서 의뢰인과 커뮤니케이션하는 것을 금지한다. 하지만 태스크래빗 시스템은 단문 메시지만 주고받을 수 있을 뿐 조사, 문서 작성, 웹디자인 같은 원격 작업에 필요한 파일 업로드 기능은 따로 없다. 그래서 의뢰인과 태스커가 더 효과적으로 커뮤니케이션하고 결과물을 납품할 수 있도록 개인 메일 주소를 주고받는 경우가 많다.

많은 태스커가 플랫폼 밖에서 일할 때가 있다고 인정하면서도 주로 고객의 요청 때문이라고 덧붙였다. 태스크래빗이라는 중개자를 따돌리면 의뢰인은 비용이 더 적게 들고 태스커는 더 많은 돈을 챙길 수 있다. 하지만 의뢰인이 작업 완료 후에 보수를 깎으려 들거나 아예 지급을 거부하면 돈을 떼일 위험이 있다. 실제로 여러 명의 태스커가 그런 경험을 이야기했다.

하지만 크리스티나는 정반대의 문제를 겪었다. 의뢰인은 태스크래빗 내에서 작업을 유지하면서도 플랫폼 외의 커뮤니케이션으로 그녀의 메일 주소를 알아냈다. 그녀가 페이팔 계정으로도 쓰는 메일 주소였다. 그런데 이 의뢰인은 돈을 적게 준 게 아니라 오히려 더 많이 줬다.

크리스티나: 평범한 작업이었어요. 아니, 평범한 작업처럼 보였어요. 미대에 대해 조사해서 스프레드시트를 만들고, 또 웹사이트에서 뭘 조사했어요. 둘 다 잘했대요. 그러면서 "저기, 페이팔 사용법 좀 알려주실 수 있어요?"라고 묻는 거예요. 그러고 나서는 "저기요, 페이팔로 얼마 보냈는데요, 웹디자인한 분한테 대신 좀 보내주실 수 있을까요?" 그러는 거예요.

나: 페이팔로 돈을 보냈으면 쓸 줄 아는 거 아닌가요?

크리스티나: (웃음) 잘 모르겠어요. 처음에는 그 여자한테서 돈 들어온 거 보고 어리둥절했어요. '일 잘했다고 더 준 건가?' 했죠. 그런 줄 알았어요. 근데 "저기, 다른 사람한테 다시 보내주세요"라고 하는 거 있죠?

크리스티나는 요청대로 웹디자이너에게 수백 달러를 송금했다. 이후로 의뢰인은 연락이 없었다. 그러다 다른 태스커들을 만나서 그렇게 이상한 부탁을 받은 사람이 자기 혼자만이 아니라는 사실을 알게 됐다. "그 친구도 똑같은 얘기를 하더라고요. 아무래도 같은 사람 같았어요. 또 다른 사람 찾아서 돈 보내달라고 한 거죠."

크리스티나가 당한 일은 돈세탁이나 요즘 흔히 발생하는 과지급 사기가 아닐까 하는 의심을 떨칠 수가 없다. 과지급 사기란 돈을 더 많이 보냈다고 해서 돌려줬더니 애초에 들어왔던 돈이 쓸 수 없게 되는 사기 수법을 말한다. 우리가 면담한 시점에는 다행히 크리스티나가 아무런 불이익도 당하지 않은 상태였다. 하지만 의뢰인이 페이팔로 송금했기 때문에 페이팔 규정에 따라 120일 이내에 지급 거절이 가능하다. 지급 거절은 카드사가 사기나 분쟁으로 인한 손해배상을 요구하는 것으로, 고객이 신용카드 청구액에 이의를 제기할 때 시작된다. 크리스티나가 졸지에 돈세탁에 연루되거나 과지급 사기의 피해자가 된 건 아닌지 모르겠다.

## 에어비앤비와 불법 숙박업의 부상

개중에는 불법적인 상황을 자초하는 긱경제 노동자도 있다. 뉴욕은 2만5,000명 이상의 호스트가 3만342개의 숙소를 운영하는 에어비앤비 최대 시장이지만, 2010년부터 뉴욕주는 3채 이상의 아파트가 포함된 집합건물 내의 아파트를 30일 미만으로 임대하는 것을 불법으로 간주했다.[14] 그러나 에어비앤비 호스트는 일명 룸메이트법으로 이 법을 우회할 수 있다. 룸메이트법은 아무 접점이 없는 사람과 동거를 허용하는 법으로, 그 조건은 호스트가 집에 상시 거주하고 동거인이 집 전체를 이용할 수 있어야 한다. 하지만 대부분의 호스트는 집을 비울 때 손님을 받는 것을 선호한다. 2014년 10월 발간된 뉴욕주 법무부 보고서에 따르면, 2010년 1월부터 2014년 6월까지 에어비앤비를 통해서 집을 통째로 임대한 숙소 가운데 72%가 룸메이트법 등에 저촉됐다.[15]

단기임대는 광고조차 불법이다. 2016년 6월 뉴욕 주의회에서 집주인이나 세입자가 에어비앤비와 그 유사 사이트에 아파트 전체를 단기임대 숙소로 등록하는 것을 금지하는 법안이 통과됐다.

2016년 말 앤드루 쿠오모Andrew Cuomo 주지사 명의로 공포된 이 법은 위반 시 최대 7,500달러의 벌금이 부과된다.[16] 그래서 많은 호스트가 다른 방면에서는 준법 시민임에도 에어비앤비에서 자신의 불법행위를 적극적이고 공개적으로 광고하는 아이러니한 상황이 연출된다.

내가 면담한 호스트는 대부분 당국에 발각될 것을 걱정했고, 특히 이제 막 시작하는 단계에서 그런 걱정이 많았다. 위험성을 줄이기 위해 투숙객에게 가족이나 친구라고 말하라고 주의를 주는가 하면, 에어비앤비 약도에 실제 주소와 몇 블록 떨어진 곳에 일부러 핀을 꽂아두기도 했다(2장 참고). 하지만 진짜 걱정거리는 집주인에게 들켜서 당장 살 집을 새로 구해야 하는 상황이 오거나 보증금을 날리는 것이다.[17]

많은 호스트가 이런 법에 대해 잘 모르고 있었다. 23세 백인 여성은 내가 그 법을 거론하자 눈에 띄게 불안해하면서 내게 자기 신분을 노출하지 않겠다는 다짐을 몇 번이나 받았다. 단기임대 금지법에 대해 들어본 사람들도 그 법이 2010년에 제정된 게 아니라 오래전부터 있었던 법의 잔재이기 때문에 실효성이 없다고 알고 있었다. 36세 매트는 "이러쿵저러쿵 말이 많긴 하지만 그거 1940년대엔가 호텔 보호하겠다고 집주인들이 무허가 숙박 못 치게 만든 법이잖아요. 그게 어쩌다가 이 새로운 경제 시스템과 맞물리게 된 거죠"라고 말했다. 32세 조슈아는 "사람이 어떻게 법을 다 지키고 살아요. 우리가 맨날 아무 생각 없이 어기는 법도 있을 걸요. 30일 법은 1970년대에 생겼는데 지금은 그때랑 완전히 딴 세상이잖아요. 원래 법이 기술의 발전 속도를 못 따라와요"라고 했다.

흥미롭게도 회사법 전문 변호사인 조슈아는 에어비앤비의 불법성에 매력을 느꼈다. 그는 자칭 에어비앤비 '패밀리'의 일원이었다. 동업자와 이야기할 때 "재미 삼아 마피아 용어를 쓴다"면서 "'패밀리'니 '계략'이니 하는 말이요. (…) 돈 버는 걸 '수금'이라고 하죠. 뭐랄까, 일종의 게임을 하는 느낌이에요. 마피아 연기를 하면서 〈더 와이어〉 같은 드라마를 찍는다고 생각하는 거죠. 그래서 좋아요. 짜릿하잖아요. 안 그러면 인생이 얼마나 따분하겠어요"라고 말했다.

뉴욕의 로펌에서 일하며 연소득 20만 달러가 훌쩍 넘는 변호사라면 긱경제 노동을 게임으로 취급할 수도 있다. 그에게는 해도 그만, 안 해도 그만인 일일 테니까. 하지만 '마피아 연기'와 불법을 권태의 해독제로 여기는 태도는 공유경제에서 벌어지는 범법 행위의 일상화를 잘 보여준다.

조지 L. 켈링George L. Kelling과 제임스 Q. 윌슨James Q. Wilson이 1982년《디 애틀랜틱The Atlantic》에 '깨진 유리창 이론'을 발표했다. 그들은 무질서가 무질서를 낳는다고 주장하며 필립 짐바르도Philip Zimbardo의 1969년 실험을 거론했다. 짐바르도는 뉴욕의 브롱크스에는 일탈의 흔적이 있는 차량(보닛이 열려 있고 번호판이 없는 차)을, 캘리포니아주 팰로앨토에는 일탈의 흔적이 없는 유사한 차량을 세워뒀다.[18] 브롱크스의 차는 '방치'된 지 몇 분 만에 일가족에게 라디에이터와 배터리를 도둑맞고 파손됐다. 나머지 값나가는 부품도 하루 만에 도난당하면서 "창문이 깨지고 부품이 뜯기고 커버가 찢기는 등 본격적인 파괴가 시작"됐는데, "대부분의 성인 '기물 파손자'는 말쑥하게 차려입은 백인"이었다.[19]

팰로앨토에 있던 차는 일주일이 넘게 멀쩡했지만 짐바르도가 대형 해머로 차 일부분을 파괴하자 "몇 시간 만에 들쑤셔지고 박살이 났는데, 이번에도 '기물 파손자'는 주로 점잖은 백인"이었다.[20]

깨진 유리창 이론은 유리창 하나가 깨진 것처럼 조금이라도 무질서나 일탈의 흔적이 있으면 더 큰 무질서가 초래된다는 이론이다. "방치된 기물은 심심풀이나 약탈의 대상을 찾는 사람은 물론이고, 평소 그런 행동을 생각하지 않는, 이른바 준법 시민을 자처하는 사람에게도 좋은 먹잇감이 된다. (…) 하지만 '아무도 신경 쓰지 않는다'는 신호를 보내는 행위로 인해 공동체의 보호막, 즉 상호 존중 정신과 시민 의식이 허물어지면 어디서든 기물 파손이 발생할 수 있다. (…) '방치된' 행동으로 인해 공동체의 통제 기능이 와해되는 것이다."[21]

우버는 허락보다는 용서를 구하고, 법을 지키기보다는 과태료와 벌금을 내는 게 쉽다는 식의 경영 행태로 악명이 높다. 졸지에 마약 운반책이 됐던 엑토르가 말했다시피 우버는 새로운 시장에 진입할 때 기사들에게 불법 택시 운행으로 벌금이 부과되고 법원에 소환되더라도 회사가 모든 비용을 대겠다고 안내한다. 그러다가 우버의 시장점유율이 높아지면 당국은 사실상 우버의 영업을 허용하기 싫어도 허용해야만 하는 처지가 된다.

에어비앤비도 불법 호텔 운영을 금지하는 법을 위반하면서 성장했다. 에어비앤비는 기존 업체들과 달리 엄격한 규제나 과중한 세금 부담을 피하면서 사람들이 숙박업에 한층 더 쉽게 진출할 수 있도록 만들었다. 원칙을 어기는 기업이 수십억, 수백억 달러의 가치를 자랑할 만큼 성장하는 와중에 노동자와 고객이 과연 정직을 귀중한 덕목으로 여길 수 있을까.

깨진 유리창 이론에서는 작은 무질서가 큰 일탈을 부른다고 하는데, 공유경제의 현실을 설명하는 이론에는 '부패한 물고기' 이론이라는 이름을 붙여야 할 것 같다. '숙박 중개'라는 명분으로 불법 숙박업을 시작하고, '기술 기업'이란 이름으로 규제받지 않는 택시 회사를 세우는 것처럼, 큰 불법행위가 공공연하게 벌어지면 개인적 차원에서도 작은 일탈이 일어나게 마련이다. '창조적 파괴'가 훌륭한 덕목으로 칭송받는 와중에 현실에서는 공동체의 통제 기능이 약해되면서 '주로 점잖은 백인' 사이에서 일상적 범법 행위가 널리 용인되고, 환영받고, 심지어는 희화화되는 상황이 연출되는 것이다.[22]

게다가 긱경제는 아웃소싱에 방점이 찍혀 있다. 기업이 노동자에게 위험을 아웃소싱하고 보험료를 떠넘기고 일이 뜸하면 경제적 위험을 떠넘긴다. 대부분의 노동자가 메디케이드 수급자일 정도로 소득이 적고, 그보다 형편이 근소하게 나은 노동자는 보험에 들지 않거나 주정부에서 운영하는 건강보험 거래소를 이용한다. 건강보험 비용과 건강보험을 제공해야 할 의무가 사실상 납세자와 정부에 전가되는 것이다. 긱경제 노동자 중에서 크게 성공한 사람은 플랫폼 차원에서 금지하지 않는 이상 자기에게 들어온 일을 다른 노동자에게 아웃소싱하기도 한다.[23] 이렇게 아웃소싱이 성행하다 보니 범죄의 손길이 미치는 것도 시간문제일지 모른다.

노동의 비정규화로 인해 노동이 가정으로 돌아오고 있다. 키친서핑 셰프, 태스크래빗 청소원, 우버 기사를 고용하는 뉴욕의 중산층 가정은 마치 드라마 〈다운튼 애비〉에 나오는 것처럼 여러 명의 하인을 거느리고 사는 과거의 부잣집을 연상케 하지만, 예전처럼 하인의 숙식을 해결해줘야 할 필요는 없다.[24] 부유층이 일손을 고용하는 것은 어제오늘 일이 아니지만, 앱 기반 긱경제로 중산층도 더 쉽고 저렴하게 하인을 고용할 수 있게 됐다.[25] 그러나 과거 상류층 가정에서는 동시에 여러 명의 노동자가 고용돼 서로 대화하고 조언할 수 있었던 데 반해 현재의 긱경제에서는 노동자가 훨씬 심하게 고립되어 있다. 보통은 힘든 상황을 스스로 헤쳐나가야 한다.

이렇게 노동이 가정으로 돌아옴에 따라 어떤 식으로든 범죄에 연루되는 것을 피하려고 하는 사람조차도 범죄 행위를 목격하는 경우가 종종 발생한다. 키친서핑 투나잇 셰프로 일한 26세 백인 남성 조는 키친서핑 셰프가 맞닥뜨릴 수 있는 특이한 상황을 이야기했다. 그는 어느 부부의 집에 요리를 하러 갔다가 요리학교에서는 거의 언급되지 않는 불편한 상황에 놓였다. 부인의 안내를 받아 집으로 들어간 조는 요리를 준비하면서 잠깐 부인과 대화를 나눴다. 잠시 후 남편이 들어왔다.

부부가 안쪽 방으로 사라지더니 곧 싸우는 소리가 들렸다. 남편이 씩씩대며 집을 나갔다. "좀 이상하다고 생각했죠. 저녁 차리라고 부른 사람이 나가버리니까요. 조금 있으면 완성인데. 그때 이렇게 물었던 거 같아요. '다시 오셔서 식사하실 건가요? 그러면 제가….' 근데 대답을 안 해요." 조는 요리를 마저 했다. 20분쯤 지나 시 요리가 완성됐지만 부인은 방에서 나오지 않았다.

> 음식을 조리대에 꺼내놓고 큰 소리로 말했어요. "그만 가보겠습니다." 그러자 부인이 나왔는데 얼굴에 크게 멍이 들었더라고요. 눈 쪽은 아니었던 것 같은데, 아니, 눈 쪽이었나? 눈에 멍이 들려면 얼마나 걸리는지 모르겠지만 방에 들어갈 때까지만 해도 얼굴에 멍이 없었어요. 놀라서 물었죠. "괜찮으세요?" "네, 뭐…." 침대에서 떨어지면서 프레임에 부딪혔대요. 내가 말도 안 되는 소리 하지 말라면서 경찰을 부르겠다고 했죠.

부인과 잠시 실랑이한 끝에 조가 현관으로 나와서 경찰에 신고했다. 이윽고 경찰관 3명이 도착해서 2명은 위층에서 젊은 부인에게, 1명은 인도에서 조에게 이것저것 물었다. 결국 부인은 고소하지 않기로 했다.

몇 주가 지났음에도 조는 과연 자신의 선택이 옳았는지 모르겠다고 했다. 그는 잠깐 입을 다물었다가 머뭇머뭇 다시 말을 꺼냈다.

> 그때 그냥… 어머니가 가정폭력 쪽 일을 오래 하셨거든요. 사회복지사세요. 그래서 나도 그런 쪽으로 꽤 잘 아는데, 어릴 때부터 항상 듣던 말이 조금이라도 가정폭력이 의심되면 무조건 경찰에 신고하라는 거였어요. 그런데 또 생각해보면 그 여자 분은 성인이고 경찰에 신고하지 말라고 했잖아요. 그러니까 괜히 내가 주제넘은 짓을 한

건 아닌가 싶어요. 내가 개입한 게 그 사람한테 최선이었는지 잘 모르겠어요.

부인과 실랑이하고 경찰을 불러서 이야기하느라 조는 다음으로 예약된 집에 가지 못했다. 키친서핑에는 지하철이 지연돼서 못 간다고 둘러댔다. 그런 상황에서 예약을 어기는 것은 문제가 되지 않는다고 판단했다.

몇 주가 지나도록 그는 키친서핑에 이 사실을 알리지 않았다. 그가 잠시 뜸을 들이다 말했다. "내가 알기로는 이런 상황에 대한 규정이 없어요. 굳이 규정을 만들 필요가 있을까 싶어요. 자주 있는 일이 아니니까요. 그냥 내가 그렇게 믿고 싶은 건지도 모르겠지만요. 근데 그때 내가 어떻게 해야 했을지, 이게 좀 민감한 문젠데, 나는 말하자면 당시 그 집의 하인이었잖아요."

'하인'이라는 말이 조가 고객을 상대할 때 겪는 문제를 잘 보여준다. 역사적으로 볼 때 하인은 집안의 비밀을 절대 발설하지 않는 게 불문율이다. 《하인들 앞에서는 금물: 영국 저택 내 위층과 아래층 삶의 진정한 초상Not in Front of the Servants: A True Portrait of English Upstairs/Downstairs Life》에서 프랭크 도스Frank Dawes는 "상류층은 시종들의 무거운 입을 믿었고, 그 믿음은 배신당하는 일이 거의 없었다"고 썼다.[26] 현대판 〈다운튼 애비〉에서 일하는 노동자에게는 그 부분이 고민이다. 그들에게 요구되는 것은 무엇인가? 현대 사회에서는 많은 직업군이 가혹 행위를 목격하면 신고해야 할 법적 의무가 있다. 그러나 하인 경제에서는 입단속이 우선이다.

그렇다면 긱경제 노동자는 이 가운데 어느 쪽에 속할까?

규정이 존재하지 않는다는 조의 발언은 흥미로운 문제를 제기한다. 현대 기업의 묵직한 사규집이 조롱거리가 되곤 하지만, 규정이 일종의 방어막이 된다는 사실도 부인할 수 없다. 태스크래빗 노동자들은 사측으로부터 불편하거나 위험한 상황이 발생하면 일을 중단하라는 안내를 받지만, 내가 면담한 80명의 노동자 가운데 작업 중에 불법의 소지를 느끼고 일을 중단한 사람은 고작 1명에 불과했다.

## "전달받은 내용에 없어서요"
## : 노동자를 보호하는 회사 규정

반려견과 공원을 산책하던 중에 22세 흑인 남성 코디(5장에서 소개)를 만났다. 그는 벤치에 앉아서 배달 호출을 기다리며 폰을 만지작거리고 있었다. 포스트메이츠라고 적힌 티셔츠를 보고 공유경제 노동자임을 알 수 있었다. 몇 주 후 면담을 위해 다시 만났을 때 그는 우버러시 배달원으로도 일한다고 했다. 마약이나 수상한 물건을 배달한 적이 있는지 묻자 포스트메이츠에는 "약국에서 조제된 처방약 외의 약물은 절대 수령하면 안 된다"는 엄격한 규정이 있다고 했다. 배달원은 '약물 배달물'이라서 수령하지 않았다고 회사에 알릴 의무가 있었다. "붙잡히면 아무리 다른 사람이 시켰다고 해도 결국 소지한 건 나잖아요."

실제로 그런 경험이 있는지 묻자 있다고 했다. 물건을 받았는데 대마초 향이 봉투 밖으로 새어나올 만큼 강했다. "다시 돌려주면서 '죄송하지만 이 봉투는 받을 수 없습니다'라고 했어요. 왜 안 되냐기에 '전달받은 내용에 없어서요'라고 말했죠. 그러니까 '아, 그래요?' 하기에 '예, 그렇습니다.' 하고 나왔어요. 아래로 내려와서 회사에 전화를 걸었어요. '여보세요, 이번 건 못 해요. 그렇게 됐어요'라니까 '괜찮아요. 보수는 그대로 드릴 테니까 그냥 나오세요'래요. 그래서 나왔죠." 회사는 코디를 밖으로 나오게 했을 뿐만 아니라 배달비를 그대로 지급하고 불만에 찬 고객이 준 부정적인 평가도 무효 처리했다.

2014년 뉴욕주에서 의료용 대마에 대한 규제가 완화됨에 따라 20개 병원에서 암과 녹내장을 비롯해 뉴욕주 보건국이 지정한 질환에 한해 대마 처방이 가능해졌다.[27] 그러나 약물정책개혁연대Drug Policy Alliance에 따르면 뉴욕은 여전히 대마 관련 법을 엄격히 적용해 2002~2012년 대마 관련 경범죄 기소만 약 45만 건이 발생했다.[28] 코디는 회사에 명확한 규정이 있었기 때문에 "전달받은 내용에 없어서요"라고 회사 핑계를 대며 불법적인 일을 거절하고 불필요한 위험을 피할 수 있었다.

참고로 나는 이들 노동자가 어떤 의미로든 범죄자라고 생각하지 않는다. 그들은 의도적으로 약물 배달, 사기, 돈세탁 일을 찾는 게 아니다. 하지만 임시직 노동의 구조적 문제가 이들 노동자를 위태로운 상황으로 몰아넣고 있다. 기업은 긱경제 노동자를 독립계약자로 취급함으로써 종업원에게 마땅히 제공해야 할 다수의 안전장치를 외면한다. 그들이 임시로 일하는 노동자이고 어차피 일하겠다는 사람은 많기 때문에 기업에서 규정이나 교육에 신경 쓰지 않고, 심지어 불합리한 위험에 노출되는 것을 막을 의지조차 없는 것이다. 그들은 누가 봐도 노동자가 분명하지만, 무려 수백 년에 걸쳐 확립한 표준적인 보호장치조차 전혀 제공받지 못하고 있다.

'인물 평가계의 옐프'를 자처하며 익명으로 개개인을 평가할 수 있게 한 스타트업 '피플Peeple'이 여론의 뭇매를 맞은 데서 일상적으로 평가받는 것을 원치 않는 사람들의 심리를 알 수 있다.[29] 그러나 긱경제 노동자는 모든 의뢰인에게 평가를 받고, 작업이나 승차가 취소되면 해당 플랫폼에서 계속 일하는 데 지장이 생길 수 있다. 아무리 미국이 임의 고용(고용주가 노동자를 임의로 고용했으므로 어떤 이유로든 해고할 수 있다는 원칙 – 옮긴이)의 나라라지만, 그 정점에서 언제 실직당할지 모르는 게 바로 공유경제 노동자다.

영구직 일자리가 단기 임시직 일자리로 바뀌는 노동의 비정규화가 일어나면서 노동자는 예전보다 노력은 더 많이 하는데도 그로 인해 얻을 수 있는 결과는 더 불확실해졌다. 전반적으로 노동의 불안정성이 증가하면서 과거에 비해 고용 안정성과 임금이 줄었을 뿐만 아니라, 공유경제 기업은 건강보험, 장해보험, 퇴직연금(혹은 사회보장연금) 납입액 분담 등 미국인이 당연하게 여기는 노동자 보호장치도 일체 제공하지 않는다. 안정적인 수입원 없이 매일 평가받는 처지에 놓여 있다 보니 일부 노동자는 자신에게 선택의 여지가 별로 없다고 느낀다. 그래서 범죄에 이용되거나 법적으로 문제의 소지가 있는 행위에 연루될 가능성이 크다.[30]

그러나 모든 긱경제 노동자가 선택권이 없는 것은 아니다. 성공한 에어비앤비 호스트와 키친서핑 셰프는 선택의 폭이 넓다. 언제, 누구를 위해 일할지는 물론이고 어떻게 일할지도 선택할 수 있다. 이 성공자들은 긱경제에서 안락한 삶을 영위한다. 이용 정지를 당하지 않으려면 일정한 양의 일감을 수락해야 하는 태스커나 우버 기사와 달리 키친서핑과 에어비앤비 노동자는 자기 기준에 맞춰 훨씬 자유롭게 일을 수락하고 거절할 수 있다. 그들은 태스크래빗 노동자와 학력이 거의 비슷하지만 더 전문적인 기술과 더 많은 자본을 보유한 덕분에 긱경제가 약속하는 꿈같은 노동 생활을 실현할 수 있다.

심지어 이 두 플랫폼에서 성공한 노동자는 스스로를 사업가로 생각하고, 긱경제가 제공하는 아웃소싱의 기회를 적극 활용해 다른 노동자를 고용하기도 한다. 의뢰인이 처방받은 암페타민을 일주일 동안 대신 갖고 다니는 것 말고 다른 방법이 없다고 생각한 태스커 자말과 대조적으로, 일부 에어비앤비 호스트나 키친서핑 셰프는 긱경제가 말하는 선택권을 원 없이 누릴 수 있다.

# 꿈같은 삶?

# 7

분투자, 중간자, 성공자

공유경제란 무엇인가?

초기 산업사회로의 회귀

업무 중 사고

“공유는 사랑입니다”

더럽고 치사한 일

**꿈같은 삶?**

결론: 파괴의 결과

브루클린 외곽의 카페에서 만난 담라는 흑발의 터키 여성이었다. 쾌활하고 싹싹한 성격에 긍정적인 에너지로 주방에서 환영받는 사람이라는 걸 금방 알 수 있었다.

유명한 고급 출장 요리업체와 레스토랑 스타트업에서 일한 담라는 잠시 일을 그만두고 쉬고 있던 중 키친서핑을 알게 됐다. 공유경제의 요리판에 끼려고 의도적으로 찾은 것은 아니고, 그게 좋은 기회라고 생각하지도 않았다. "우연히 알았어요. 요리 사이트였나 구직 사이트였나, 여하튼 딴 데를 보고 있었는데 '셰프십니까? 혹시 집에서 일하고 싶지 않으세요?' 하는 식의 광고가 뜬 거예요. 클릭해서 들어가니까 프로필을 만들래요. 그래서 만들었죠. 대충 이름만 쓰고 나머지는 적당히 비워뒀어요. 그런데 다음 날 전화가 와서는 키친서핑이라는 거예요."

담라는 연락이 올 줄 몰랐다고 했다. 키친서핑 측은 사무실에 와서 면접을 보고 10인분 샘플 요리를 만들어보라고 했다. 심사용 재료비는 모두 회사가 부담했다.

담라는 브루클린에 있는 회사 주소를 보고 망설였다. 상업 지구가 아니었다. "그 부분이 좀 꺼림칙했어요." 하지만 룸메이트와 남편에게 회사 주소를 알려주고 도착하면 문자를 보내겠다고 했다. "그래서 가봤더니 금방 안심이 됐어요. 딱 봐도 합법적인 사업체더라고요. 그래서 문자를 보냈죠. '여기 진짜 마음에 들어. 이따 얘기해줄게'라고요."

2012년에 키친서핑 면접을 본 담라는 2015년 여름에 나를 만났을 때 키친서핑에서 '풀타임'으로 일한다고 했다. 긱경제 노동을 그렇게 표현한 사람은 처음이어서 풀타임이 어떤 의미인지 물었다. "일을 시작하니까 정말로 사람들이 나를 찾더라고요. (…) 맨 처음에 한 일은 30명쯤 참석하는 칵테일 파티였어요. 끝나고 나니까 고객이 아주 만족스러웠대요. 하지만 내 생각도 그렇고 남편도 그렇고 '일단 6개월 정도 해보고 생각해보자'였어요. 잘 안 되면 제대로 된 일, 그러니까 시간 정해놓고 출퇴근하는 일을 찾아야겠다고 생각했어요."

휴가철이 되자 출장 요리로 일정이 꽉 찼다. 하지만 키친서핑을 유일한 수입원으로 삼기에는 여전히 망설여졌다. "겨우 석 달 일하고 합리적인 결정을 내릴 수 있을까 싶었어요. 그러다 1월이 됐어요. 망했다 싶었죠. 누가 1, 2월에 파티를 열겠나 싶었어요. 근데 1월이 제일 바빴어요. (…) 그렇게 1월을 보내고 나니까 '좋아, 괜히 다른 일 찾지 말고 이거 풀타임으로 하자. 이 일 정말 마음에 들어.'

싶더라고요."

담라는 의뢰인을 직접 만나고 터키 전통 요리를 할 수 있는 것도 좋았지만, 뭐니뭐니 해도 원하는 시간에 일할 수 있는 탄력성이 매력적이라고 했다.

> 원하는 일만 받아서 할 수 있으니까 정말 탄력적이에요. 나한테는 딱이죠. 나도 요식업계에 꽤 있었기 때문에 그런 부분이 마음에 들어요. 이쪽 업무량이 장난 아니거든요. 고객한테 만족스럽다는 얘기도 많이 들어요. 근데 누구 밑에서 일하면 그런 말을 직접 못 듣거든요. 이런 말 이기적으로 들리지 않았으면 좋겠는데, 나는 만족스럽다는 말을 직접 듣고 싶어요. 칭찬을 직접 듣고 싶어요. 근데 키친서핑으로 일하면 그게 되거든요. 그러면서 돈도 버니까 나한테는 정말 꿈의 직업이죠.

## 기술과 자본은 성공의 필수 요소

공유경제는 자유, 탄력성, P2P의 평등성을 약속한다. 하지만 태스커나 우버 기사가 자기 일을 '꿈의 직업'으로 묘사하는 것은 쉽게 상상이 안 간다. 바로 이 부분이 공유경제에서 두드러지게 나타나는 문제 중 하나다. 플랫폼들은 평등과 기회를 말하지만 2장에서도 말했듯이 기술과 자본의 장벽으로 인해 그 안에서도 서열이 분명히 존재한다. 간단히 말해 공유경제에서 성공하는 사람들, 특히 자신을 사업가로 여기는 사람들은 대부분 공유경제가 아니라도 성공할 만한 기술과 자본을 갖추고 있다. 태스크래빗과 우버는 기술 장벽이 낮아서 사실상 모든 사람에게 문이 열려 있는 반면, 키친서핑 투나잇은 기술 장벽이 높고 에어비앤비와 키친서핑 인력 시장은 기술 장벽과 자본 장벽이 모두 높다.

주류 노동시장과 마찬가지로 고도의 기술과 자본이 요구되는 일일수록 경제적으로나 심리적으로나 더 큰 보상이 따르는 것은 물론이고 프로 정신과 창의력을 발휘할 여지도 더 크다. 셰프로 일하거나 숙박업소를 운영하는 것은 상류층 전문직 종사자가 가족에게 근사한 음식을 먹인 후 잠깐 상상해보거나 은퇴 후 소일거리로 고려해볼 만한 일이지, 아무나 도전할 수 있는 일은 아니다.

플랫폼들도 이런 서열화에 일조한다. 키친서핑과 에어비앤비의 노동자는 경력을 강조하고 자신과 상품(요리나 집)의 사진을 여러 장 올릴 수 있다. 그리고 다른 플랫폼보다 마케팅이 훨씬 중요하다. 태스크래빗도 프로필에 경력을 쓸 수 있지만 글자 수가 엄격히 제한된다. 에어비앤비와 키친서핑도 일정한 시간 안에 응답해야 하지만 그 조건이 태스크래빗이나 우버보다 훨씬 여유롭다(즉각 혹은 30분이 아니라 24시간이다). 이렇게 시간적 여유가 있다 보니까 정신없이 움직이지 않고 차분하게 프로 정신을 발휘할 수 있다.

## 갈 데까지 갔다는 낙인

긱경제의 주장이 현실과 동떨어졌음을 가장 잘 보여주는 증거는 태스크래빗과 앱 기반 기사들의 노동에 찍힌 낙인이라고 할 수 있다. 어빙 고프먼Erving Goffman은 '낙인'을 "타인의 반응으로 인해 정상적인 정체성이 훼손되는 과정"이라고 정의했다.[1] 낙인은 흔히 나병 같은 질환이나 흉터, 장애처럼 눈에 띄는 기형이 있을 때 찍히는 것이라고 생각하지만, 그 밖에 실업, 기초생활 지원금 수급, 미성년자 출산 등 평균에서 벗어난 개개인적 특성에 의해서도 생긴다. 낙인이 찍힌 사람은 남들이 자신을 이질적이고 부족한 사람으로 여긴다는 느낌을 많이 받고 심리장애를 겪는 경우도 적지 않다.[2]

중년 백인 남성 태스커 리처드는 면담이 시작되자 2년을 사귄 여자친구가 태스크래빗 일을 부끄러워해서 헤어졌다는 말을 꺼냈다. 대학원을 나와 시간강사를 하며 태스크래빗에서 일하는 34세 레베카는 어머니와 친구들에게 차마 남의 집에서 일한다고 말할 수 없어서 임시직으로 회사에 다니고 있다고 거짓말을 했다. 부끄러움은 태스크래빗 노동자들만 느끼는 게 아니다.

참가자들에게 신분이 공개되지 않는다고 분명히 말했음에도 한 우버 기사는 면담 후 메일을 보내 절대로 자기 이름을 밝히지 말아달라고 신신당부했다. "나한테 우버는 뭐랄까, '간밤에 술기운에 부린 추태' 같은 거예요. 네, 딱 그런 거예요. 우버 기사로 일하는 거 앞으로도 아무도 몰랐으면 좋겠어요. 내 이름으로 검색했을 때 그런 게 안 나왔으면 좋겠어요." 프로 도박사 출신인 또 다른 기사는 아내로부터 부끄러우니까 어디 가서 우버 일 한다고 말하지 말라는 부탁을 받았다고 했다.

연구 결과를 보면 사업 때문에 낙인이 찍히는 경우도 있지만 그

것은 주로 사업 실패와 관련이 있다.[3] 직업에 대한 낙인은 성노동자, 최저임금 페스트푸드 노동자, 블루칼라 노동자에게서 훨씬 흔하게 볼 수 있다.[4] 긱경제에서 일하는 것을 부끄럽게 여기는 심리를 들여다보면 그 일이 일부 노동자에게는 더는 물러날 곳이 없어서 붙잡은 최후의 수단일 수도 있겠다는 생각이 든다.

## 사업을 '수월하게'

하지만 담라에게 키친서핑은 그 웹사이트가 강조하는 대로 사업 창출성이 있는 곳이었다. 그녀는 얼마 후 아파트의 빈 공간을 대형 아이스박스와 용기 등 출장 용품을 보관해두는 사무실로 만들었다. 남편이 노조가 있는 직군에서 일하면서 보수가 좋고 가족건강보험을 제공받기 때문에 그녀는 경제적으로 안정되어 있었다. 그녀에게 키친서핑은 사실상 출장 요리 사업을 시작하기 위한 수단이었고, 2017년에 그녀는 법인을 설립했다. 키친서핑 덕분에 그 과정이 무척 수월했기 때문에 담라는 스스로를 사업가라고 부르면서도 '커닝을 조금 한 기분'이라고 말했다.

> 덕분에 수월하게 사업을 시작했어요. 원래부터 내가 무의식중에 그런 걸 꿈꿨는지도 모르겠어요. 하여튼 그냥 웹사이트 들어가서 개인정보 입력하고 메뉴 올리니까 딱 된 거예요. 얼마나 쉬워요. 내가 기술적인 건 잘 몰라서 웹사이트 같은 건 못 만들거든요. 혼자서는 고객도 많이 못 찾았을 거예요. 그래서 나 스스로 사업가라고 생각하

면서도 키친서핑 덕분에 정말로 수월하게 시작했다고 보는 거죠.

키친서핑을 통해 몸도 마음도 고된 기존의 요식업 노동에서 탈피해 자기 사업을 시작한 사람이 담라만은 아니다. 5장에서 졸지에 섹스 파티의 요리사가 된 키친서핑 셰프 랜덜과, 건물주 때문에 고생하다 식당을 접은 앨런도 키친서핑 인력시장에서 홍보할 기회를 찾음으로써 새로운 사업의 가능성을 봤다. 인터넷 시대에는 플랫폼이 상품의 도달 범위와 성공에 어마어마한 영향을 끼치기 때문에 상품보다 플랫폼이 우위에 선다는 앤드루 맥아피와 에릭 브린욜프슨의 주장(1장 참고)을 뒷받침하는 사례라 할 수 있다.[5]

키친서핑은 기성 셰프에게는 긱경제 노동을 통해 탄력성을 확보할 기회를, 셰프 지망생에게는 요리업계에 진입할 수 있는 발판을 제공했다. 35세 아샤키는 대형마트 재무팀에서 풀타임으로 일하면서 언젠가 서아프리카 음식점을 열 날을 꿈꿨다. 그녀는 키친서핑 인력시장을 통해 셰프로 일하면서 나중에 식당을 열게 되면 쓸 레시피를 테스트하고 잠재 고객을 만나 자신을 알려나갔다.

요리하는 것도 좋아하고 음식으로 우리 문화를 알리는 것도 좋아해요. 그래서 사업을 해야겠다고 생각했죠. 지금은 금요일과 토요일에만 시간이 나요. 그래서 이게 좋은 테스트 수단이에요. 사람들이 정말 내 요리를 좋아하는지 테스트해보는 거죠. 사람들이 아프리카 음식, 에티오피아 음식에 대해서는 들어봤어도 사하라 이남 아프리카 음식은 생소하게 생각하거든요. (…) 나는 사하라 이남 아프리카 요리를 해요. 서아프리카에 속한 지역이죠.

나한테는 이게 시장성과 사람들의 반응을 테스트하는 수단이에요. 기왕에 사업을 할 거면 제일 반응이 좋은 음식은 뭐고, 사람들이 싫어하는 건 뭔지 데이터가 있었으면 하거든요. 그래야 요리를 팔 때 남는 게 있죠. 검증이 필요하달까요….

내가 진짜로 원하는 건 브랜드를 만드는 거예요. (…) 슬슬 시작해볼까 하는데 잘 키워서 써먹어야죠.

아샤키에게 키친서핑 일은 서아프리카 음식의 시장성을 테스트하는 수단이자 마케팅을 시작하는 데 필요한 도약대였다. 어느 해 추수감사절에는 온가족을 동원해 키친서핑에 등록할 음식을 차리고 사진을 찍었다. "그래야 때깔이 나요. 먹음직스럽게 보여야 식욕이 확 돌거든요. '한번 먹어볼까'. 하는 생각이 드는 거죠. 요리만 한다고 다가 아니에요. 보여주는 것도 중요해요. 일단 맛있어 보여야죠."

또한 키친서핑은 요리를 어떻게 설명해야 이해가 잘되고 기억에 오래 남는지 테스트하기에도 좋았다.

내가 진짜로 중요하게 생각하는 건 사람들이 익숙한 음식과 서아프리카 음식을 연관 짓는 거예요. 이런 거죠. "혹시 타말레 드셔봤는지 모르겠네요. 저희는 모이모이라는 나이지리아 음식이 있어요. 타말레와 많이 비슷한데 똑같은 건 아니에요." 사실 조리 과정은 똑같아요. 둘 다 플랜틴 껍질(쿠킹 바나나)에 싸서 만들거든요. 동부콩을 쓰냐 옥수수를 쓰냐가 다르죠. 양념도 다르고요. 그러니까 같은 과인데 풍미가 좀 다르달까. 그 손님은 그런 연관성을 알아봤어요. 후기에 "남편과 먹어봤는데 타말레와 비슷했어요. 조리 과정은 뭐뭐와 비슷했어요." 하는 말을 많이 썼더라고요. 나야 좋죠.

## 마케팅 기회로 활용하는 긱경제 노동

키친서핑의 인력시장만 사업을 시작하거나 키우는 수단으로 활용되는 건 아니다. 오히려 키친서핑 투나잇에서 시급을 받고 일하는 셰프들 중에 자신을 사업가로 여기고 그 일을 마케팅 전략의 일환으로 삼는 사람이 더 많았다. 자칭 '치즈장수'인 29세 로라는 키친서핑 투나잇을 이용해 집집마다 다니며 자신의 치즈 시식 파티 사업을 홍보했다.

잠재 고객과 인연을 맺을 수 있는 좋은 기회라고 생각했어요. 적어도 목표 시장에 더 깊숙이 들어갈 수 있겠다고 판단했죠. 내가 운영하는 서비스에 대해 편하게 말할 수 있는 게 좋았어요. 왜냐하면 솔직히 그런 게 제일 어렵거든요. 홍보하는 거요. 사람들이 "얼만데요?"라고 물으면 진짜 어떻게 말해야 할지 잘 모르겠어요.(웃음) 그건 뭐랄까, 내 새끼, 내 보물 같은 거거든요. (…) 그래서 이게 좋은 기회가 돼요. 뭔가 하려는 티가 안 나거든요. 왜냐하면 나는 어디까지나 요리를 하러 간 거잖아요. 뭔가 바라는 게 있어서 손님과 얘기하는 게 아니거든요. 그러다 손님이 "저기, 이거 말고 또 무슨 일 하세요?"라고 물으면 그제야 말할 기회가 생기는 거죠. 지금까지 그런 기회가 아주 많았어요.

출장 요리사 겸 강사로서 고객층을 넓히고 싶었던 54세 데이비드도 키친서핑을 자신의 인지도를 높이는 수단으로 활용했다. "고객을 더 많이 확보하고 기회를 좀 잡을 수 있었으면 해요. (…) 내가 생각하는 이상적인 직업은 가족 고객의 요리사가 돼서 아이들에게도 요리를 가르쳐주는 겁니다."

그렇다고 키친서핑이 공유경제의 한복판에서 사업에 대한 갈증을 해소해주는 낭만적인 오아시스라는 말은 아니다. 키친서핑은 사실상 예고도 없이 2016년 4월에 폐업했다.[6] 일부 노동자에게 키친서핑 투나잇은 단순히 목적을 이루기 위한 수단에 지나지 않았다. 그들은 풀타임 요리사로 일하면서 저녁에 여유가 있을 때 수입을 보충하기 위해 파트타임으로 일했다. 아니면 돈은 벌고 싶은데 오래 일하거나 상사가 정해놓은 일정을 따르고 싶지 않은 학생들이 이용했다. 키친서핑 투나잇이 제공하는 시급 15달러는 다른 요리 직군과 비슷한 수준이었지만 밤 10시에 일이 끝나는 것은 요식업계에서는 전대미문에 가까운 일이었다.

키친서핑에서만 성공자 내지는 스스로를 사업가로 여기는 노동자가 많이 생겨난 것은 아니다. 성공한 에어비앤비 호스트들도 자신을 사업가라 불렀다. 그들은 여러 개의 숙소를 보유하고 다른 사람을 고용하거나 법인을 세우는 등 어떤 식으로든 그 일을 전문화함으로써 마치 기업을 운영하는 것처럼 숙소를 운영했다. 5장에서 소개한 27세의 자칭 '호텔리어' 요세프, 6장에서 에어비앤비 '패밀리'의 일원이라고 한 조슈아, 1장에서 소개한 27세 라이언이 좋은 예다.

그렇다고 남성 호스트나 다수의 숙소를 보유한 호스트에게서만 사업가 마인드를 엿볼 수 있는 것은 아니다. 30세 제시카는 컨설턴트로 출장을 다닐 때 빈 아파트를 비워두기가 아까워서 에어비앤비 호스트가 됐다. 그리고 그 일의 소득 잠재력을 인지하고 본격적으로 사업을 시작했다.

> 잠재력을 알고 나니까 사람이 진지해지더라고요. 파트타임으로 운영하는 사업이 됐죠. 작년에는 투숙객을 50명 넘게 받았어요. (…) 월세는 그걸로 다 냈어요. (…) '와, 이거 제대로 한번 해봐야겠는데!' 했죠. 그래서 열쇠 담당자와 청소원을 뽑았어요. 공식 안내서를 만들고 에어비앤비 손님 전용으로 쓸 침구를 샀어요. 이제는 어떻게 하면 손님들을 더 만족시킬 수 있을까 생각해요. 와인을 사다 주는 것처럼 사소하지만 뭔가 대접받는 느낌이 들 수 있게 하는 거죠.

제시카는 최근에 직업을 바꾸면서 예전만큼 출장을 많이 다니진 않지만 그래도 종종 아파트를 에어비앤비에 내놨다. "내 원칙은요, 절대로 이거 때문에 미치겠다 싶은 상황까진 가지 말자는 거예요. 인생이 고달파지는 걸 감수할 만큼 돈이 엄청나게 벌리는 건 아니거든요. 그냥 출장비와 여행비 충당 정도죠. 크리스마스와 연말연시(뉴욕에서 에어비앤비의 수요가 가장 많고 수익성이 좋은 시기다)에 모로코에 갔다 왔어요. 여행비보다 많이 벌었죠. 그러니까 안 하는 게 미친 거죠."

우리가 만났을 때 제시카는 에어비앤비 사업을 확장하기 위해 두 번째 숙소를 마련할까 고민 중이었다. 하지만 뉴욕에서 에어비앤비의 미래가 걱정되어 망설여진다고 했다. 당국이 불법 숙박업을 더 철저하게 단속한다면 굳이 위험을 감수하면서까지 하고 싶지는 않았기 때문이다(6장 참고).

제시카는 아파트를 한 채 더 빌릴 경제적 자본만 있는 게 아니라 좋은 문화적 자본까지 보유했다. 그녀는 벽돌이 노출된 벽이 왜 좋고 동네의 장점이 무엇인지 알고 있는 것처럼, 아파트가 잠재 고객에게 더 매력적으로 비칠 수 있도록 마케팅하는 요령도 알고 있었다. 하지만 키친서핑과 마찬가지로 모든 에어비앤비 호스트가 스스로를 사업가로 여기진 않는다. 앞에서 말했듯이 많은 호스트가 중간자였고 개중에는 분투자도 있었다.

무엇보다 에어비앤비 호스트와 키친서핑 셰프 사이에는 몇 가지 현저한 차이점이 존재한다. 가령 키친서핑 셰프 중 일부는 풀타임으로 요리 일을 하고 있었지만, 에어비앤비 호스트 중에 전업으로 그 일을 하는 사람은 거의 없었다. 대부분이 학생, 변호사, 작가, 자영업자 등 다른 풀타임 직업이나 정체성이 있고 에어비앤비는 부업이나 파트타임에 불과했다. 이런 차이가 생기는 이유 중 하나는, 에어비앤비 숙소를 운영하려면 여러 개의 메일 계정이 필요하거나 일정 시간 동안 대기 상태에 있어야 하긴 해도, 메뉴를 만들고 재료를 사고 요리를 하는 것처럼 노동력과 시간이 많이 요구되진 않기 때문이다. 또 키친서핑 셰프는 큰 행사가 잡히면 보조 인력을 고용하더라도 자신이 직접 요리하러 가야 하는 반면, 에어비앤비 호스트는 보통 숙소만 기대에 부응하면 굳이 얼굴을 비칠 필요가 없다. 잠재 고객이나 미래 고객을 '열쇠 전달자'나 보조원에게 맡겨도 문제가 안 생긴다. 에어비앤비의 '꽃'은 호스트가 아니라 숙소이기 때문이다.[7]

## 기술, 자본, 선택권

그렇다면 이런 차이점을 차치하고 에어비앤비와 키친서핑이 이 책에서 소개한 다른 긱경제 서비스와 차별화되는 점은 무엇일까? 세 가지로 요약할 수 있다. 기술, 자본, 선택권이다. 앞서 2장에서 설명한 대로 키친서핑과 에어비앤비는 기술이나 자본 장벽이 높다. 키친서핑 투나잇은 재료, 고객, 장비가 제공되므로 자본이 따로 필요하지 않다고 해도 투나잇이든 인력시장이든 키친서핑에 진입하려는 셰프들은 고도의 기술이 필요하고 레스토랑 수준의 음식을 만들 수 있는지 심사를 거쳐야 한다.

에어비앤비는 기술이 크게 필요하진 않지만 성공하려면 잠재 고객이 예약할 만큼 괜찮은(위치, 시설, 편의성의 측면에서) 숙박 공간이 있어야 한다. 그 공간을 매력적으로 보이게 만들 문화적 자본도 요구된다. 호스트들의 말을 정리해보면 아파트의 구조와 인테리어는 물론이고, 대중교통과 주요 건물을 통해 쉽게 찾을 수 있는

위치, 고급 욕실용품 비치와 넓은 야외 공간 같은 편의성을 강조할 수 있어야 한다.[8]

36세 제임스는 에어비앤비에 아파트를 등록할 때 '사진을 40장 정도' 찍어서 가장 잘 나온 사진 12장을 올린다고 했다. "맨 앞에 나오는 사진에 가장 신경을 써요. 다른 사람들은 다 거실 사진을 올려놔요. 근데 나는 옥상 전망이에요. (…) 뉴욕에 대한 기대감이 있는 사람들한테 뉴욕의 스카이라인을 보여주는 거죠. 코딱지만 한 집하고는 비교가 안 되잖아요. 코딱지만 한 집이요? 널리고 널렸죠. 근데 자, 여기서는 멋진 풍경이 펼쳐지는 거예요. 옥상에 수영장도 깔아놨어요. 그것도 당연히 보여줘야죠."

뉴욕에서 앱 기반 기사는 택시리무진위원회 규정을 따라야 하기 때문에 우버와 리프트 기사가 되려면 높은 자본 장벽을 넘어야 한다. 앞에서도 말했지만 우버의 기준에 맞고 비교적 새것에 가까운 차가 있어야 한다. 신원 확인, 의무 운전 교육, 영업용 보험 가입 역시 자본 장벽을 높이는 요인이다. 하지만 이런 장벽의 우회법도 존재한다. 뉴욕에서는 기사가 다른 기사나 업체로부터 우버/리프트 인증 차량을 임차할 수 있다. 이렇게 하면 28세 기사 바란이 매주 렌트비와 유류비를 벌기 위해 꼬박 이틀을 운전해야 한다고 말한 것처럼 비용이 많이 들긴 하지만 초기 비용은 줄일 수 있다.

기술과 자본 외에도 에어비앤비와 키친서핑이 여타 서비스와 크게 다른 점은 선택권에 있다. 키친서핑 인력시장 셰프와 에어비앤비 호스트는 어떤 일을 하고 어떤 고객을 받을지 결정할 때 막대한 자유가 보장된다. 키친서핑 셰프로 일한 담라는 "원하는 일만 받아서 할 수 있으니까 정말 탄력적이에요. 나한테는 딱이죠"라고 말했다.

일정을 탄력적으로 짤 수 있는 것도 키친서핑 투나잇 노동자들이 많이 언급하는 장점이다. 29세 로라는 "내가 키친서핑에 들어간 건 사업을 준비하는 중에 안정적인 수입원이 필요했기 때문이에요. 안 그래도 요리하는 일이면 좋겠다 했는데 굿푸드잡스닷컴Goodfoodjobs.com에서 셰프 구인 광고를 보고 이거다 했죠. 탄력적으로 일할 수 있으니까요. 일할 날을 내가 선택할 수 있거든요"라고 밝혔다. 29세 프랜치스코는 "키친서핑을 하려고 했던 이유 중에는 탄력적으로 일정을 잡을 수 있으니까 이 일 말고도 다른 일을 할 수 있다는 점이 좋았어요. 일을 안 할 때는 신경 안 써도 되는 것도 좋았고요. (…) 그런 탄력성이 좋아요. 특히 올여름이 그래요. 캠핑 여행 같은 걸 계획 중이거든요. 쉬고 싶은 날은 아무 때나 쉴 수 있잖아요"라고 했다. 27세 루카는 "우리는 출장 요리를 해요. 키친서핑과 비슷한데 좀 더 고객 맞춤성이 강하다고 할까요. (…) 요즘 내가 키친서핑을 하는 이유는 크리스마스와 연말연시에는 상류층 고객들이 대개 휴가를 가기 때문이에요. 사람들이 어디 가면 일이 줄어들거든요. 그래서 일단은 키친서핑을 하면서 다른 일이 많아질 때까지 버티는 거죠"라고 말했다. 이런 탄력성 덕분에 앞에서 섹스 파티에 갔던 셰프 랜덜은 평소에 3주 일하고 2주를 쉬었다. 이는 다른 직군에서는 거의 찾아보기 힘든 생활 패턴이다.

## 투숙객 선택과 선별은 종이 한 장 차이

에어비앤비도 노동자의 선택권과 탄력성을 강조한다. 호스트는 달력 기능을 이용해 언제 숙소를 빌려줄지 선택할 수 있고, 어떤 손님을 받을지 말지 선택하는 것도 전적으로 호스트의 몫이다. 모든 사용자가 프로필에 사진과 관심사를 등록해야 하고 투숙객이 왜 숙박을 하고 싶은지 설명하는 게 권장되기 때문에 호스트는 투숙객을 선택할 때 많은 정보를 활용할 수 있다.

한편 에어비앤비 측은 인종차별 방지에는 신경을 많이 썼지만, 호스트가 학력이나 직업, 사진, 개인 메시지 등으로 투숙객을 걸러내는 것에는 그만큼 신경을 쓰지 않았다.[9] 36세 제임스는 말했다. "나는 대학 나온 사람을 원해요. 직업도 보죠. 전문직인지 아닌지요. 뭐, 공연 스태프다 하면 [아파트를] 안 빌려줘요. 프로듀서라고 해도 안 빌려줘요. 변호사, 의사 같은 전문직이면 빌려주죠. 30세 이상, 커플이나 부부면 빌려줘요. 게이는 무조건 빌려주고요."

30세 알리아는 "아무나 다 받진 않아요. 꽤 까다롭게 골라요. (…) 이미지가 중요해요. 뭔가 좋은 기운이 안 느껴진다거나 자기 얘기를 별로 안 써놔서 찜찜하면 안 받아요"라고 말했다. 40세 크리스토퍼는 "우리는 프로필을 봐요. 처음 메시지를 주고받을 때 느낌을 아주 중요하게 보고요. 뭐라고 썼는지 보는 거죠. 그걸 너무 짧게 써놨다든가 숙소에 대한 설명을 제대로 안 읽은 게 분명하다 싶으면 그, 뭐랄까, 좀 더 찔러보는 거죠. 어떤 사람인지 더 자세히 알 수 있게요. 근데 뭔가 시원하게 말을 안 한다 그러면 그냥 거절해요"라고 했다.

호스트들은 숙박 신청자의 프로필과 첫 메지시를 보고 손님으로 받을지 말지를 결정한다. 2017년 에어비앤비는 차별을 줄이기 위한 노력의 일환으로 프로필 사진을 덜 두드러지게 하는 방법을 실험했다. 사진에서 인종에 대한 정보가 가장 잘 드러난다고 판단했기 때문이다. 그래서 호스트에게 숙박 신청이 들어왔다고 알리는 메시지에 신청자의 사진이 첨부되지 않도록 했다. 대신 신청자의 이름 첫 글자를 디자인된 이미지로 보여줬다(예를 들어 미셸이면 큰 M자가 나왔다). 사진을 덜 강조하는 것이 차별을 완화하는 데 도움이 될 것이라 예상했지만, 신청자의 프로필에 여전히 이름이 표시됐기 때문에 호스트가 인종과 민족을 짐작할 수 있었다. 그리고 첫 글자 이미지를 클릭해서 프로필로 들어가면 곧바로 사진과 자기소개, 후기가 다 떴다. 클릭 한 번이면 되는 일이었다. 에어비앤비는 곧 이 실험을 중단했고, 2018년 중순부터 다시 숙박 신청 알림 메시지에 프로필 사진을 표시했다.

사진을 가리는 것이 공공연한 차별을 저지하는 중요한 수단이 되긴 하겠지만 사실상 이름만 봐도 그 사람에 대해 많은 것을 알 수 있다. 에어비앤비 차별 실태 조사에 따르면, '명백한 흑인 이름'을 가진 사람이 명백한 백인 이름을 갖고 다른 조건은 유사한 사람보다 예약 승인율이 16% 낮은 것으로 나타났다.[10] 흔히 초기 공유경제 사이트로 소개되는 크레이그리스트도 비슷한 조사에서 "흑인, 히스패닉, 중국계에 대한 심각한 차별"이 드러났다.[11] 스웨덴에서 인터넷으로 주택 임대 시장의 차별 실태를 조사한 결과, 아랍이나 무슬림 이름을 갖고 있는 남성에 대한 차별 행위가 존재했다.[12]

최근 에어비앤비는 차별을 저지하기 위해 '즉시 예약' 서비스를 내세우기 시작했다. 웹사이트에는 "즉시 예약 기능이 설정된 숙소를 예약할 때는 호스트의 승인이 필요하지 않습니다. 게스트가 여행 날짜를 선택하고 예약한 후 호스트와 체크인 세부사항을 계획할 수 있습니다"라고 안내되어 있다. 하지만 내가 면담한 호스트 중에서 다수가 숙소에 대한 통제권을 잃고 싶지 않아서 즉시 예약 기능을 사용하기를 꺼렸다. 28세 라모나는 "즉시 예약이 급하게 숙소를 구하는 사람한테는 좋겠지요. 근데 우리한테는 그게 꼭 업소를 운영하는 것 같은 느낌이 들거든요. 차별이라고 해도 어쩔 수 없지만 우리는 언제 손님을 받을지, 언제 우리 집을 사람들에게 열어놓을지 통제할 수 있는 게 좋아요. 즉시 예약은 손님에게 선택권이 있고 우리는 그냥 항상 오픈 중이어야 하는 것 같은 기분이 들어요"라고 말했다. 32세 조슈아는 "뭐 하나라도 찝찝한 게 있으면 [즉시 예약은] 안 쓰는 게 좋아요. 손님을 선별적으로 받고 싶을 때도 그렇죠. 나는 우리 집에 아무나 안 들여요. 골라서 받죠. 그래서 즉시 예약은 안 써요"라고 밝혔다.

호스트가 손님을 가려 받으려고 하는 이유 중 하나는 위험과 손해에 대한 우려 때문이다. 2장에서도 말했지만 에어비앤비 투숙객 때문에 집과 기물이 파손된 사례가 많이 보고됐다. 위험성을 완화하기 위한 전략으로 투숙객을 선별하는 것은 투숙객이 파티를 열거나 집기와 개인 서류를 뒤지는 일 같은 불상사를 겪고 나면 더욱 중요해진다.

옥상에 수영장을 설치한 호스트 제임스가 타지에 가 있는 동안 집을 빌려주고 돌아왔더니 집 안이 '사실상 쓰레기장'이 되어 있었다. 벽에 발자국이 나 있고, 빈 술병이 나뒹굴고, 벽장에 넣어둔 개인 물품이 사라졌다. 그러고 나자 집을 또 빌려줘야 하나 고민이 됐고, 이제는 '구글 스토킹'을 한다고 솔직히 말했다. "찾을 수 있는 건 다 찾아봐요. 이름을 복사해서 구글에 넣어보고 링크드인도 보고 페이스북도 보는 거죠. 최대한 스토킹하는 거예요. 지난번에 그런 일이 있었으니까 이제는 훨씬 더 적극적으로 해야죠. 예전에도 '수락' 버튼 누르기 전에 그러긴 했지만요."

잠재적 투숙객에 대한 정보를 찾아본다고 인정한 호스트가 제임스만은 아니었다. 아이와 단둘이 사는 27세 개브리엘레는 "엄마가 청소 다 해주는 집에서 살다가 이제 막 집 나와서 파티하고 노는 젊은 애들"한테 집을 빌려줬다가 나쁜 경험을 몇 번 당한 뒤로 투숙객에 대해 조사하기 시작했다. "일단 인터넷에서 좀 알아보고 골라요. 나이가 좀 있거나 애가 있는 사람이 좋아요. 그런 사람들은 파티를 안 하거든요. (…) 직업이 뭔지 보고, 가능하면 페이스북에서 어떤 사람인지 확인하죠. 찾아보면 뭐든 나오긴 나와요. 어떻게 보면 좀 무섭기도 하죠."

호스트의 선별 행위는 물론 문제가 있고, 공유경제가 신뢰와 공동체를 형성하겠다는 약속을 지키고 있지 않다는 사실을 뒷받침한다. 그리고 앞에서 라모나가 말했듯이 일부 호스트는 자신이 업소를 운영하고 있고 '항상 오픈 중이어야' 한다는 생각을 거부한다. 호스트들은 대체로 언제 누구에게 집을 빌려줄지 결정하는 것을 포함해 전적인 통제권을 갖기를 원한다.

이처럼 노동자가 통제권을 갖는 것이 키친서핑이나 에어비앤비가 태스크래빗, 우버/리프트와 다른 점이다. 이들 업체가 모두 사업 창출성을 강조하며 노동자가 사장님이 될 수 있다고 홍보하지만(2장 참고), 사실상 키친서핑과 에어비앤비만 노동자가 원하는 대로 작업을 수락하거나 거부할 수 있다. 태스크래빗, 우버/리프트는 노동자가 일정한 비율의 작업을 수락하지 않으면 이용 정지를 당할 우려가 있는 반면, 키친서핑과 에어비앤비 노동자는 일정을 자율적으로 관리할 수가 있다. 활동량이 적으면 검색 알고리듬에서 순위가 떨어질 수는 있어도 사이트에서 제명되거나 태스크래빗처럼 '재교육'을 받아야 하는 건 아니다. 이렇게 노동자가 직접 일정을 관리할 수 있기 때문에(태스크래빗도 초기에는 그런 노동자가 많았다) 자신의 노동을 사업으로 여기는 이들이 많고 사업 창출성도 크다.

말했다시피 모든 노동자가 사업가가 되기를 원하는 건 아니다. 그리고 모든 서비스가 고객을 선택할 수 있는 기능을 제공하는 것도 아니고, 꼭 그래야 하는 것도 아니다. 에어비앤비의 경우에는 고객을 선택할 수 있는 것이 기존의 인종·민족 차별 실태 조사에서 다 다루지 못한 다차원적인 고객 선별 행위로 이어지고 있는 것으로 보인다.

고도의 사회문화적 자본과 기술을 갖춘 노동자에게 공유경제는 고도의 탄력성, 선택권, 통제권이 보장되는 꿈의 일자리를 제공한다. 하지만 자본과 기술이 부족한 노동자에게 공유경제는 기존의 저수준 노동을 앱과 결합해 위태로움만 키울 뿐이다. 이 새로운 경제적 움직임은 누구나 사업가가 될 수 있는 평등한 환경을 만들겠다고 하지만, 경제적·문화적 자본이 유력한 요인으로 작용하는 한 그것은 요원한 일이다.

하지만 해법은 존재한다. 마이클린, 헬로알프레드Hello Alfred, 심지어는 인스타카트(장보기 대행 서비스)의 사례 연구를 통해 확인할 수 있듯이, 사업을 원하는 노동자에게는 힘을 실어주되 단지 추가적인 수입원을 원하는 노동자들에게는 그들을 보호할 방법을 찾아보는 것이다.

# 결론: 파괴의 결과

8

분투자, 중간자, 성공자

공유경제란 무엇인가?

초기 산업사회로의 회귀

업무 중 사고

“공유는 사랑입니다”

더럽고 치사한 일

꿈같은 삶?

**결론: 파괴의 결과**

일주일이 멀다 하고 새로운 앱 기반 서비스가 'OOO계의 우버'로 등장한다. 90분 이내에 화초 배달을 보장하는 블룸댓BloomThat, '세탁계의 우버' 드라이브Dryv와 워쇼Washio, '의료용 대마초 배달계의 우버' 이즈Eaze, 그리고 이그보Iggbo라는 혈액계의 우버도 존재한다. 뱀파이어를 위한 음식 배달 서비스처럼 들리겠지만, 실제로 이그보는 예약된 시간에 전문가가 가정이나 직장에 방문해 검사용 혈액을 뽑는 '주문형 채혈 서비스'다.[1]

2016년 7월, 갈 데까지 간 공유경제 서비스가 등장했다. "반려견의 용변을 치우는 스마트한 방법"이라는 슬로건을 내건 푸퍼Pooper는 소액의 월 이용료를 받고 개똥을 치워주는 앱 기반 주문형 플랫폼이다. "사용자가 반려견의 용변을 사진으로 찍어 보내면 프리우스를 탄 사람이 와서 대신 수거해간다."[2] '개똥계의 우버'라고도 불린 이 서비스는 잠재적 노동자에게 여타 공유경제 서비스

푸퍼 홍보 자료에 게재된 앱 화면.(저자가 찍은 스크린샷)

와 비슷한 강점을 약속했다. "자율적으로 일하세요. 푸고 싶을 때 푸고 벌고 싶은 만큼 버세요. 마음대로 일정을 정하세요. 언제 푸느냐는 전적으로 자유입니다. 푸고 싶은 만큼만 푸세요."

이 플랫폼에 딱 한 가지 문제가 있다면, 이 푸퍼가 가짜라는 사실이다(아직까지는 가짜로 남아 있다).

이 앱은 광고 제작자인 벤 베커Ben Becker와 로스앤젤레스에서 소규모 마케팅 회사를 운영하는 엘리엇 글래스Elliot Glass가 시작한 '예술 프로젝트'였다. 베커는 웹 홍보 영상에 퍼시픽 사운드 하우스Pacific Sound House 친구들의 도움으로 자체 제작한 음악을 삽입한 덕분에 자신들의 속임수가 훨씬 그럴듯해졌다고 말했다. "푸퍼는 앱에 중독된 세상을 풍자하는 예술 작품입니다. 특히 직접 해도 되는 일까지 긱경제에 맡기는 행태가 날로 심각해지는 작금의 세태를 꼬집고 싶었습니다."[3]

베커와 글래스는 푸퍼의 풍자 대상이 "사회의 진짜 폐단은 그대로 두고 별것 아닌 '핵hack'(기발한 해법이나 요령을 의미 – 옮긴이)을 포장하는" 혁신 경제라고 밝혔다.[4] "지금 우리는 사회와 문화에 거울을 비추고 있을 뿐입니다. 그러면서 묻죠. 긱경제란 무엇인가? 그게 반드시 좋은 것이라 할 수 있는가?"

또 다른 풍자 대상은 저소득층에게 개똥을 치우는 일을 맡길 만큼 게으른 사람이다. "이제는 직접 안 해도 되는 일들이 많아요. 직접 운전을 안 해도 돼요. 다른 사람한테 이것저것 심부름도 시킬 수 있어요. (…) 사람들은 정말로 그렇게 노동이 계층화되고 분화된 사회를 원하는 걸까요?"[5]

이런 계층화를 단적으로 보여주듯, 이 앱은 잠재적 용변 처리자들 사이에서 큰 인기를 얻어 베커와 글래스를 심란하게 했다. 의뢰인보다 처리자로 가입하는 사람이 더 많았다. 글래스는 "이게 이렇게 많은 사람이 앞다퉈 가입할 만큼 인기라는 게 좀 당혹스럽습니다"라고 토로했다.

푸퍼는 여러 측면에서 공유경제로 이어지는 트렌드를 여실히 보여주는 사례다. 공유경제의 시작이 이베이와 크레이그리스트라고 해도 이 새로운 경제적 움직임이 본격적으로 시작된 것은 대침체를 겪으면서다. 2009년 10월 공식 실업률은 10%에 달했다.[6] 하지만 한 해 동안 구직 활동을 벌이다 포기한 사람과 파트타임으로 불완전고용 상태에 있는 사람을 모두 합친 '진짜 실업률'은 무려 17.5%였다.[7] 실업과 불완전고용의 심각한 현실을 반영하듯 2014년 연방준비제도이사회 조사에서 노동자 중 3분의 1이 현재와 동일한 임금으로 더 많은 시간을 일하고 싶다고 했고, 파트타임 노동자 중에서도 49%가 같은 바람을 말했다.[8]

대침체는 미국인들의 저축액 격차도 표면화했다. 경제안정지수Economic Security Index에 따르면, 미국 인구 중 20%가 가처분 소득이 25% 이상 감소했으나 감소분을 보충할 만한 경제적 안전망이 없었다.[9] 대침체 이전에 저축액이 있던 사람들도 그 돈을 건드릴 수밖에 없었다. 2008년 이전에 저축액이 있던 미국인 중에서 57%가 대침체 당시와 이후에 그중 일부 혹은 전부를 소진했고, 34%가 5년 전보다 경제적 형편이 다소 혹은 훨씬 안 좋아졌다고 말했다.[10]

대침체가 끝나고 한참이 지난 후에도 미국인 중 절반가량이 당장 400달러의 돈이 필요하게 되면 소유물을 팔거나 빚을 내야 한다고 답했다.[11] 여러 방면에서 여전히 대침체가 진행 중인 것처럼 보였다. 월스트리트의 위기가 절정에 이르던 2008년 10월에 성인 57%가 소득보다 생활비 지출이 많다고 답했고, 2014년에도 똑같은 걱정을 토로하는 사람이 56%였다.[12]

개똥을 치우는 모욕적인 일에 많은 사람이 관심을 보인 데서 확인할 수 있는 긱경제의 특징이 하나 더 있다. 노동자들이 돈만 준다고 하면 사실상 무슨 일이든 할 만큼 추가적인 소득이 절실히 필요해졌다는 것이다.

이 글을 쓰는 현재 미국의 실업률은 4% 이하다. 2015년 이후 노동통계국이 집계한 실업률은 줄곧 5% 이하로, 흔히 '완전고용'으

로 간주되는 수준이다. 노동자 소득도 인플레이션을 감안하면 침체 이전 수준으로 돌아왔다.[13]

하지만 연준이 조사한 바에 따르면, 여러 개의 직업을 갖고 있거나 주업의 소득을 보충하기 위해 비공식 노동을 하는 사람이 증가 추세인 것으로 나타났다. 연준의 〈2015 미국 가정 경제 안정성 조사 보고서Report on the Economic Well-Being of U. S. Households in 2015〉를 보면 부업을 가진 노동자의 비율이 22%였고, 이 보고서가 발행된 2017년에는 그 비율이 28%까지 상승했다.[14] 소득이 침체 이전 수준으로 돌아왔다 하더라도 미국 성인 3명 중 1명 정도가 공식적인 직업 하나만으로는 생계를 유지하지 못하는 것이다.

문제의 원인 중 하나는 소득 급변성이다. 미국의 '숨은 불평등'이라는 설명이 붙는 이 소득 급변성은 노동자의 소득이 심하게 변동하는 정도를 가리킨다.[15] 변동폭이 커지는 데는 정원사가 겨울이면 비수기가 되는 것처럼 계절적인 요인도 있지만, 적시 일정 관리just-in-time scheduling(필요한 시점에만 노동자를 호출하는 일정 관리법-옮긴이)로 인해 당장 다음 주에는 몇 시간을 일하게 될지 알 수 없고, 일이 몰리는 날은 몰리고 없는 날은 없는 노동환경이 만들어진 것도 영향을 미쳤다.

소득 급변성은 주로 시급 노동자와 연관된 것으로 여겨왔지만, 갈수록 그 영향을 받는 미국인이 늘어나고 있다. 1970년대 초부터 2010년까지 미국의 가구 소득 급변성이 30% 증가했고, 최근에는 미국 가정 중 10% 이상이 전년도의 절반밖에 안 되는 소득을 올렸다.[16] 대침체는 2009년 6월에 공식적으로 끝났지만, 2016년 연준

보고서에 따르면 성인 32%가 매달 소득이 달라지고, 13%가 소득 급변성 때문에 생활비를 대기가 어려운 달이 있다고 밝혔다. 전년도에 소득이 지출보다 많았다고 한 사람은 47%로, 절반에도 못 미쳤다.[17]

소득을 보충하려고 하는 사람이 계속 늘어남에 따라 공유경제에는 잠재적 노동자가 넘쳐나는 실정이다. 흔히 경제학 개론에서는 공급이 늘고 수요가 그대로면 가격이 떨어진다고 가르친다. 노동시장에서도 용어는 다르지만 동일한 현상이 일어난다. 가용 노동자가 넘치면 노동력 고갈을 걱정하지 않고 노동자를 '갈아 넣고 쥐어짤' 여지가 생긴다. 이는 부상당한 노동자들이 문밖에 줄을 서서 자기를 고용해달라고 아우성치는 노동자들로 신속히 대체되는 《정글》의 한 장면을 떠올리게 한다.

더 큰 사회적 흐름 속에 놓고 보면 공유경제가 고용주와 종업원의 사회계약이 무너지는 과정 중 한 단계에 지나지 않는다는 것을 알 수 있다. 하지만 해법은 존재한다. 그것은 노동환경에서 요구되는 탄력성을 보장하면서 노동자를 보호하는 프로그램과 규정을 만드는 것이다.

## 더 큰 사회적 흐름에서 보는 공유경제

제2차 세계대전 당시 연방정부가 전시임금통제정책을 펴자 대기업은 이를 우회하기 위한 방편으로 노동자에게 건강보험을 제공하기 시작했다. 전쟁이 끝난 이후 노동자와 기업, 특히 3대 자동차회사(GM, 포드, 크라이슬러)는 전시에 생긴 불만을 해소하기 위한 줄다리기에 들어갔다. 이른바 디트로이트조약은 자동차회사가 건강, 실직, 은퇴와 관련해 포괄적 복지 혜택을 제공하는 것을 대가로 노동조합이 연례 파업을 하지 않는다는 5년 협약이었다.[18] 거기에 더해 노동자의 임금에 매년 물가 인상분이 반영되고 휴가 기간도 늘었다.

처음에는 3개 회사와 협약을 맺었으나 얼마 후 철강업계에서도 비슷한 계약이 성사됐다. 1960년대 초에는 미국에서 노조와 기업이 맺은 계약 중에서 절반 이상에 물가 인상분 반영을 명시하는 조항이 포함됐다.[19] 노조가 전체 노동자 중 약 3분의 1을 대표하는 상황에서 다른 기업들도 노동자의 만족도를 높여 노조 결성 또는 가입을 방지하기 위해 같은 조항을 넣기 시작했다.[20] 이로써 복지 혜택을 개별 기업과 결부하는 것이 하나의 표준이 됐다. 센추리재단Century Foundation은 "디트로이트조약에 반영된 두 가지 선택이 이후 수십 년간 노동환경에 큰 변화를 일으켰다. 첫째, 기업은 노동자의 안정과 행복이 이익과 직결된다는 것을 인정했다. 둘째, 노동자는 정부의 조처를 기다리는 것보다 고용주와 결부된 복지 혜택을 취하는 것이 더 낫다고 판단했다"라고 평했다.[21]

요즘은 노사관계라고 하면 으레 적대적일 것이라 생각하고 특히 공유경제에서 그런 경향이 두드러지지만 항상 그런 인식이 존재했던 것은 아니다.[22] 제2차 세계대전 이전에는 많은 기업이 이른바 과학적 관리법이라는 테일러리즘을 추종했다. 테일러리즘의 골자는 업무를 단순한 과업들로 세분화하고 생산성을 측정해 성과와 임금을 연계시킴으로써 생산성 향상을 꾀하는 것이었다. 이를 통해 기업은 노동자를 '산업기계의 톱니바퀴'로 만들었다.[23] 전후 기업들은 엘튼 메이오Elton Mayo를 비롯한 한 무리의 사회학자와 산업학자가 웨스턴일렉트릭Western Electric에 대한 폭넓은 연구를 토대로 주창한 좀 더 인간적인 관리론을 도입했다.[24] '행복한 노동자 모델'이라고도 불리는 이 관리론의 요지는 간단하다. 생산성을 향상하려면, 그리고 노조 결성과 가입을 저지하려면 노동자를 행복하게 만드는 게 상책이라는 것이다.[25]

노동자의 행복에 대한 관심은 1980년대에 들어서면서 뒷전으로 밀려났다. 철강과 자동차 수입이 급증하고 1981~1982년 경제불황(대침체 이전까지는 대공황 이후 최악의 불황으로 꼽혔다)이 겹치면서 기업들 사이에서는 단돈 1센트라도 원가를 절감하기 위해 총력을 기울여야 한다는 인식이 팽배했다. 운송, 항공, 통신업에 대한 규제가 완화되면서 많은 신생 기업이 탄생하는 한편으로 노조가 있는 대기업도 규제 완화의 영향을 받았다. 그리고 로널드 레이건 대통령이 파업에 돌입한 항공관제사 1만1,500명을 해고하고 항공관제사노조를 해산하면서 다른 기업들도 그런 강경 노선을 취하기 시작했다. 1938년 기업이 파업 노동자를 다른 노동자로 영구적으로 대체할 수 있다는 대법원 판결이 있었음에도 1980년대 이전에는 그렇게 과감한 시도를 하는 기업이 거의 없었다. 그러나 위와 같은 변화가 있은 후 얼마 안 가서 목재회사 루이지애나퍼시픽Louisiana-Pacific의 노동자, 펠프스다지Phelps Dodge의 광부, 이스턴항공Eastern Airlines의 파일럿, 인터내셔널페이퍼International Paper의 제지공이 파업 중에 대체당했다.[26]

1990년대에는 화이트칼라 노동자 역시 노사 간의 사회계약이 변화하는 현실에서 손해를 보는 쪽이 됐다. '사슬톱' 앨버트 던랩Albert Dunlap, '중성자탄' 잭 웰치Jack Welch, '청산자' 어윈 제이컵스Irwin Jacobs 같은 경영자들이 수십억 달러를 절감하기 위해 대량 정리해고를 감행했다.[27] 노동자들은 한때 경기 침체와 재정 위기 상황에서만 단행됐던 정리해고가 이제는 회사가 번창하는 와중에도 서슴없이 이뤄질 만큼 빈번해졌다는 것을 깨달았다.

1994년 프록터앤드갬블은 '원가 절감' 이후 2분기 수익이 13% 이상 증가했다고 발표했는데, 여기서 말하는 원가 절감에는 전 세계적으로 1만3,000개의 일자리와 30개의 공장을 없애버린 것도 포함됐다.[28] 〈뉴욕타임스〉는 노동부 통계를 분석한 기사에서 1979~1995년 미국에서 4,300만 개의 일자리가 사라졌고, "주로 대기업에 다니는 고임금 화이트칼라 노동자"의 실직이 늘어나는 추세라고 보도했다. 그리고 이 기사를 작성하기 위해 실시된 여론 조사에서 1980~1996년 "전체 가정 중 약 4분의 3이 정리해고를 가까이서 목격했고", 전체 가정 중 3분의 1이 실직한 구성원으로 이루어져 있다는 사실이 밝혀졌다.[29]

실직의 이유 중 하나는 자동화였다. 컴퓨터와 소프트웨어의 발달로 특정 직군과 직무가 불필요해졌다. 그리고 정리해고에서 살아남은 노동자들이 다음번 해고 대상이 되지 않기 위해 더 적은 돈을 받고도 더 많은 일을 하면서 기본적인 업무량이 늘어난 것을 감수했다. 정리해고는 풀타임 직원을 내보내고 그 일을 콜센터, 인력회사, 장기 임시직에 아웃소싱하는 수단으로도 활용됐다. 당시에 인기를 끈《과로하는 미국인》《무정한 경영Mean Business》(한국어판《던랩의 기업수술》)《날씬하고 무정하게Lean and Mean》(한국어판《세계화 시대 대기업의 진화》)《화이트칼라 착취White Collar Sweatshop》《일회용 미국인Disposable American》 같은 경영서 제목에서 시대상을 엿볼 수 있다.[30]

이처럼 생산성을 강조하며 노동자를 소모품 취급하는 시각은 초기 산업사회에서 노동자의 시간을 1분이라도 더 쥐어짜려 했던 기업에서 보던 것이다. 물론 핑커튼탐정사무소를 동원해 노동자를 폭행하거나 위협하는 기업은 이제 사라졌지만, 1990년대 들어와서는 소프트웨어로 노동자가 어떤 단어를 입력하는지, 작업을 완수하는 데 시간이 정확히 얼마나 걸리는지, 허락 없이 쉬고 있진 않은지 등을 확인할 수 있게 됐다.[31]

이렇게 컴퓨터를 이용해 더 쉽게 노동자의 행동을 추적할 수 있게 되자 기업이 언제 노동자가 필요하고 필요하지 않은지 판단하기도 훨씬 더 쉬워졌다. '적시 일정 관리'가 인기를 끌면서 점점 더 많은 노동자가 임시직이나 독립계약자가 됐다. 1998년 말 미국에서 임시인력공급업체는 연간 500억 달러의 매출을 올리는 산업이 됐고, 5개 기업 중 1개가 전체 인력 중 10% 이상을 임시직으로 채웠다. 임시직 노동은 원래 방학을 맞은 학생이나 은퇴자, 이직을 준비하는 노동자가 쓰는 단기적인 취업 수단이었지만 이제는 장기적인 커리어가 됐다. 그 무렵 마이크로소프트 한 군데서만

임시직이 5,000명에 달했고, 그중에서 1년 이상 재직 중인 사람이 1,500명이었다.[32]

임시직 중 일부는 장기 근로계약을 맺었으나 여러 방면에서 보면 그들은 사회안전망 바깥에 있었다. 주로 임시인력공급업체를 통해 고용되는 임시직은 동료들에게 주어지는 퇴직연금, 유급 휴가, 임금 인상, 승진 같은 혜택을 받지 못했다. 게다가 임시직이라는 지위는 사내 인간관계에도 영향을 미쳤다. 잡지《임시직 노예Temp Slave》의 발행인 제프 켈리Jeff Kelly는 1998년《패스트 컴퍼니Fast Company》 인터뷰에서 임시직이 '이방인'과 같다며, "그렇게 불안정할 수가 없어요. 복지는 전혀 없죠. 언제 계약이 해지될지도 몰라요. 동료들한테는 마치 자기들 생계를 위협하는 사람 취급을 당하고요. 참담하죠"라고 말했다.[33]

기업에서 화이트칼라의 임시직 비중이 높아졌다면, 서비스업과 판매업에서는 적시 일정 관리 아래 파트타임 노동이 늘어나면서 노동자가 느끼는 불확실성이 더욱 커졌다. 대침체를 거치면서 풀타임 노동을 희망하는 파트타임 노동자가 약 400만 명에서 900만 명 이상으로 급증했다.[34] 2014년에 그 수가 줄었다고는 하지만(750만), 그럼에도 2007년 대침체가 시작되기 전의 2배 정도였다.

원하는 시간보다 적게 일하는 것만 문제가 아니었다. 기업이 컴퓨터로 일정을 관리하기 시작하면서 노동자가 자율적으로 일정을 관리하기가 어려워졌다. 컴퓨터 관리 시스템 덕분에 기업은 수요가 예상되는 시간에만 노동자에게 근무를 요구했고, 그래서 충분한 예고 없이 근무시간이 변동되기 일쑤였다. 노동통계국 자료를 보면 26~32세 파트타임 시급 노동자 중 47%가 일정 변경에 대한 예고를 일주일 이내의 촉박한 시차를 두고 받았다.[35] 출근을 했더니 컴퓨터가 판매 속도가 느리기 때문에 일할 필요가 없다고 통보하는 경우도 있었다.[36] 이런 식으로 일정이 유동적이다 보니 노동자가 아이를 돌보고, 대학 수업을 듣고, 부업을 하고, 충분한 소득을 올리는 데 지장이 생기는 것은 당연했다.[37]

이와 같은 임시 노동, 적시 일정 관리, 대량 정리해고를 모두 채택한 공유경제는 노동자를 박대하는 수법을 기술적으로 혁신한 결과물에 지나지 않는다. 공유경제는 기업이 아무 의무도 지지 않고 고용한 임시 인력을 앱과 연결해 주문이 들어오는 즉시 일정을 생성함으로써 편의를 제공하는 시스템이다. 기업의 입장에서는 적시 일정 관리, 인력회사를 이용한 아웃소싱, 단돈 1센트까지 챙기는 회계를 실현할 수 있는 최적의 수단이다. 한 CEO는 "1만 명을 10~15분간 고용할 수 있습니다. 일이 끝나면 그 1만 명은 증발하죠"라고 말했다.[38]

앞으로는 점점 더 많은 사람이 '증발'할지도 모른다. 2013년 세계 공유경제 시장은 260억 달러 규모였으며, 일각에서는 조만간 1,100억 달러의 매출을 올리는 시장으로 발전해 미국의 레스토랑 체인 산업보다도 커질 것이라고 내다봤다.[39]

이 '새로운' 경제적 움직임은 노사 간의 사회계약이 변화하고 기업이 노동자에게 마땅히 제공해야 하는 것에 대한 인식이 달라지는 더 큰 흐름 속에 있다. 공유경제는 우리에게 혁신을 약속하지만 실상은 노동자에게 안전망이 거의 없었던 초기 산업사회로 퇴보하고 있을 뿐이다.

## 좋은 일자리, 나쁜 일자리, 없는 일자리?

〈왜 아직도 그렇게 많은 일자리가 존재하는가?Why Are There Still So Many Jobs?〉라는 논문에서 MIT 경제학과 데이비드 오터David Autor 교수는 "ATM이 보급돼도 은행원은 줄지 않고 오히려 고객에게 각종 신상품을 소개하는 영업자로서 더 고차원적인 일을 하게 되었다"고 썼다. 긱경제도 노동자를 디지털 플랫폼에서 노동력을 마케팅하고 판매하는 영업자로 만든다.[40] 자기 자신을 판매하는 것은 제이콥 해커가《위험 대이동The Great Risk Shift》에서 경제적 위험이 기업과 정부로부터 평범한 노동자에게 전가되는 현상을 파헤치면서 언급한, 이른바 개인 책임주의 메시지의 연장선상에 있다.

이 새로운 경제는 노동자가 교육을 받고 인맥을 넓혀서 스스로 시장 가치를 키울 것을 요구한다. 그리고 자신을 브랜드이자 기업으로, "임시로 타인과 더 큰 기업을 도울 용의가 있는… 주식회사 나의 CEO"로 마케팅하라고 한다.[41] "이렇게 세상을 비용 절감과 개인화의 측면에서 바라보게 하는 관점의 중심에는 '책임화'라는 개념이 자리 잡고 있다."[42] 사람들이 어디서 일하고 어디서 살지, 어떻게 시간을 쓸지는 어느 정도 자율적으로 선택할 수 있게 해주지만, 사실상 '책임이 따르지 않는 권리'는 없다.[43]

이런 개인 책임주의 메시지는 신자유주의 이념의 한 축으로, 긱경제 플랫폼에서 표방하는 시업 창출성과 결합해 더욱 기세가 등등해졌다. 기업은 공유경제로 인해 노동자가 '사장님'이 될 수 있다고 주장한다. 노동자가 일정을 자유롭게 짤 수 있고("일하고 싶을 때 일하세요"), 노동의 내용을 선택할 수 있다고 말한다("좋아하는 일을 골라보세요" "어디서 운전할지는… 스스로 결정하시면 됩니다" "투숙객을 직접 선택하세요"). 또한 노동자는 임금 지급일도 선택 가능하다는 말을 듣는다("언제든 버튼만 누르면 지급됩니다").

이 메시지는 선택의 제약 요인을 무시한다. 노동자들이 긱경제에 의존하는 것은 달리 선택의 여지가 없기 때문이다. 임금은 정체되고 소득 급변성이 큰 상황에서 경제적 안정성을 유지하자면 선택할 수 있는 것이 거의 없다. 게다가 노동자가 벌 수 있는 금액은 제한된 수의 임시 노동이나 잠재적 승객을 차지하기 위해 경쟁하는 동료 노동자의 수에 직접적인 영향을 받는다. 플랫폼의 입장에서는 일할 능력과 용의가 있는 잠재적 노동자가 대량으로 확보되어 잠재적 고객의 주문에 그때그때 대응할 수 있어 좋지만, 노동자는 일할 사람이 적을수록 더 많은 돈을 벌고 노동에 더 큰 통제력을 발휘할 수 있다. 보수는 줄어드는데 플랫폼이 가져가는 수수료는 늘어나니까 노동자는 자기 인생에 더 큰 책임을 지라는 강요를 받으면서도 정작 인생에 대한 통제력은 감소한다.

공유경제 업체들은 개인과 개인을 이어주는 서비스 덕분에 바쁜 부모들이 장을 대신 봐줄 사람을 고용하고, 아이를 축구 교실에서 데려올 우버 기사를 고용(추적)하기가 더 쉬워졌다고 말한다. 그런데 이처럼 쉽게 노동자를 고용하고 해고할 수 있는 것은 기업의 관리자에게만 솔깃한 장점이다.

내가 면담한 태스크래빗과 키친서핑 노동자 중에도 다수가 기업 행사에 요리를 하러 가거나 스타트업에 이케아 가구를 조립하러 가는 등 기업 의뢰인에게 고용된 적이 있다고 했다. 요즘은 우버와 에어비앤비 사용료도 출장비로 인정되는 추세다.[44] 2017년 9월 이케아가 태스크래빗 인수를 발표했다.[45] 내가 연구 표본이 이제 충분히 모집됐다고 생각한 이유 중 하나는 여러 명의 태스커가 동일한 작업에 대해 말했기 때문이다. 그들은 공정무역 커피를 판매한다고 홍보하는 브루클린 소재의 커피회사에서 봉투에 커피를 담는 일을 했다. 내가 면담한 노동자 가운데 기업 의뢰인에게 고용됐던 사람들은 번듯한 기업이 보통 여러 보호장치를 제공하는 종업원에게 시킬 만한 육체노동이나 서비스 노동을 자신들에게 시키는 것을 이상하게 여기지 않았다.

《좋은 일자리, 나쁜 일자리: 미국 고용 시스템의 양극화와 불안정성 증가Good Jobs, Bad Jobs: The Rise of Polarized and Precarious Employment Systems in the United States》에서 아르네 칼레버그Arne Kalleberg는 지난 수십 년간 일자리의 질에 일곱 차례 대변화가 있었다고 썼다. 예를 들면 좋은 일자리와 나쁜 일자리의 양극화가 심해졌고, 전반적으로 일자리의 불안정성이 커졌다. 좋은 일자리가 질이 안 좋고 임금이 낮은 일자리로 대거 대체됐고, 탄력적인 노동을 가능케 하는 정책과 규정은 여전히 느리게 시행, 활용되고 있었다.[46]

칼레버그는 인적 자본과 사회적 자본의 중요성도 언급했다. "노동이 변화하면서 노동시장에서 성공하기 위해 필요한 기술의 중요성이 더욱 부각됐다. 인적 자본과 사회적 자본을 더 많이 보유한 노동자일수록 더욱 시장화된 고용관계에서 만들어지는 기회를 활용하기가 좀 더 유리했다. 학력과 기술이 좋다고 해서 특정한 고용주와의 관계에서 일자리 안정성이 반드시 더 좋아진다고 할 수는 없지만, 시장에서 더 잘 팔리는 기술이 있는 사람은 아무래도 노동시장 안정성이 더 클 수밖에 없다. 그래서 일반적으로 더 많은 소득을 올리고, 일에서 더 많은 통제력을 발휘하며, 더 큰 내적 보상을 받고, 일자리의 질이 전반적으로 더 좋다."[47]

공유경제에서는 실제로 더 좋은 기술과 더 많은 자본이 차이를 만든다. 에어비앤비 호스트와 키친서핑 셰프 중에는 분투자보다 성공자나 중간자가 더 많고, 자신을 사업가로 여기는 사람의 비율이 높다. 하지만 칼레버그의 주장 중 후반부는 공유경제에 해당되지 않는다. 공유경제에서는 학력이 더 좋다고 노동시장 안정성이 커지거나 일자리의 질이 더 좋아지지 않는다. 오히려 공유경제는 저인기, 저학력 노동(최후의 수단)마저 고학력자를 위한 파트타임 노동으로 바꿔서 불평등을 심화시킨다.

앞서 줄리엣 쇼어가 지적했다시피 공유경제는 대졸 노동자가 대졸 청소원을 고용할 수 있게 만든다.[48] 결혼은 소위 사치재가 된 지 오래다. 고임금 고학력자가 끼리끼리 결혼하는 현실에서 저임금 저학력자는 매력이 떨어져 결혼하기가 쉽지 않다. 마찬가지로 공유경제는 누군가에게 고용되어 돈을 받는 것도 학력이 좋고 최신 기술에 밝으며 스마트폰과 넉넉한 데이터 요금제를 이용하는 사람들만 누릴 수 있는 사치재로 만들고 있다.

《4차 산업혁명 시대의 공유경제: 고용의 종말과 대중 자본주의의 부상The Sharing Economy: The End of Employment and the Rise of Crowd-Based Capitalism》의 저자 아룬 순다라라잔은 공유경제가 미활용 자산을 활용하고 경제적 기회를 확대함으로써 긍정적인 파급효과를 일으켰다고 보는 공유경제 찬성론자다. 하지만 그런 순다라라잔조차 공유경제 플랫폼이 사적인 일과 공적인 일의 경계, 직업과 아르바이트의 경계를 허물기 때문에 전통적인 고용의 종말을 초래할 수 있다고 지적했다.[49]

오전 9시부터 오후 5시까지 따분하게 일만 해야 하는 '전통적인 고용'의 종말이 나쁜 것은 아닐지도 모른다. 많은 기업이 탄력근무제를 도입했지만 실제로 사용하자면 낙인이 찍히는 경우가 많다.[50] 파멜라 스톤Pamela Stone이 연구한 바에 따르면, 아이가 있는 고학력 여성의 자발적 퇴사가 탄력근무 규정의 미비 때문인 것으로 드러났다. 탄력근무는 어린아이를 둔 여성을 비롯해 가족을 돌봐야 하는 노동자가 경력 단절을 겪지 않기 위해 이용하는 제도다.[51] 시간과 장소의 탄력성을 원하는 노동자에게는 근무시간과 상관없이 약속된 결과물만 내놓으면 되고 비교적 시급이 높은 프리랜서 노동이 매력적으로 비칠 수 있다.[52] 혹은 직업 안정성이 부족하고 안정적인 수입원이 부재하면 '그간 당연시해온 인생 운영법'이 기본적으로 이용 불가능한 것이 될 수 있다.[53]

## 프리랜서 임금
## 혹은 긱경제의 신기루?

우버와 태스크래빗 등 공유경제 업체는 자사 노동자도 고임금을 받는다고 주장한다. 2014년에 우버는 블로그에서 기사를 '소규모 사업가'로 칭하면서 "우버X 기사의 중위소득은 뉴욕에서 연간 9만 달러 이상, 샌프란시스코에서 연간 7만4,000달러 이상"이라고 밝혔다.[54] 하지만 우버 뉴욕지사장 조시 모어러Josh Mohrer의 트위터 글과 미국홍보팀장 레인 캐슬먼Lane Kasselman의 발언에 따르면, 수수료를 제한 후 기사의 평균 시급은 25~25.79달러였다. 앨리슨 그리스월드Alison Griswold는 "25.79달러로 잡아도 9만 달러는 달성하기 힘든 수치다. 주 70시간씩 연간 50주를 일해야 한다"라고 지적했다.[55]

시급 25달러면 2015년 12월 기준으로 운수업과 창고관리업 종사자 시급인 22.92달러보다 조금 높은 수준이지만, 우버의 임금은 유류비, 보험료, 정비료, 감가상각을 고려하지 않은 금액이다. 일반적으로 차량의 유지비를 계산할 때는 국세청이 정한 마일당 표준 공제액을 참고한다. 이 수치는 출장비 청구서의 교통비를 계산할 때도 사용된다. 마일당 표준 공제액은 2016년 54센트, 2017년 53.5센트였다. 그렇다면 플랫폼 수수료를 제하고 기사가 1달러를 벌면 그중 절반 이상이 비용으로 소비되는 셈이다. 차 할부금이나 렌트비까지 고려하면 기사가 실질적으로 버는 돈은 급격히 줄어든다.

우버도 기사들의 경제 사정을 아주 모르지는 않는 것 같다. "〈뉴욕타임스〉가 입수한 기사 소득에 관한 우버 내부 자료에 따르면, 우버는 리프트와 맥도날드를 신규 기사 채용의 주경쟁자로 간주했다."[56]

대성공을 거둔 기사들의 이야기도 있지만 그들의 고임금은 단순히 운전만 해서 나오는 게 아니다. 2015년 《포브스》에 차량을 액세서리 전시실로 만든 후 그 수익으로 여러 대의 차량을 구입하고 기사를 고용해서 연 25만2,000달러를 번 우버 기사가 소개됐다. 하지만 이 '우버 사업가'도 수입 중 대부분(월 1만8,000달러)이 액세서리 판매에서 나왔다. 그가 2014년(우버가 일련의 요금 인하를 단행하기 전)에 우버로 올린 수입은 월 3,000달러, 연 3만6,000달러에 불과했다.[57]

태스크래빗도 태스커가 풀타임으로 일하면 연 7만8,000달러를 벌 수 있다고 홍보한다. 태스크래빗 대변인 제이미 비지아노Jamie Viggiano는 "태스크래빗 노동자 중 약 15%가 풀타임으로 일하고 그들 중 다수가 수수료를 제하고 월 6,000~7,000달러의 소득을 올린다"고 밝혔다.[58] 하지만 월 6,000달러를 벌려면 시급 45달러로 주 40시간을 일하거나 90달러로 20시간을 일해야 한다. 의뢰인과 메시지를 주고받고 이동하는 시간에 대해서는 보수가 지급되지 않고 교통비도 지급되지 않으므로 고소득을 올리고 싶은 태스커라면 아마도 그보다 더 많은 시간을 일해야 할 것이다. 게다가 최근의 피벗으로 의뢰인에게서 처음 받는 작업의 수수료율이 20%에서 30%로 인상된 만큼 더욱더 많은 시간이 요구될 것으로 보인다.

높은 보수가 지급되는 작업도 일부 있긴 하지만, 대부분의 작업이 일회성이기 때문에 노동자가 고소득을 올리기 위해 필요한 안정적인 고용으로는 이어지지 않는다. 그리고 임시 노동으로 고소득을 올린다고 한들 그 금액에는 유급 병가, 유급 휴가, 실업보험, 건강보험 등 일반적으로 총보수에서 20~30%를 차지하는 복지 혜택이 수반되지 않는다.

그래서 긱경제에서는 불평등과 계층화의 문제가 부각된다. 기업은 자사의 플랫폼이 대중을 사업가로 만든다고 마케팅하지만 승자는 여분의 자본이 있는 사람들이다. 《기계와의 경쟁Race against the Machine》에서 에릭 브린욜프슨과 앤드루 맥아피는 기술 급변으로 일자리가 창출되는 속도보다 파괴되는 속도가 더 빨라서 생산성은 증가하나 고용은 감소하는 '거대한 탈동조화'가 발생한다고 지적했다.[59] 같은 경제학자인 데이비드 오터는 생산성이 증가하고 있다는 브린욜프슨과 맥아피의 주장에는 동의하지 않지만, 기술의 변화가 반드시 좋은 결과로 이어지는 것은 아니라는 사실에는 수긍했다. 은행원이 더 고차원적 기술을 구사하는 영업인으로 전환된 것은 창의성과 문제 해결력이 중시되는 고임금 직군과 그 대척점에 있는 저기술 서비스 직군이 늘어나면서 소득이 '양극화'되고 중산층이 '공동화空洞化'되는 현상을 잘 보여준다.[60]

예전에는 노동시장이 노동자가 고용주에게 희소한 노동력을 판매하며 경력을 쌓는 곳으로 여겨졌지만 이제는 이런 관점이 무너지고 있다. 데이비드 오터는 "돈이 돌지 않는 것은 아니지만 자본을 가진 자, 아이디어를 가진 자에게만 돈이 몰리고 있다. 그리고 자본은 노동만큼 공정하게 분배되지 않는다. 모든 사람이 어느 정도 노동력을 갖고 태어나지만 모든 사람이 자본을 갖고 태어나진 않는다"라고 썼다.[61] 긱경제에서 성공할 확률이 가장 높은 노동자는 사회적·경제적 자본을 가진 사람들이다.

이런 현실은 "제도권의 규범을 준수하지 못하거나 그 보호를 받지 못하는 경제 주체의 행위"로 정의되는 비공식 경제와도 관련이 있다.[62] 비공식 경제에 대한 연구는 대부분 불법 시장을 집중 조명하거나 개발도상국이나 신흥국을 분석한다.[63] 비공식 경제라는 개념은 키스 하트Keith Hart의 아프리카 도시 시장 연구에서 유래했다.[64] 이후 학계에서 중산층의 비공식 노동에 대한 연구가 진행되고 있긴 하지만, 주로 사람들이 "시간 배분의 효율성을 극대화하기 위해" 직접 기계를 수리하거나 잔디를 깎는 것처럼 경제 교환의 대상이 되는 행위를 줄이는 현상에 초점이 맞춰져 있다.[65] 지하 경제 참여자들처럼 긱경제 노동자들, 특히 '1099 노동자'로 분류되는 이들은 "각 주의 법과 규제 기관을 우회하는 비공식 경제 활동"에 종사하고 있다.[66] 이들 노동자는 자신이 보수를 받을 것이고 성희롱이나 업무상 재해를 당하지 않을 것이라 믿어야 한다.

이런 연구 결과에서 보듯이 모든 긱경제 노동이 평등하게 만들어지진 않는다. 일자리가 불안정하더라도 복지 혜택과 보호장치가 있으면 노동자가 경험하는 불안정성과 경제적 어려움이 줄어들 수 있다. 댄 주베리Dan Zuberi는 시애틀과 밴쿠버의 호텔 노동자에 대한 연구 결과를 제시하며 "경제 세계화가 반드시 불평등과

가난의 증가로 이어지라는 법은 없다"고 썼다.[67]

긱경제가 반드시 안정적인 일자리의 종말이나 사회안전망의 종말로 이어지라는 법은 없다. 공유경제는 임시 노동과 시급 노동이 아니라 공유와 공동체라는 이상적 가치를 내세우며 탄생했다. 다행인 점은 앱 노동의 첨단을 달리는 주문형 플랫폼 가운데 아직까지는 노동자를 종업원으로 대우하며 산재보험, 건강보험, 실업 보호책 같은 기본적인 사회안전망을 제공하는 곳이 존재한다는 사실이다.

## 공유경제에서 '종업원'으로 일하기

헬로알프레드의 맨해튼 사무실은 흔히 신기술을 이용하는 스타트업이라고 하면 떠오르는 풍경과 일치한다. 유니언스퀘어와 플랫아이언빌딩Flatiron Building의 경계 지점에 자리한 사무실은 고가의 체육 시설과 고급 가정용품 가게로 둘러싸여 있다. 벽돌 벽으로 둘러쳐진 작업 공간에서는 매력적인 20대 청년 몇 명이 일정 관리 소프트웨어를 사용하면서 노동자들의 작업 가능 여부 변동 사항에 대해 이야기하고 있다. 하버드 경영대학원에서 발행한 헬로알프레드 사례 연구의 저자 사인본이 입구에 걸려 있고, 게시판에는 청소를 잘해줘서, 더 쾌적한 삶을 영위하게 해줘서, 한숨 돌리게 해줘서 고맙다는 고객들의 손편지가 붙어 있다.

사무실 풍경은 전형적이지만 헬로알프레드가 신기술을 이용하는 여타 스타트업과 유사한 점은 딱 거기까지다. 설립 과정부터 우버나 에어비앤비와는 판이하게 다르다. 공동 설립자인 제시카 벡Jessica Beck과 마셀라 사포니Marcela Sapone는 월세를 충당하거나 더 저렴하게 파티를 열 방법을 찾다가 헬로알프레드를 설립한 게 아니다. 그들은 하버드 경영대학원 재학 시절 일과 삶의 균형을 맞출 방법을 고민했다. 사포니는 "항상 시간이 부족했어요. 그게 일종의 화두가 된 거죠. 하고 싶은 걸 다 할 시간이 충분하지 않다는 거요"라고 말했다.

그들이 찾은 해법인 헬로알프레드는 단순한 심부름 서비스가 아니다. 알프레드들은 의뢰인을 배정받으면 의뢰인에게 필요한 게 무엇인지 직관적으로 예측해서 대응해야 한다. 예를 들면 평소에 찬장에 있는 시리얼을 확인해서 시리얼이 떨어지지 않게 한다거나, 주방 설비가 잘 갖춰져 있지만 냉장고에 음식이 없으면 체크해서 의뢰인이 요리를 할 수 있도록 근처 농산물 직판장에서 신선한 채소를 20달러어치 사오겠다고 제안할 수도 있다.

"주문형이란 개념은 최적의 상태와 거리가 멀어요. 그때그때 주문한다는 건 미리 계획을 세우지 않았다는 거잖아요. (…) 따로 주문을 안 해도 집에 갔는데 누군가가 내 속마음을 읽은 것처럼 필요한 것을 다 해결해놓았다면 나를 대신해서 계획을 세워주는 사람을 고용한 거나 마찬가지죠. 우리는 고객과 신뢰 관계를 만들어야 했어요. 우리가 집안일을 설령 고객보다 잘하진 못해도 최소한 고객만큼은 할 수 있고, 누가 감시하지 않아도 집에 출입하는 걸 허락해도 될 만큼 믿을 만하다는 신뢰를 줘야 했죠."

이 '직관적 탐지 노동'이 쉽지 않다는 것은 두 설립자가 직접 겪어봐서 잘 알고 있었다. 그들은 하버드 시절에 한 학기를 휴학하고 최초의 알프레드로 일했다. 지금도 회사의 간부들이 주기적으로 현장에 나가서 알프레드들의 고충을 몸소 체험한다.

잠재적 노동자를 대거 확보하는 데 주력하는 다른 업체들과 달리 헬로알프레드는 특정 지역에서 적어도 안정적인 파트타임 일자리 정도는 제공할 수 있을 만큼 수요가 발생하기 전에는 노동자를 추가로 고용하지 않는다. 알프레드는 수습 기간 2주 동안에는 시급 16달러를 받고, 이후에는 시급이 18달러로 인상된다. 평균 임금은 시급 약 22달러이고, 목표는 시급을 30달러까지 올리는 것이다. 모든 노동자가 W2 종업원이고, 풀타임 알프레드는 풀타임 회사원처럼 월요일부터 금요일까지 일하고 건강보험(치아 및 시력 보험 포함), 장해보험, 유급 휴가가 제공된다. 아직 401k(확정기여형 퇴직연금)는 제공되지 않지만 이것은 전 직원이 마찬가지다.

노동자를 W2 종업원으로 고용하는 과정이 순탄하지만은 않았다. 관련 인력을 더 뽑아야 했고 법적인 부담이 더 커졌으며 당연히 인건비가 더 많이 들어갔다. 잠재적 투자자들이 노동자를 독립계약자로 분류하지 않으면 투자를 못 하겠다고 반발했다. "당시에는 그런 기류가 있었어요. 우버 때문에요. 'OO계의 우버'… VC(벤처캐피털리스트)들에게는 그게 주인공이었어요. (…) 모두 우버 모델에 열광했죠. 일단 돈을 뿌려서 고객을 유치하고 수익 구조에 대해서는 나중에 생각하는 모델 말예요. 탄력성이니 부업이니 하는 말 전부 헛소리예요. 실상은 일해서 돈도 많이 못 벌고, 계획도 못 세우고, 복지 혜택도 못 받는 거죠."

사포니와 벡도 노동자를 종업원이 아니라 독립계약자(1099 노동자)로 고용할 수 있었다. 하지만 1099 모델에서 고객과 노동자의 이탈률이 높게 나타나는 것이 싫었다. 그리고 그런 식으로 만든 일자리의 질에 대한 우려도 있었다. 〈쿼츠Quartz〉 칼럼에서 사포니는 이렇게 썼다.

> 기술의 발달로 새로운 상품과 서비스를 이용하는 사람이 늘어날 수도 있지만, 서비스를 제공받는 집단과 제공하는 집단의 간극이 벌어질 수도 있다. (…) 기업의 성공과 노동자의 성공이 별개의 것이 되어서는 안 된다. 우리는 직원을 1차 고객으로 여기는 것이 최종 고객을 만족시키기 위한 최선의 길이라고 믿는다. 1099 분류로는 그런 목표를 달성하기가 어렵다. 그것은 필연적으로 노동자와 기업의 간극을 만들기 때문이다. 기업이 의미 있는 노동, 교육, 경력 개발을 제공해야 할 의무는 없다. (…) 우리는 그런 관행을 깨뜨리는 것이 사람들을 우리가 수행하는 기술 사업의 중심으로 데려오는 것이라고 본다. 그것은 좋은 일자리를 제공해야 할 책임을 받아들이는 것이다. 기업이 노사관계에서 중시해야 할 것은 원가가 아니라 원칙이다. 이상의 원칙은 무조건 사업에 유리하다.[68]

마이클 샤프, 마이크 러셀Mike Russell, 저스틴 겔러Justin Geller가 2009년에 시작한 청소업체 마이클린도 원칙이 수익에 미치는 영향을 잘 보여준다. 4장에서 살펴보았듯이 마이클린은 초기에 외주 인력을 썼는데, 회사가 노동자를 귀하게 여기지 않는 것과 마찬가지로 청소원들도 용병과 같은 마음가짐으로 일했다. 그 결과 청소의 품질과 신뢰도가 들쑥날쑥해서 고객 이탈률이 높았다. 고객 유치 비용을 감안하면 큰 문제였다. 게다가 법적으로 보면 회사가 청소원에게 유니폼 착용이나 구체적인 근무시간 등을 요구할 권한이 없었다.

현재 마이클린 직원은 W2 종업원이다. 회사의 사명선언문에는 "우리는 청소원을 종업원으로 고용하고 그에 따르는 권리와 혜택을 제공합니다. 여기에는 이동 시간에 대한 보수 지급, 잔업 수당 지급, 급여세 납부, 장해보험·산재보험·건강보험 제공, 공정노동기준법에 따른 보호장치 제공, 401k 매칭(직원이 401k에 납입하는 금액의 일정 비율을 회사가 추가로 납입하는 것 – 옮긴이) 등이 포함됩니다" 라고 쓰여 있다.

회사와 노동자의 권리와 책임은 W2 모델에서 명확해진다. 회사와 노동자는 성공하기 위해 각자 어떤 책임을 다해야 하는지, 노동자에게 어떤 식으로 보수가 지급되는지가 잘 반영되어 있다. 그리고 노동자는 기본급이 얼마일지 예상할 수 있다. 노동자를 종업원으로 고용했을 때는 예상치 못한 이점도 생긴다. 구인 비용이 크게 줄고 대부분의 직원이 입소문을 통해 들어오기 때문에 품질 관리가 수월해진다. 기존 직원이 회사에 함량 미달인 사람을 추천했다가는 자기 입지마저 흔들릴 수 있기 때문에 미리 사람을 잘 알아보고 추천하는 것이다.[69]

노동자를 종업원으로 고용하는 것은 단순히 사회보장세를 회사가 납입하는 차원을 넘어선다. 연봉직 종업원과 동일한 혜택을 제공해야 한다. 내가 마이클린의 공동 설립자이자 CEO인 마이클 샤프를 만났을 때 마이클은 얼마 전 휴일에 한 해 동안 열심히 일해준 직원들에게 감사하는 뜻으로 바비큐 전문점에서 가족 동반 파티를 열었다고 했다.

독립계약자가 증가하고 품팔이가 성행하는 현실에서 이에 저항하는 기업이 마이클린만은 아니다. 개인 물품 보관 서비스 메이크스페이스Makespace, 음식 배달 스타트업 먼처리, 사무실 관리 서비스 매니지드바이큐Managed by Q 등도 노동자를 종업원으로 고용하고 있다. 장보기 대행 서비스 인스타카트는 파트타임 노동자(주 29시간 이하 근무)를 종업원으로 분류한다.

그렇다고 노동자를 종업원으로 고용하는 것이 자선의 차원에서 행해지는 일은 아니다. 일례로 매니지드바이큐는 독립계약자 모델을 거부하는 것을 사업 전략으로 여긴다. 설립자 댄 테런Dan Teran은 회사를 시작하면서 제이넵 톤Zeynep Ton의 《좋은 일자리의 힘The Good Jobs Strategy》을 읽었다. 이 책은 노동자가 행복하면 생산성이 증가한다는 '행복한 노동자 모델'을 논하며, 노동자에 대한 투자가 장기적으로 회사에 더 큰 수익을 가져온다는 증거로 자포스Zappos(인터넷 신발 판매업체)와 트레이더조Trader Joe(유기농 식품을 판매하는 미국의 슈퍼마켓 체인)의 사례를 제시한다. 그래서 현재 매니지드바이큐는 건강보험, 401k 매칭, 유급 육아·간병 휴가 등 전통적인 기업에서 제공하는 것과 동일한, 혹은 그것을 뛰어넘는 수준의 복지 혜택을 제공한다.[70]

'착한 우버'라고도 불리는 주노Juno도 비슷한 관점을 보여준다.

주노는 "기사님들이 여러분을 더 잘 모시도록 기사를 더 잘 모시는" 기업이라고 홍보했다. 이 회사는 기사를 진정한 파트너로 여기며 스톡옵션을 제공하고 수수료도 우버(25%)보다 낮게 책정했다(24개월 동안 10% 보장).[71] 기사들이 평일과 주말을 막론하고 24시간 중 어느 때고 상담원과 통화할 수 있는 것도 우버의 악명 높은 이메일 연락 시스템과는 달랐다.[72]

그렇다면 왜 다른 회사들은 노동자를 종업원으로 고용하거나 스톡옵션을 제공해 회사와 일체감을 느끼게 하지 않는 걸까? 그 이유는 노동자를 독립계약자로 분류하면 막대한 비용을 절감할 수 있기 때문이다. 실업보험, 산재보험, 사회보장연금, 메디케어, 건강보험 등 각종 복지 혜택에 들어가는 돈을 감안하면 비용을 30% 정도 아낄 수 있다.[73] 위험을 노동자에게 전가하는 기업은 정당한 임금을 제공하는 기업보다 훨씬 싼 가격을 책정할 수 있다.

이처럼 노동자를 독립계약자로 분류하면 거액을 절감할 수 있기 때문에 기업은 노동자를 악용하려는 비뚤어진 욕망이 생긴다. 그리고 노동자를 종업원으로 분류하는 기업은 아무래도 경쟁에서 불리할 수밖에 없다. 그럼에도 마이클린의 최고운영책임자 켄 슐츠Ken Schultz는 "법이 없으면 사람들에게 장비를 쥐어주고 교육을 시키고 몰래 30달러를 찔러주는 게 좋은 방법일 수도 있겠죠. 하지만 우리는 법을 준수합니다. 그래서 직원을 고용하고 직원의 권리를 인정합니다. 우리는 공정하게 경쟁할 수 있기를 원해요"라고 말한다.[74]

## "커튼 뒤의 남자는 신경 쓰지 마"

대체 어쩌다 원칙을 지키는 기업은 극소수에 불과하고 노동자를 소모품 취급하는 기업이 넘쳐나게 된 걸까? 어째서 플랫폼 기업과 그 지지자들이 공론의 장을 지배하게 된 걸까? 그 원인 중 하나는 이들 공유경제 기업이 언어를 장악했기 때문이다. '공유'라는 말은 많은 죄악을 은폐한다. 마찬가지로 이 기업들을 '기술기업'이라 부르는 것도 사회계약을 무시하기 위한 수법이다. 어떤 기업이 기술 분야에 속해 있다고 하면 사람들은 이해를 못 해도 어쩔 수 없다고 여긴다. 예전에 비디오 플레이어에서 12:00이 깜빡여도 그냥 놔뒀던 것처럼 말이다(비디오 플레이어의 시간 설정법이 복잡해서 대부분의 사용자가 시간을 맞추지 않고 초기 설정 그대로 사용했다 – 옮긴이). 아마도 대부분이 이런 심정일 것이다. '너무 복잡해. 이해가 안 돼. 버튼은 많은데 직관적이지가 않아. 그리고 어차피 또 바꿔야 할 텐데 뭐 하러 굳이 이해하려고 고생해?'

마이클린의 CEO 마이클 샤프는 이렇게 말한다. "기술업계에서 착각하는 게 있어요. 아무 데나 신기술을 갖다 붙이면 유니콘이 될 거라는 [생각이요]. 집 청소 서비스처럼 실생활에 밀착된 사업에 기술적인 요소를 넣으면 당연히 10억 달러짜리 사업이 되는 줄 알아요. 그런 건 소셜미디어 플랫폼도 아니고 소프트웨어도 아니에요. 서비스 플랫폼이죠. 기술 사업이 아니라고요. 엄밀히 말해서 기술은 부차적인 요소죠. 그건 생활 밀착형 사업이고, 사람과 사람이 만나는 생활 밀착형 사업은 진정한 의미의 기술 사업과 같은 속도로 확장되지 않습니다. 소프트웨어가 아니라 사람이 성장의 기초가 되거든요."

공유경제 플랫폼은 기술 사업이나 온라인 중개소라는 딱지만 붙으면 무슨 일이든 해도 된다는 허가증이라도 발급받은 것처럼 여긴다. 물론 어마어마한 기술의 변화 속도를 생각하면 기업이 예고 없이 노동자를 해고해야 할 때도 있을 것이다. 하지만 그 허가증의 이면에는 그런 해고의 필요성을 뒷받침하는 논리가 1980~1990년대 대량 정리해고를 단행하던 기업들이 주로 쓰던 논리라는 사실을 은폐한다.

그리고 성공자와 중간자는 다른 직업이나 관심사가 있기 때문에 공유경제 내부의 문제를 쉽게 무시할 수 있다. 공유경제는 그들의 정체성이 아니다. 그들의 직업도 아니다. 에어비앤비에서 다수의 숙소를 운영하는 회사법 변호사 조슈아의 말에서 이런 심리가 잘 드러난다.

> 처음에 할 때는 시간을 많이 썼어요. (…) 뭐든 내가 다 했어요. 내가 직접 가서 청소했죠. (…) 변호사 일만 하다가 몸을 쓰면서 일하니까 묘하게 재미있었어요. 오후 1시에 사무실을 나와서 아파트를 청소하고 손님을 맞는 것도 그 나름의 맛이 있더라고요. 맨날 머리 쓰는 일만 하다가 기분 전환이 되는 거죠.

일시적으로 삶의 속도가 조금 달라지는 것이 재미있을 수는 있다. 조슈아는 아마 집 청소를 생계 수단으로 삼거나 호텔 프런트 직원으로 일할 생각은 없을 테지만 잠깐 부업으로 하는 것에는 매력을 느꼈을 것이다. 면담 막바지에 그는 약혼자의 어머니가 비합법 이민자 신분으로 다른 주에 살고 있다면서 그녀를 열쇠와 청소 관리자로 고용할 계획이라고 했다. 그의 말을 빌리자면 그와 동업자는 "몸 쓰는 일은 되도록 안 하고 [에어비앤비 숙박업을] 가만히 있어도 돈이 들어오는 사업으로 만들고 싶다"고 했다.

## 인종 혹은 계층?

그렇다면 사회계약을 무시하는 행태는 사회경제적 불평등 혹은 인종 불평등과 관련이 있을까? 앞에서 말한 대로 에어비앤비, 크레이그리스트, 이베이 등 공유경제 서비스에서 발생한 차별 사례는 이미 많이 보고됐다.[75] 하지만 노동자의 지위라는 관점에서 보면 어디서부터 어디까지가 인종 문제이고 계층 문제인지 명확하지가 않다. 인종이 노동자의 경험에 미치는 영향은 공유경제 노동자로 일할 때, 의뢰인으로서 플랫폼을 이용할 때, 비교적 높은 수준의 위험과 착취를 경험할 때, 이렇게 세 가지 측면에서 생각해볼 수 있다.

흑인은 공유경제 종사자 가운데 차지하는 비중이 낮다. 우버가 의뢰한 조사에 따르면, 우버 기사는 리무진/택시 기사보다 백인의 비중이 높고 흑인의 비중이 낮은 것으로 나타났다.[76] 공유경제 서비스의 '백색화'가 사람들이 그런 차별을 의식하기 때문에 생기는지, 아니면 디지털 격차 때문에 생기는지는 불분명하다. 예를 들어

저소득 소수자는 공유경제에서 성공하기 위해 필요한 수준의 스마트폰과 데이터 요금제를 이용하기가 어려울 수 있다. 그리고 실제 흑인의 공유경제 이용률도 더 낮은 것으로 나타났다.

2016년 3월 퓨리서치센터가 미국 성인 4,787명을 대상으로 실시한 설문조사(공유, 협력, 주문형 경제의 범위와 영향력에 대한 심층 조사)에 따르면, 사람에 따라 플랫폼 이용률이 천차만별인 것으로 드러났다. 미국 성인 중 72%가 11개 공유, 주문형 서비스 중 1개 이상을 사용한 적이 있고, 4개 이상을 사용한 사람이 약 20%였다. 하지만 퓨리서치센터는 공유경제를 폭넓게 정의했고 개중에는 공유경제에 속한다고 확실히 말하기 어려운 서비스도 있었다. 일례로 41%가 "당일 혹은 긴급 배송을 제공하는 프로그램을 이용한 적이 있다"고 답하고 28%가 온라인 판매점에서 티켓을 구입한 적이 있다고 했는데, 이것은 공유경제만의 특징이라 보기 어렵다. 50%가 온라인에서 중고를 구매한 적이 있지만, 승차 공유 앱을 써본 사람(15%)이나, 온라인 주택 공유 서비스를 사용한 사람(11%), 온라인에서 작업 대행자나 심부름꾼을 고용한 사람(4%)은 그리 많지 않았다.

이 조사에서는 각 서비스 플랫폼의 인종별 이용률 격차도 드러났다. 우버와 리프트 같은 차량 서비스는 소수인종이 택시를 잡을 때 겪을 수 있는 차별을 완화함으로써 불평등을 줄이는 데 도움이 되는 것으로 나타났다. 그런 서비스를 이용해본 사람의 비율은 라틴계(18%)와 흑인(15%)이 백인(14%)보다 약간 높았다. 하지만 백인 중 13%가 주택 공유 서비스를 이용한 반면에 라틴계와 흑인은 각각 9%와 5%에 그쳤다. 공유경제의 초기 진입자인 이베이나 크레이그리스트에서 중고를 구매한 사람의 비율도 흑인(36%)과 라틴계(48%)가 백인(53%)보다 낮았다.

계층 격차 역시 존재했다. 연소득 7만5,000달러 이상인 사람 가운데 61%가 온라인에서 중고를 구입했지만, 연소득 3만 달러 미만에서는 36%에 불과했다. 주택 공유 서비스의 경우 7만5,000달러 이상에서는 24%가, 3만 달러 미만에서는 4%가 이용했다.[77]

끝으로, 노동자가 범죄에 연루될 위험성이 인종이나 계층과 관련이 있는지에 대해서는 불분명하다. 아이작 레데가드Isak Ladegaard와 줄리엣 쇼어, 내가 공동으로 작성한 미발표 논문에서는 보스턴과 뉴욕의 영업용 차량 기사들이 겪는 위험을 법적 위험(예: 본의 아니게 범죄에 연루될 가능성), 경제적 위험(예: 언제든 '이용 정지'를 당할 가능성), 신체·정서적 위험(예: 성희롱과 폭행의 피해자가 될 가능성)으로 분류했다. 여성과 소수자는 각각의 위험을 겪을 가능성이 더 크고 위험 유형이 서로 겹치는 경우가 더 많았다. 또한 범죄를 다룬 6장에서 언급했다시피 합법성이 의심되는 상황을 경험한 노동자들은 대부분 소수자였다.

하지만 이 역시 어디까지가 인종의 문제이고 어디까지가 계층의 문제인지 딱 잘라 말하기는 어렵다. 체이스연구소Chase Institute의 조사에서는 소득이 낮은(4만4,800달러 이하) 사람들의 노동 플랫폼 참여율(0.6%)이 소득 최상위권(8만4,900달러 이상)에 속하는 사람들(0.3%)보다 높은 것으로 나타났다. 맥킨지국제연구소McKinsey Global Institute 보고서에도 저소득 가정이 마땅한 대안이 없어 독립 노동에 참여할 확률이 더 높다고 나왔다. 가계소득 2만5,000달러 미만인 사람 중에서 48%가 독립 노동에 참여했고 37%가 그 노동을 '필요'에 의한 것이라고 말했다. 반면에 고소득자(가계소득 7만5,000달러 이상)는 3명 중 1명이 독립 노동에 참여했고 '선택'에 의한 참여가 일반적이었다.[78]

대공황과 제2차 세계대전을 겪은 이후 백인과 소수자의 재산 증가 양상도 다르게 나타났다.[79] 백인은 정부 보증으로 주택담보대출을 받을 수 있었지만, 흑인은 부동산에 걸린 제한 특약과 은행의 저소득층 거주 지역 차등 대우로 그런 자원을 이용할 수가 없었다. 평범한 미국인의 재산 중에서 대부분을 차지하는 게 집값이었던 만큼 주택 보유에 따른 재산 격차도 점점 더 커졌다. 1994년 중위 백인 가구의 자산이 중위 비백인 가구의 7배 이상이었고, 고소득층에서도 백인의 중위 순자산(30만8,000달러)이 비백인(11만4,600달러)의 3배였다.[80]

특히 서브프라임 사태 때 주택을 보유한 소수자들이 대출 기관의 부도덕한 행태로 큰 타격을 입은 이후 재산 격차는 더욱더 커졌다. 소자본창업진흥회Corporation for Economic Development와 정책연구센터Institute for Policy Studies가 2016년에 발행한 보고서에는 "지난 30년간 백인 가구의 평균 재산은 85% 성장해 65만6,000달러에 도달했지만, 흑인 가구의 평균 재산은 27% 성장한 8만5,000달러, 라틴계는 69% 성장한 9만8,000달러에 그쳤다"고 나와 있다. 현 추세에서 라틴계가 백인과 같은 수준의 재산을 축적하려면 84년이 걸린다. 흑인 가구는 얼마나 걸릴까? 228년이다.[81]

내가 모집한 면담자들의 구성을 보면 대부분의 공유경제 서비스에서 비백인은 소수 집단에 해당됐는데(차량 호출 서비스만 예외였다), 중위 순자산이 적은 소수 집단에서 공유경제가 특히 더 위험할 수 있다고 나타났다. 본의 아니게 범죄에 연루된 노동자는 모두 분투자와 중간자였고, 여기에 성공자는 없었다. 그들이 인종 때문에 표적이 됐는지, 아니면 노동 플랫폼의 특성과 품팔이라도 해야 하는 절박함 때문에 미심쩍은 행위에 더 많이 노출됐는지는 확실치 않다. 성희롱, 업무상 재해, 불시 이용 정지를 당할 위험은 인종을 떠나서 모든 사용자가 안고 있지만, 분투자와 중간자가 성공자보다 그 위험성이 크게 나타났다.

일각에서는 경제가 더 발전하면 긱경제 업체들이 노동자 유치 경쟁을 벌여 복지 혜택과 노동자 보호장치를 강화할 수밖에 없을 것이라 주장한다. 하지만 실업률이 감소하는 상황에서도 긱경제는 꾸준히 성장 중이다. 소득 급변성과 소득 정체 때문에 긱경제 종사자가 크게 줄어들 것 같진 않다. 탄력적인 일정 관리와 자율적인 작업 선택에 방점이 찍힌 공유경제는 노동자들의 실질적인 필요를 충족시키고 있다. 내가 연구를 수행하는 동안 우리 가족 중에서도 한 명이 경제적 타격을 완화하기 위해 우버와 리프트 기사가 됐다. 그는 운전이 "입에 풀칠하는 데 도움이 된다"고 했다.

나는 공유경제에 대해, 특히 노동자 보호장치가 부족한 실태에 대해 비판적이지만, 만일 우리 사회가 전반적인 소득을 증가시키거나 기본소득을 제공할 게 아니라면, 사람들이 과도한 위험을 감수하지 않고도 필요에 따라 소득을 보충할 수단이 필요하다고 생각한다. 이때 쉬운 방법은 고용주가 긱경제 노동자를 분류하는 방식을 바꾸는 것이다.

## 노동자와 독립계약자

많은 공유경제 업체가 노동자를 소규모 사업가 내지는 독립계약자라고 부른다. 여기서 종업원과 독립계약자에 대한 정의와 해석에는 이견의 여지가 있을지라도 그들을 구별하는 기준은 연방법에 명시되어 있다. 공정노동기준법, 이주계절농업노동자보호법, 육아·간호휴가법에는 '종업원'이 비교적 넓게 정의되어 있다. 예를 들어 공정노동기준법에서 종업원은 고용주에게 고용된 개인이고 "고용은 '노동의 허용'을 포함하는 행위"로, "공정노동기준법에서 말하는 고용은 광의의 개념이며 '경제 현실'을 그 판단 기준으로" 삼는다.[82]

경제 현실은 다음의 여섯 가지 요인으로 평가한다. 해당 노동이 고용주의 사업에서 필요불가결한 부분인지 여부, 노동자의 관리 능력이 그의 이익이나 손실 기회에 영향을 미치는지 여부, 노동자와 고용주의 상대적 투자 규모, 노동자의 기술과 자주성, 노사관계의 영속성, 노사관계에서 고용주가 발휘하는 통제력이 그것이다.[83]

노동자 분류는 노동부, 국세청, 지자체 조세 기관에서 감독하지만, 고용주가 노동자를 직접 분류하기 때문에 위반자를 색출하기가 대단히 어렵다. 그 때문에 오바마 행정부에서 노동부 부장관을 지낸 세스 해리스Seth Harris는 노동자가 고소하지 않는 한 "잘못

분류된 노동자를 찾을 확률은… 유니콘을 탄 요정을 찾을 확률보다 낮다"고 했다.[84]

앞에서도 말했지만 노동자를 독립계약자로 분류하면 고용주가 내야 할 사회보장세를 포함한 급여세, 산재보험, 건강보험 납입액이 줄어든다. 노동자 오誤분류는 노동자가 실업급여를 신청했을 때 처리가 지연되는 문제를 야기할 수도 있다. 더욱이 주마다 법이 달라서 뉴욕주와 캘리포니아주에서는 일부 우버 기사가 실업급여 신청 시 종업원으로 인정되지만, 플로리다주에서는 독립계약자로 간주된다.[85]

기업마다 노동자를 자의적으로 분류하는 게 가능하다고 생각할 수도 있겠지만 국세청에서 분류에 참고하도록 만든 '20항 평가표'가 존재한다(320쪽 참고). 여러 개의 문항으로 된 이 평가표는 단순히 예, 아니오를 선택해서 점수를 합산하는 형태가 아니다. 가령 노동에 대한 통제력이 고용주 지위를 시사하는 것으로 취급되지만, 이것은 고용주가 실제로 통제력을 발휘할 때만 뜻하는 것은 아니다. 통제력을 발휘할 권한만 있어도 이에 해당한다. 더욱이 국세청에서 "1987년에 규정된 20개 요인 외에도 유의미한 요인이 존재할 수 있고, 각 요인의 중요도가 상황에 따라 달라질 수 있으며, 시간의 경과에 따라 유의미한 요인이 바뀔 수 있고, 모든 사실이 검토되어야 한다"고 강조하기 때문에 문제가 더욱 복잡해진다.[86]

20항 평가표는 공유경제에 대입하면 더욱더 모호해진다. 노동자가 이용 정지를 당할 수 있다면 이는 해고를 당할 수 있는 것과 똑같이 취급되는 것인가? 키친서핑 셰프는 의무적으로 앞치마를 착용해야 하지만(제1항 '지시 사항 준수') 실제로 일한 시간과 상관없이 정해진 근무 단위에 따라 정해진 보수를 받는다면(제12항 '임금 지급') 종업원인가 독립계약자인가? 운전자가 우버와 리프트 양사에서 일하지만(제17항 '동시 용역 제공') 요금을 각 업체에서 정한다면(제3항 '통합') 종업원인가 독립계약자인가? 태스커는 미리 정해진 4시간 단위로 일을 해야 하지만(제7항 '정해진 근무시간') 스스로 일정을 짤 수 있다면(제8항 '상근 의무') 종업원인가 독립계약자인가?

종업원과 독립계약자의 차이에 대한 의견이 분분하다 보니 학계 일각에서는 이른바 비독립노동자 혹은 주문형계약자라는 제3의 범주를 신설하자는 의견이 나오기도 한다.[87] 독일과 캐나다에서는 "단일한 고용주 혹은 의뢰인에게 상당히 혹은 전적으로 의존하는" 노동자가 이 범주에 속하고, 개중에는 소득의 80%가 단일한 의뢰인에게서 나오는 경우도 있다.[88] 미국에서는 이 범주가 도입되면 오히려 노동자가 더 큰 위험과 착취에 노출될 가능성이 있다. 가령 우버의 '비독립계약자'인 노동자는 경쟁업체나 여타 긱경제 플랫폼에서 제공하는 특별 요금 우대 혜택을 받지 못할 수 있다.

한편 전 노동부 부장관 세스 해리스와 프린스턴대학 경제학자 앨런 B. 크루거가 독립노동자라는 또 다른 범주를 제안했다.[89] 만일 미국의 독점금지법이 개정된다면 독립노동자에 속하는 이들이 단체교섭권을 얻고, 민권법의 보호를 받으며, 급여에서 세금이 원천징수될 것이다. 그리고 프리랜서연합에 소속된 노동자들처럼 장해보험, 퇴직연금, 책임보험 같은 복지 혜택을 누리기 위해 다른

모든 우버 기사가 독립계약자 분류에 동의하는 건 아니다. 2015년 6월 일부 기사들이 자신들의 1099 노동자 지위에 대한 여론을 환기하기 위한 시위의 일환으로 시청 앞 집회를 열었다.(저자 촬영)

독립노동자들과 공동 기금을 조성할 수도 있다.

그러나 이 범주에서는 노동자가 최저임금 지급 의무, 잔업수당 관련 법, 산재보험에 의해 보호되지 않고, 업무상 재해에 대한 보상을 주로 민사소송을 통해 받아내야 한다. 그리고 노동자들이 단

### 고용주-종업원 관계의 성립 여부를 판단하기 위한 20항 평가표

국세청이 규정한 20개 요인은 다음과 같다.

1. **지시:** 용역을 제공받는 자가 지시 사항 준수를 요구할 권한이 있으면 종업원 지위를 시사한다.
2. **교육:** 노동자 교육(의무적 교육 프로그램 참가 등)은 용역을 제공받는 자가 특정한 방식으로 용역이 수행되기를 원함을 시사한다(따라서 종업원 지위를 시사한다).
3. **통합:** 노동자의 용역이 용역을 제공받는 자의 사업 행위에 통합되어 있으면 종업원 지위를 시사한다.
4. **용역의 직접 수행:** 용역을 직접 수행할 것이 요구되면 용역을 제공받는 자가 작업을 완수하기 위해 이용되는 방법에 관심이 있음을 시사한다(따라서 종업원 지위를 시사한다).
5. **보조자 고용, 감독, 임금 지급:** 용역을 제공받는 자가 보조자를 고용 혹은 감독하거나 보조자에게 임금을 지급한다면 일반적으로 종업원 지위를 시사한다. 그러나 노동자가 자재와 노동력을 제공하고 결과에 대해서만 책임을 진다는 계약 조건하에서 타인을 고용, 감독하면 독립계약자 지위를 시사한다.
6. **관계 지속:** 노동자와 용역을 제공받는 자의 관계가 지속되면 종업원 지위를 시사한다.
7. **정해진 근무시간:** 노동자의 근무시간이 정해져 있으면 종업원 지위를 시사한다.
8. **상근 의무:** 노동자가 용역을 제공받는 자의 사업을 위해 상당한 시간 동안 상근해야 하면 종업원 지위를 시사한다. 독립계약자는 노동의 시간과 대상을 자유롭게 선택할 수 있다.
9. **고용주의 소유지에서 노동:** 노동이 용역을 제공받는 자의 소유지에서 행해지면, 특히 다른 곳에서 행해질 수 있음에도 그 소유지에서 행해지면 종업원 지위를 시사한다.
10. **순서 혹은 절차:** 노동자가 용역을 제공받는 자에 의해 정해진 순서나 절차에 따라 용역을 제공해야 하면, 노동자가 독자적인 노동

양식을 따를 수 없다는 의미이므로 종업원 지위를 시사한다.

11. **구두 혹은 서면 보고:** 노동자에게 정기적인 보고 의무가 있으면 종업원 지위를 시사한다.
12. **시·주·월 단위 임금 지급:** 시·주·월 단위로 임금이 지급되면 통상적으로 종업원 지위를 시사한다. 건당 임금이 지급되거나 수수료가 지급되면 독립계약자 지위를 시사한다.
13. **업무비 및 출장비 지급:** 용역을 제공받는 자가 비용을 지급하면 종업원 지위를 시사한다. 통상적으로 고용주는 비용을 관리하기 위해 노동자를 지휘할 권한이 있다.
14. **도구 및 자재 제공:** 노동자에게 중요한 도구와 자재가 제공되면 종업원 지위를 시사한다.
15. **상당한 투자:** 노동자가 설비에 투자하면 독립계약자 지위를 시사한다.
16. **이익 혹은 손실의 실현:** 용역의 결과로 이익을 실현하거나 손실을 입을 수 있는 노동자는 통상적으로 독립계약자다(단, 종업원에 의해 통상적으로 실현되는 이익 혹은 손실은 이에 해당하지 않는다).
17. **동시에 2개 이상의 기업에 용역 제공:** 노동자가 동시에 다수의 기업을 위해 최소한도 이상의 용역을 수행하면 통상적으로 독립계약자 지위를 시사한다.
18. **용역의 대중 이용성:** 노동자가 자신의 용역을 대중이 정기적으로 꾸준히 이용할 수 있게 하면 독립계약자 지위를 시사한다.
19. **해고권:** 노동자를 해고할 권리는 노동자가 종업원임을 시사하는 요인이다.
20. **종료권:** 노동자가 용역을 제공받는 자와의 관계를 언제든 법적 책임을 초래하지 않고 종료할 권리가 있으면 종업원 지위를 시사한다.

최근 국세청은 법적으로 고용주의 통제력이 존재하는지 판단할 때 유의미할 수도 있는 증거를 규정하고 이들 요인을 ①행동 통제력 ②경제적 통제력 ③용역의 제공자와 수용자의 관계라는 3개의 범주로 분류했다. 국세청은 1987년에 규정된 20개 요인 외에도 유의미한 요인이 존재할 수 있고, 각 요인의 중요도가 상황에 따라 달라질 수 있으며, 시간의 경과에 따라 유의미한 요인이 바뀔 수 있고, 모든 사실이 검토되어야 한다고 강조한다.

*출처: 조세공동위원회, *Present Law and Background Relating to Worker Classification for Federal Tax Purposes*, House Committee on Ways and Means, 2007.

체를 결성하고 직접 장해보험 같은 복지 혜택을 찾아서 그 재원을 마련해야 할 책임이 생긴다. 무엇보다 산재보험과 최저임금 지급 의무가 없는 게 문제가 된다.

제3의 전략은 현상태를 유지하면서 긱경제 노동자의 경제적 불안정성을 완화하는 것이다. 기술업계 기업가 출신인 마크 워너 Mark Warner 버지니아주 상원의원이 2017년 긱경제 노동자를 위한 이동형 복지 프로그램을 시범적으로 운영하자는 취지의 법안을 발의했다. 그 골자는 고용주가 바뀌어도 노동자에게 복지 혜택이 유지되는 프로그램을 마련하기 위해 연방정부가 관련 조직에 2,000만 달러를 투입하는 것이었다. 그 방법으로는 "건설업계의 일부 노조에서 시행하고 있듯이 노동자가 각각의 고용주를 위해 노동한 시간을 합산하고 교육 프로그램 및 퇴직연금을 제공하는 '시간 은행'이나, 소비자가 요금을 지불할 때 노동자 복지기금에 투입될 약소한 금액을 추가로 지불하는 것을 선택할 수 있게 하는 '선택형 찬조' 프로그램" 등이 있다.[90]

워너 상원의원은 "엣시 판매자, 에어비앤비 호스트, 우버 기사,

파트타임 컨설턴트로 잘나가는 사람도 있겠지만… 그들은 벼랑 끝에 몰리면 정부의 생활 지원 대상자가 될 때까지 추락을 막아줄 게 아무것도 없습니다"라며 이동형 복지를 '비상금'이라고 표현했다. "그건 부상을 당했을 때 치료비로 쓰일 수 있습니다. 기존의 퇴직연금 프로그램과 연계될 수도 있고요. 앞으로 오바마케어가 어떻게 되느냐에 따라서 건강보험료에 대한 부담을 줄이는 역할을 할 수도 있을 겁니다. 다양한 모델이 가능하다고 생각합니다."[91]

이동형 복지 프로그램이 공유경제 노동을 주업으로 하는 성공자와 분투자에게는 도움이 될지 몰라도 그것이 부업인 중간자에게는 그다지 유익하지 않을 수 있다. 그리고 해리스와 크루거의 '독립노동자' 모델, 혹은 앞서 말한 '주문형계약자' 모델에서는 노동자라면 누구에게나 필요한 보호장치가 제공되지 않는다.

## '시간 원칙' 해법

긱경제 노동자를 위한 해법은 긱경제 안에서 발견되는 다양한 요인, 다시 말해 각종 노동 유형과 노동자가 실력을 발휘하거나 착취당할 기회를 반영하면서도 단순해야 한다. 어려울 것 같지만 꼭 그렇지도 않다. 내가 제안하는 해법은 새로운 범주를 만들거나 수천만 달러를 들여 시범 사업을 운영하기 위한 법을 제정할 필요가 없다. 국세청의 스무고개도 필요 없다.

이 해법은 노동자가 독립계약자인지 단번에 알 수 있는 테스트로, 나는 이를 '시간 원칙'이라 부른다. 만약 근무시간을 고용주나

시장이 정한다면 그 사람은 독립된 게 아니다.

고용주가 근무시간을 정하는 것은 새로운 개념이 아니다. 마트와 상점 점원은 아무 때나 출근할 수 없다. 출퇴근 시간이 정해져 있다. 로펌 변호사, 교사, 회계사, 우체부, 응급실 의사, 콜센터 직원도 모두 고용주와 시장이 정하는 근무시간이 있다. 자정에 편지를 받거나 새벽 4시에 텔레마케팅 전화를 받고 싶은 사람은 아무도 없다. 일부 직군은 인력 배치도 고려해야 한다. 가령 교사는 학생들이 학교에 있을 때 근무해야 하고 응급실에는 긴급 상황을 다 감당할 수 있을 만큼의 의사가 필요하다. 사람들에게 언제 출근하라고 요구하는 게 잘못된 일은 아니다. 하지만 아무 때나 일하고 싶을 때 일할 수 있는 게 아닌데도 독립계약자로 간주되어선 안 된다.

진정으로 독립된 노동자라면 특정한 시간을 강요받지 않고 언제 일할지 직접 정할 수 있어야 한다. 진정한 의미의 독립계약자라면 프리랜서 작가나 자영업자처럼 노동의 독립성이 당연시돼야 한다. 그런 사람들은 법적 책임에 대한 보호막을 확보하기 위해 법인을 설립하는 경우가 많다.

우버를 위시한 공유경제 업체는 노동시간 탄력성을 강점으로 내세울지 모르나 영업용 차량 운전자의 노동시간은 시장에 의해 결정된다. 러시아워에 일하지 않는 기사는 수입이 크게 줄어든다. 그리고 승차 공유 플랫폼들은 특정 시간대나 요일, 날짜에 보너스를 지급하거나 일정한 수입을 보장함으로써 기사가 그 시간에 일하도록 유도한다. 이로써 노동의 탄력성이 더욱 줄어든다.

태스크래빗의 2015년 피벗 이후 태스커들은 오전 8시~오후 8

시 이외의 시간에는 작업을 받을 수 없게 됐다. 포스트메이츠와 페덱스 배달원은 정해진 시간대에 물품을 배달해야 한다. 에어비앤비 호스트는 손님을 받을 날을 자유롭게 정할 수 있지만, 예약 신청이 들어오면 정해진 시간 안에 응답해야 한다. 그리고 주말이 낀 연휴처럼 1년 중에 수익성이 특히 더 좋은 기간이 존재한다. 시간 원칙에 따르면 이들 노동자는 모두 종업원이 된다.

시간 원칙에서는 종업원이 기본 범주다. 누군가를 면접하고 채용할 때, 혹은 누군가에게 플랫폼 이용 권한을 주고 그 사람의 노동으로 수입을 올릴 때는 기본적으로 그 사람을 종업원으로 간주하고, 같은 회사에서 일하는 다른 노동자와 동일한 복지 혜택과 보호장치를 제공해야 한다. 이렇게 기본 범주를 정해놓으면 육체적·사회적·경제적 위험과 착취에 노출되기 쉬운 분투자와 중간자에게 특히 도움이 될 것이다.

## 잠옷 원칙

시간 원칙에서 자연스럽게 파생되는 원칙이 있다. 바로 '잠옷 원칙'이다. 어떤 노동이 진정으로 독립되어 있다면 잠옷을 입고도(혹은 잠옷조차 안 입고도) 수행할 수 있어야 한다. 잠옷 원칙은 어떤 노동이 언뜻 독립적이고 탄력적으로 보이지만, 실제로는 그렇지 않게 만드는 모니터링 행위에 대한 대응이다.

온라인 프리랜서 중개 시장의 초기 진입자인 업워크Upwork(오데스크oDesk와 이랜스Elance의 결합체)의 예를 보자. 업워크를 이용하는 그래픽디자이너, 작가, 프로그래머 등의 노동자는 업워크의 데스크톱 앱과 근무일지를 이용한다. 이 근무일지에 시간당 6회 촬영되는 작업 스크린샷이 저장되고, "각 시간대의 마우스 클릭, 스크롤, 키 입력 횟수가 기록"된다. 노동자는 앱과 근무일지를 모두 이용해야 업워크 측으로부터 시급 지급을 보장받을 수 있다. 의뢰인은 노동자에게, 작업 중인 모습을 웹캠으로 촬영해달라고 요구할 수 있다.[92] 이런 '빅브라더'식 모니터링은 이른바 독립 노동과 상충한다.

이 책에서 논한 긱경제 업체들은 (아직) 스크린샷과 웹캠까지 동원하진 않지만 긱경제 전반에 모니터링 행위가 만연하다. 주류 경제의 화이트칼라 노동자는 30분 정도 지각해도 운이 좋으면 상사에게 들키지 않을 수 있지만 앱 기반 노동은 상시 추적이 가능하다. 우버와 리프트는 GPS를 이용해 기사가 언제 고객을 태우고 어디로 가서 언제 내려줬는지 정확히 파악할 수 있다. 에어비앤비와 태스크래빗은 노동자에게 의무화된 앱 내 커뮤니케이션을 통해 응답 시간을 측정하고 오간 메시지를 저장한다.

그뿐만 아니라 평점과 후기 시스템을 통해 지속적인 평가가 가능하다. 물론 모든 의뢰인이 평점이나 후기를 남기는 건 아니다. 하지만 노동자 입장에서는 누가 후기를 남기고 안 남길지 미리 예측할 수 없다 보니 자기도 모르게 부정적인 평점이나 후기를 받게 될지도 모른다는 생각에 스스로를 모니터링하게 된다. 기술이 만드는 원형 감옥의 간수들이 아웃소싱되는 셈이다.

공유경제 업체들은 평점과 후기가 신뢰를 형성하고 고객이 느끼는 불확실성을 줄이는 수단이라고 마케팅하지만, 이는 허위 주장이다. 플랫폼 직원들이 후기를 꼼꼼히 읽고 나서 노동자에게 직접적인 피드백을 하거나 추가 교육을 실시하는 것은 아니기 때문이다. 하지만 그 등급으로 노동자를 평가하고 선별할 수 있다. 기준치 이하로 내려가는 노동자는 경고를 받고 이용 정지를 당한다. 평점을 확인하고 등급을 매긴다고 해서 만족스러운 경험이 보장되는 것은 아니다. 오히려 지속적인 노동자 감시 행위만 고착될 뿐이다.

## 노동자 오분류는 세수稅收에 영향을 미친다

노동자 오분류는 조세 수입에도 타격을 준다. 양원兩院조세위원회에 따르면 국세청이 1984년 과세연도에 3,331개 고용주를 조사한 전략 세무 조사에서 15%의 고용주가 노동자를 독립계약자로 오분류한 것으로 나타났다. 또한 "고용주가 노동자를 종업원으로 분류한 경우에는 근로소득의 99% 이상이 신고됐으나, 독립계약자로 분류한 경우에는 1099 신고서 작성 시 총소득의 77%, 1099 신고서 미작성 시 총소득의 29%만 신고됐다"는 사실도 드러났다. 자영업자(가장 단순하고 흔한 사업 형태)들이 소득을 '과소' 신고하는 행태도 드러났는데, 자영업자의 세금 신고서에 첨부되는 손익신고서인 "스케줄 C의 신고자들은 평균적으로 순소득의 73%만을 신고"했다.[93]

일반적으로 고용주는 1역년曆年 동안 600달러 이상의 임금을 지급한 모든 사람에 대해 1099 신고서를 작성해야 할 의무가 있지만, 태스크래빗 같은 공유경제 업체는 신용카드 의존도를 이유로 1099 신고 의무가 면제되기도 한다. 2008년 주택·경제회복법Housing and Economic Recovery Act에 의거해 페이팔 등 결제 대행사를 이용한 신용카드 결제액은 총 결제 건수가 200건 이하, 총 결제액이 2만 달러 이하면 신고 의무가 없다.[94] 원칙적으로 모든 소득이 국세청에 신고되어야 하지만 고용주가 신고하지 않은 소득이 개인 세금 신고서에 기재될 확률은 매우 낮다.

노동자 분류는 2017년 트럼프 세제개혁안이 실시됨에 따라 그 중요성이 더욱 커졌다. 이 세제개혁안의 도관pass-through(기업이 법인소득세를 내지 않는 대신 소유자들이 그에 해당하는 개인소득세를 내는 것 – 옮긴이) 조항에 의거해 2018년부터 합자회사, S법인(도관이 허용되는 법인 – 옮긴이), 자영업에서 발생한 적격 사업소득의 20%가 공제되기 때문이다.[95] 패트리샤 코헨Patricia Cohen에 따르면 "이 조항으로 인해 우버 기사와 같은 독립계약자들도 동일한 공제 혜택을 받을 수" 있게 됐다.[96] 그러면 기업에서는 법인세와 노동자의 세금을 줄이기 위해 더 많은 노동자를 다양한 보호장치의 혜택을 누리지 못하는 독립계약자로 분류할지도 모른다.

## 자발적 사업가

시간 원칙과 잠옷 원칙이 도입된다면 독립계약자라는 범주는 타인의 지시를 거의 받지 않고 자율적으로 일하는 사람들의 몫이 될 것이다. 노동자가 원한다면 법인을 설립함으로써 종업원의 지위에서 벗어나 사업가가 되고 법적 책임에 대한 보호막을 제공받을 수도 있다. 이런 자발적 이탈을 통해 사업에 뜻이 있는 노동자가 그 뜻을 펼칠 수 있다. 이 범주는 아마도 상당한 수준의 기술과 자본을 보유하고 공유경제에 진입하는 성공자들이 선택할 것이다.

이 두 원칙에 따르면 웹사이트 제작이나 원고 작성 계약을 맺고 마감일까지 결과물을 납품해야 하는 프리랜서는 독립계약자가 된다. 개인 사무소를 내고 다수의 고객을 보유한 회계사가 자기 의사에 따라 자정부터 아침 6시까지만 일한다면 역시 독립계약자가 된다. 반면에 긱경제 노동자는 모두 종업원이 된다. 업워크에서 웹캠이나 키 입력 추적 소프트웨어로 모니터링되는 노동자 역시 잠옷 원칙에 위배되므로 종업원이 된다.

물론 이것이 혁명적인 모델이라는 건 아니다. 기술업계만 봐도 구글, 페이스북, 애플, 마이크로소프트에서 풀타임, 파트타임으로 일하는 노동자가 종업원으로서 각종 보호장치와 복지 혜택을 보장받고 있다. 많은 분야에서 노동자의 기본적인 지위는 종업원이고, 개중에 자기 사업을 하려고 하는 사람만 독립계약자로 고용된다. 심지어 우버, 태스크래빗, 에어비앤비, 먼처리, 키친서핑 같은 긱경제 업체에서도 전문직 노동자는 종업원으로 대우한다. 그런데 왜 일선 노동자는 다른 대접을 받아야 한단 말인가?

노동자가 파트타임으로 탄력적으로 일하면서 각종 보호장치를 제공받는 것은 생소한 개념이 아니다. 인스타카트(식료품 구매 대행 서비스)는 차가 없는 노동자(혹은 식료품 배달을 원치 않는 노동자)를 쇼핑원이나 계산원으로 분류한다. 이들은 파트타임 종업원으로 간주되어 탄력적으로 일정을 짤 수 있지만 최대 주 29시간까지만 일할 수 있다(일반적으로 주 30시간이 건강보험 혜택을 받는 기준이다). 차가 있는 노동자는 기사나 쇼핑기사로서 시간제한 없이 일할 수 있다. 인스타카트 관계자는 "쇼핑원 중 대다수가 이미 주 20~30시간을 근무하고 있습니다. 따라서 이건 기존에 그분들이 하고 있던 것과 동일하다고 볼 수 있습니다"라고 밝혔다.[97]

공유경제 일각에서는 경쟁에서 살아남으려면 노동자를 즉각 해고할 수 있어야 한다고 주장할지도 모르겠다. 하지만 노동자를 종업원으로 고용한 업체들이 공유경제에서 성공하고 어마어마한 성장세를 보이고 있다. 헬로알프레드, 마이클린, 매니지드바이큐 같은 기업이 노동자를 우대할 때('행복한 노동자' '좋은 일자리' 전략) 장기적 성공이 가능하다는 것을 잘 보여준다. 무엇보다 역사를 돌아보면 노동자에게 보호장치가 제공되지 않을 때 어떤 일이 일어났는지 이미 충분히 보지 않았는가.

## 약속 위반

《디자인: 욕망의 발명Design: The Invention of Desire》에서 디자이너이자 이론가인 제시카 헬펀드Jessica Helfand는 실리콘밸리주의자들이 사랑해마지 않는 '핵hack'이라는 말이 원래 '열쇠 달린 말 엉덩이'를 의미하고 재소자들 사이에서는 '간수'를 뜻하는 은어로 사용된다고 썼다.[98] 기술업계 밖에서 뭔가를 '핵'한다고 하면 칼이나 도끼 같은 것으로 베고 썰고 부러뜨린다는 뜻이다. 한편 실리콘밸리에서 쓰는 '핵'의 의미에는 "자신의 발명품에 선행했던 사람이나 프로세스의 배를 가르고 내장을 발라내면서 창출한 가치"만 진정한 가치로 인정하는 오만한 태도가 바탕에 깔려 있고, "그렇게 볼 때 '핵'이라는 개념은 오만의 산물이라는 사실을 간과하지 말아야" 한다.[99]

같은 맥락에서 실리콘밸리에서 흔히 쓰는 "개박살내보자let's break shit"라는 말은 조지프 A. 슘페터Joseph A. Schumpeter가 말한 '창조적 파괴'의 일환이다. 창조적 파괴란 새로운 사업이 오래된 사업의 잔해에서 불사조처럼 날아오르며 경제가 발전하는 현상을 말한다.[100] 그 후예로 불리는 것이 클레이튼 크리스텐슨Clayton Christensen이 주창한 '파괴적 혁신' 가설로, 신생 기업이 기성 기업을 대체하면서 경제가 성장하는 현상을 가리킨다.[101] 기성 업계의 현상태를 파괴하는 것은 물론 공유경제의 목표 중 하나다.

'공유경제'라는 말이 처음으로 대중의 어휘 속으로 들어왔을 때만 해도 공유경제는 일보 전진처럼 느껴졌다. 노동자들이 남들 하는 만큼 해야 한다고 소비를 늘리다 보니 소비의 기준이 계속 높아지는, 이른바 '소비의 에스컬레이터'에서 빠져나올 수 있었기 때문이다. 공동체 차원에서 잔디깎이 차량처럼 비싼 물건을 공유하는 협력적 소비를 통해 '일하는 족족 소비하는' 삶에서 벗어날 수 있었다.[102] 돈을 적게 쓰면 돈을 많이 벌지 않아도 되고, 그만큼 여가 시간이 늘어나 가족, 친구와 많은 시간을 보낼 수 있으니 '나 홀로 볼링' 현상의 성장세도 꺾일 거라고 생각했다.[103] 그리하여 새롭게 도래할 협력의 시대에는 공유가 소비를 대체하고 만물의 맥도날드화(효율성, 계산 가능성, 예측 가능성, 통제를 중시하는 패스트푸드점의 논리가 사회 곳곳에 침투하는 현상 – 옮긴이)를 저지할 수 있을 거라고 보았다.[104] 즉, 공유경제는 기업 의존도가 높아지고 노동의 자율성이 박탈되는 현실에 대한 해법이자 탈출구요, 일보 전진이었다.

하지만 공유경제가 일으키는 파괴는 전진으로 이어지기 어렵다. 공유경제는 탈출구를 마련하는 게 아니라, 경제적 불안정성과 노동자의 취약성만 키우고 있을 뿐이다. 노동자들은 임시 노동을 전전하면서 말이 독립적인 사장님이지 실상은 플랫폼의 독단적인 피벗과 이용 정지 처분에 속수무책으로 당할 수밖에 없다.

공유경제 기업은 노동자에게 자율성과 사업의 발판을 제공한다고 홍보하지만 사실은 복잡한 알고리듬으로 노동자가 검색 결과에 나오고 작업을 배정받는 과정에 깊이 관여하게 만든다. 신뢰라는 미명하에 노동자는 평가로 점철된 온라인 원형 감옥에 갇혀 신원조회를 받고, 평점과 후기를 받고, 지속적으로 모니터링을 당한다. 그러면서도 자신에게 일을 맡기는 사람이 누구인지 모르고, 기본적인 보호장치를 제공받지 못하고, 상당한 위험에 노출되어 있다.

크리스텐슨이 주창한 '파괴적 혁신'은 "더 저렴하고 더 조악한 상품을 판매해… 업계 전체를 장악하고 집어삼키는 것"으로도 해석할 수 있다.[105] 공유경제 기업이 성장하고 급증하면서 수세대에 걸쳐 구축된 경제적 이득과 노동자 보호장치가 무너지고 있다. 노동자들은 초기 산업사회로, 다시 말해 노동자 보호장치가 존재하지 않고 노동자가 기업과 엘리트층의 지배를 받으며 큰 위험에 노출되어 있던 시대로 돌아갔다. 하버드대학 역사학과 질 르포어Jill Lepore 교수의 말을 빌리자면, 혁신은 "발전이라는 개념에서 계몽주의의 포부를 뜯어내고, 20세기의 공포를 긁어내고, 비판자를 비워낸 결과물"이다. "파괴적 혁신은 더 나아가 그것이 설명하는 파멸로부터 구원받을 수 있다는 희망을 제시한다. 파괴하라, 그리하면 구원을 얻으리라."[106]

공유경제는 노동자가 추가적인 노동을 통해 '자신을 구원할' 길을 제공한다지만, 공유경제의 성장은 노동자의 권리와 보호장치가 더욱더 무너지는 쪽으로 끌고 가고 있다. 노동자가 힘들게 얻은 권리와 보호장치가 '더 저렴하고 더 조악한' 발전의 허울 안에서 '핵'되고 파괴되면서 지난 100년간 공들여 쌓은 탑이 무너지고 있다. 오늘날 공유경제가 일으키는 파괴의 결과물은 위태로운 품팔이로 또 하루를 버티는 삶에 지나지 않는다.

# 부록

## 인적 사항 조사 문항

**연령:** ______________ **성별:** 남자 / 여자 / 기타 ______________

**인종:** 흑인 / 백인 / 아시아계 / 히스패닉 / 미국 원주민 / 기타 ______________

**결혼 여부:** 기혼 / 미혼 / 이혼 / 별거

**파트너와 함께 살고 있습니까?** 예 / 아니오 **몇 년째 함께 살고 있습니까?** ______________

**학생입니까?** 예 / 아니오

**전공/학위:** ______________

**최종 학력:** 검정고시 / 고등학교 / 대학 재학 / 전문학사 / 학사 / 대학원 재학 / 석사 / 박사

**동거 중인 파트너 혹은 배우자가 학생입니까?** 예 / 아니오

**전공/학위:** ______________

**동거 중인 파트너 혹은 배우자의 최종 학력:**

검정고시 / 고등학교 / 대학 재학 / 전문학사 / 학사 / 대학원 재학 / 석사 / 박사

**거주 형태:** 자가 / 임차 / 기타 ______________

**★ 공유경제 플랫폼: 우버**

**주간 노동시간:**

10시간 미만 / 10~20시간 / 21~30시간 / 31~40시간 / 41~50시간 / 51~69시간 / 70시간 이상

**해당 플랫폼에서 얼마나 오랫동안 일했습니까?** ______________

**얼마나 많은 작업/승차/숙박을 수행했습니까?** ______________

**전체 소득에서 차지하는 비중은 어떻게 됩니까?** 10% 미만 / 11~24% / 25~49% / 50~74% / 75~100%

**리프트 운행도 합니까?** 예 / 아니오

**주간 노동시간:**

10시간 미만 / 10~20시간 / 21~30시간 / 31~40시간 / 41~50시간 / 51~69시간 / 70시간 이상

**해당 플랫폼에서 얼마나 오랫동안 일했습니까?** ______________

**얼마나 많은 작업/승차/숙박을 수행했습니까?** ______________

**전체 소득에서 차지하는 비중은 어떻게 됩니까?** 10% 미만 / 11~24% / 25~49% / 50~74% / 75~100%

**★ 기타 공유경제 플랫폼: 태스크래빗, 핸디, 기타** ______________

**주간 노동시간:**

10시간 미만 / 10~20시간 / 21~30시간 / 31~40시간 / 41~50시간 / 51~69시간 / 70시간 이상

**해당 플랫폼에서 얼마나 오랫동안 일했습니까?** ____________________

**얼마나 많은 작업/승차/숙박을 수행했습니까?** ____________________

**전체 소득에서 차지하는 비중은 어떻게 됩니까?** 10% 미만 / 11~24% / 25~49% / 50~74% / 75~100%

**한때 소속되어 일했으나 지금은 그만둔 공유경제 기업이 있습니까?**

회사명 ____________________

소속 기간 ____________________

그만둔 이유 ____________________

**공유경제 노동을 언제 시작했습니까?** ____________________

**공유경제 이외의 직업이 있습니까?** 예 / 아니오

**있다면 무엇입니까?** ____________________

**그 직업의 주간 노동시간은 어떻게 됩니까?**

10시간 미만 / 10~20시간 / 21~30시간 / 31~40시간 / 41~50시간 / 51~69시간 / 70시간 이상

**배우자나 동거 중인 파트너에게 직업이 있습니까?** 예 / 아니오

**있다면 무엇입니까?** ____________________

**그 직업의 주간 노동시간은 어떻게 됩니까?**

10시간 미만 / 10~20시간 / 21~30시간 / 31~40시간 / 41~50시간 / 51~69시간 / 70시간 이상

**귀하의 정치 성향을 어떻게 평가하겠습니까?**

극단적 진보 극단적 보수

1 2 3 4 5 6 7

**지지 정당이 있습니까?** 공화당 / 민주당 / 중도 / 부동층 / 기타 ____________________

**총 가구 소득**: 2만4,999달러 이하 / 2만5,000~3만4,999달러 / 3만5,000~4만9,999달러 / 5만~7만4,999달러 / 7만5,000~10만 달러 / 10만 달러 이상

**개인 소득**: 2만4,999달러 이하 / 2만5,000~3만4,999달러 / 3만5,000~4만9,999달러 / 5만~7만4,999달러 / 7만5,000~10만 달러 / 10만 달러 이상

**귀하의 소득을 어떻게 평가하시겠습니까?**

부족하다 / 빠듯하다 / 적당하다 / 충분하다 / 넘친다

**공유경제에서 올린 총소득은 얼마입니까?**

업체 ________ 금액 ________ 업체 ________ 금액 ________

**귀하의 공유경제 소득을 어떻게 평가하겠습니까?**

부족하다 / 빠듯하다 / 적당하다 / 충분하다 / 넘친다

**공유경제에서 올린 순소득은 얼마입니까?**

업체 ________ 금액 ________ 업체 ________ 금액 ________

**귀하의 공유경제 노동에서 주기적으로 발생하는 비용은 무엇입니까?**

비용 ________ 금액 ________ 매일 / 매주 / 매달 / 매년

비용 ________ 금액 ________ 매일 / 매주 / 매달 / 매년

비용 ________ 금액 ________ 매일 / 매주 / 매달 / 매년

**세금 신고 시 공유경제 노동을 어떻게 분류하고 있습니까?**

________ 1099/프리랜서 ________ C법인 ________ S법인 ________ 유한책임회사

________ 기타

**공유경제 소득을 어떤 용도로 사용합니까?**

________ 대출 상환 ________월세를 포함한 생활비 ________특별한 일/여행 ________저축

기타 ________

**평소 어떤 온라인 커뮤니티에서 공유경제에 대해 논하고 있습니까?**

________________________________________

**공유경제에 매력을 느낀 이유를 3단어로 표현해주세요.**

________________________________________

| | | | | |
|---|---|---|---|---|
| 어떻게 공유경제 일을 하시게 됐나요? 그런 결정을 내리게 된 과정을 자세히 설명해주실 수 있나요? | ______(업체)는 공유경제에 속합니다. 공유경제가 귀하에게 어떤 의미인가요?<br><br>혹시 더 좋은 명칭이 있을까요? | 본인을 사업가라고 생각하세요? | 귀하의 인종, 성, 연령이 어떤 의뢰를 받거나 어떤 의뢰인을 만나는지에 영향을 미친다고 생각하세요?<br><br>어떤 특정한 성의 전유물이라는 선입견이 존재하는 일을 맡으실 때가 많나요? | 공동체성에 대해 얘기해보죠. 평소에 손님과 적극적으로 어울리고 친분을 쌓으세요?<br><br>많은 공유경제 업체들이 공유경제가 공동체를 만들고 사람들을 연결시킨다고 합니다. 그게 귀하에게 어떤 의미인지 말씀해주실 수 있나요? |
| ______(업체)에서 일하기 전에는 무슨 일을 하셨나요? | 사람들이 그런 업체에서 일하다 그만두는 이유 중 첫 번째가 거기서 버는 돈이 필요 없어져서라고 들었습니다. 그게 사실일까요? | 집을 에어비앤비 숙소로 내주면 어디서 지내세요? 혹은 화장실 이용과 점심식사는 어떻게 해결하세요? | 공유경제 일거리가 들어오지 않을 때는 어떻게 하세요? | 낯선 사람을 믿는 것에 대해 얘기해보죠. 처음에 이런 식으로 낯선 사람을 위해 일하게 됐을 때 어떤 기분이었나요? 미리 인터넷 검색에서 상대방을 검색해보는 편인가요? |

| | | | | |
|---|---|---|---|---|
| 공유경제 노동자로 평소 하루가 어떻게 돌아가나요? | 공유경제 노동을 생각하면 좋고 나쁘고를 떠나서 어떤 상황이나 경험이 가장 많이 떠오르나요? | 우버로 차를 부르거나 태스크래빗으로 사람을 부르는 것처럼 공유경제 서비스를 이용하고 계신가요? 왜 이용하세요? 왜 이용 안 하세요? | 공유경제의 변화(수수료율 삭감, 태스크래빗 변화, 불법 숙박업 단속)로 어떤 영향을 받으셨어요? ______ (업체)에 대해 어떻게 생각하세요? | 사람들에게 신뢰를 주기 위해서 어떻게 하세요? 온라인 프로필을 어떻게 관리하세요? (깔끔한 사진을 올린다, 아파트를 청소한다, 트위터를 한다 등등) |
| 공유경제에서 일하는 게 어떨 것 같다고 예상하셨나요?<br><br>다른 일과 다를 거라고 생각하셨나요? (시간, 소득 등의 측면에서) | 승객이나 투숙객을 위해 구입하시는 물건이 있나요? | 평점과 후기를 받는 것에 대해 얘기해보죠. 그건 어떤 기분인가요?<br><br>혹시 슈퍼호스트, 태스크래빗 엘리트 같은 등급이세요? 그런 걸 중요하게 생각하시나요? | 주변에 제가 면담을 요청하면 받아줄 만한 분이 있나요? | 혹시 모임에 나가세요? 다른 공유경제 노동자와 어떤 식으로 만나세요? |

## 1장 분투자, 중간자, 성공자

1 모든 이름은 가명이다.

2 Lee (2013).

3 Mathews (2014); Botsman and Rogers (2010).

4 Surowiecki (2013).

5 Smith (2016a).

6 Katz and Krueger (2016).

7 실질소득성장률은 Weil (2014: Kindle chap. 1) 참고. 실질소득성장 역전 현상은 Krugman (2007) 참고.

8 Bricker, Dettling, Henriques, Hsu, Moore, Sabelhaus, Thompson, and Windle (2014:1–2).

9 Leicht and Fitzgerald (2013:74).

10 Leicht and Fitzgerald (2013:76).

11 Morgenson (2008).

12 Mishel, Gould, and Bivens (2015). 중위임금 노동자는 노동인구의 절반보다 많이 벌고 나머지 절반보다 적게 번 노동자로 정의된다.

13 DeSilver (2014).

14 인구조사국이나 여타 정부 기관에서는 '밀레니얼세대'를 정의하지 않고 미디어의 정의는 여러 가지다. 여기서는 2013년에 *Time*의 표지 기사로 실

린 'Millennials: The Me Me Me Generation'에서 Joel Stein이 내린 정의를 따른다. 해당 기사는 온라인에서 읽을 수 있다. http://time.com/247/millennials-the-me-me-me-generation/.

15 Kahn (2010).

16 Bui (2017). 연준에서 2016년에 발행한 *Report on the Economic Well-Being of U.S. Households in 2015*에 따르면 대학에 다니는 30세 미만 성인 중에서 절반 이상이 교육을 받기 위해 진 빚이 있었다(학자금 대출, 카드 미납금 등). 2015년을 기준으로 학자금 대출액 평균은 3만156달러(일부 대출자의 거액 대출이 반영됨), 중간값은 1만2,000달러다. Board of Governors of the Federal Reserve System (2016) 참고.

17 Potts (2015); Farrell and Greig (2016).

18 이 분류법은 물론 Glaser and Strauss ([1967] 1999)의 근거 이론에 영향을 받았다.

19 Ravenelle (2017b).

20 Weber ([1905] 2002).

21 이것이 아이를 좋은 공립학교에 보내기 위한 극단적인 방법으로 보일 수 있겠지만, 이런 식으로 특정 학구를 노리는 행위는 드물지 않다. Higgins (2013)에 따르면 뉴욕의 학부모들은 자녀가 유치원에 들어갈 나이가 되기도 전부터 특정 학구로 이사하거나 더 좋은 학구에 들어가기 위해 친구나 가족의 주소를 '빌리는' 것으로 유명하다. Phil Kasinitz에 따르면 이렇게 주소를 '빌리는' 행위는 불법이자 '중산층의 몸부림'이다.

22 3장의 도널드와 6장의 마이클 이야기 참고.

23 Fleck (2009) and OECD (2017) 참고.

24 Oxford Economics (2014).

25 Schor (1992: Kindle chap. 2).

26 Hochschild ([1989] 2002).

27 Bianchi et al. (2012).

28 Hochschild (2012).

29 McAfee and Brynjolfsson (2017:141-142).

30 RentCafe, www.rentcafe.com/average-rent-market-trends/us/ny/manhattan/.

31 Kalleberg (2009).

32 Ehrenreich (2001).

## 2장 공유경제란 무엇인가?

이 장의 일부는 Alexandrea J. Ravenelle, "A Return to Gemeinschaft: Digital Impression Management and the Sharing Economy," in *Digital Sociologies*, ed. Jessie Daniels, Karen Gregory, and Tressie McMillan Cottom, 27–46 (Bristol, UK: Policy Press/Bristol University Press, 2017)과 Alexandrea J. Ravenelle, "Sharing Economy Workers: Selling, Not Sharing," *Cambridge Journal of Regions, Economy and Society* 10, no. 2 (2017): 281–295를 허가에 의해 전재했다.

1 Mathews (2014).
2 Schor (2014a).
3 Schor and Fitzmaurice (2015).
4 현재 Zipcar는 Avis의 소유다. 성공한 플랫폼은 이렇게 더 큰 기업에 인수되는 경우가 많다.
5 Kessler (2015b).
6 Kessler (2015b).
7 Alden (2014).
8 Nadeem (2015).
9 2018년 4월을 기준으로 Zaarly는 덴버, 미니애폴리스, 캔자스시티, 버지니아 북부에서만 이용이 가능해졌다.
10 Schor (2014a).
11 Frenken, Meelen, Arets, and van de Glind (2015).
12 Stone (2012).
13 Schor (2014a).
14 Stone (2012).
15 Thompson (2011).
16 Sacks (2011).
17 PricewaterhouseCoopers (2015).
18 공유경제 내의 분류법에 대한 흥미로운 논의는 Schor, Fitzmaurice, Carfagna, Attwood-Charles, and Dubois Poteat (2016) 참고. 사업에 대해서는 Andrus (2014); Friedman (2014); McKinney (2013) 참고.
19 Kahn (1987:8); Rybczynski (1993).
20 Kahn (1987:9–10).
21 Simmel (1971).
22 Kahn (1987:11).

23 Tonnies (1957).

24 Tanz (2014).

25 Tanz (2014).

26 Tanz (2014).

27 Cass (2013).

28 Nanos (2013).

29 Eckhardt and Bardhi (2015).

30 Bertrand and Mullainathan (2004); Moss-Racusin, Dovidio, Brescoll, Graham, and Handelsman (2012).

31 Edelman and Luca (2014).

32 Doleac and Stein (2010).

33 Jost (2011).

34 Greenhouse (2008) 참고.

35 Cantillon (1755).

36 Stevenson and Gumpert (1985).

37 *New Shorter Oxford English Dictionary* (1993), s.v. "entrepreneur."

38 Bureau of Labor Statistics (2016a).

39 Hacker (2006).

40 Kalleberg (2009).

41 Standing (2014).

42 Weber and Silverman (2015).

43 Pugh (2015).

44 Knight (1921); Acs and Audretsch (1988); Kortum and Lerner (2000).

45 Schoar (2010:57-58).

46 Hall and Krueger (2015).

47 Whitford (2016).

48 Etsy (2013).

49 일반적으로 뉴욕의 집주인들은 잠재적 세입자 본인이 월세의 40~50배에 이르는 수입을 올리거나 월세의 100배 이상 수입을 올리는 보증인을 세우기를 요구한다. 월세가 2,800달러인 아파트를 얻으려면 계약 시점의 연소득이 11만2,000~14만 달러여야 한다.

50 Alden (2014).

51 Kessler (2014b).

52 Piketty (201); Alden (2014).

53 Wachsmuth, Chaney, Kerrigan, Shilolo and Basalaev-Binder (2018).

54 New York Communities for Change and Real Affordability for All

(2015:43).

55 Lightfeldt (2015).

56 *EV Grieve* (2015).

57 Hill (2015b); Poston and Khouri (2015).

58 Avent (2014).

59 Kurtzleben (2015).

60 Green and Levin (2017).

61 Roose (2014).

62 연구 대상으로서 이 4개 기업의 적정성에 대해 부연하자면 태스크래빗과 키친서핑은 연구 기간에 대대적인 피벗 혹은 서비스 변경을 단행했고 이후 키친서핑은 폐업했다.

63 Frenken, Meelen, Arets, and van de Glind (2015).

64 뉴욕의 앱 기반 기사는 자본 장벽이 특히 더 높다. 면허, 등록, 보험과 관련해 택시 기사와 동일한 조건이 많이 요구된다. 하지만 택시와 달리 모든 비용을 기사 개인이 부담해야 한다. 그 비용에 대한 추정치는 보험 등록 차량의 종류와 연식, 기사의 신원과 경력에 따라 크게 달라진다. 그래도 신규 기사가 뉴욕에서 운전을 시작하려면 차량 렌트비나 할부금을 제외하고도 면허 발급비와 보험 가입비로 3,000~6,000달러 이상이 나간다. 더욱이 면허 시험, 신체검사, 약물 검사를 통과하고 방어 운전 교육과 휠체어 취급 교육을 이수해야 한다.

65 Ravenelle (2017b).

66 Gallagher (2017).

67 Arrington (2011).

68 Yuhas (2015); Rosario, Sullivan and Tacopino (2014); Bort (2014) 참고.

69 Bradford (2014).

70 Bort (2014a).

71 Edelman and Luca (2014); Edelman, Luca and Svirsky (2017).

72 Gregor (2014).

73 Zukin (2009).

74 New York City Planning Department, Population FactFinder. https://popfactfinder.planning.nyc.gov/.

75 *Business Insider*의 소개 기사에 따르면 처음 우버를 구상한 것은 StumbleUpon의 설립자인 개릿 캠프였다. "신년을 앞두고 캠프는 친구들과 800달러에 일일 기사를 고용했다. 스텀블어폰을 매각해 큰돈을 번 캠프였지만 하룻밤의 편의를 위해 1,000달러에 가까운 돈을 쓰는 것은 너무 비싸다고 생각했다. 그때부터 고급 차량 서비스의 가격을 낮출 방법을 고민했다."(Shontell

2014) 캠프는 여러 명이 비용을 분담하면, 예를 들어 실리콘밸리의 고소득자 수십 명이 비용을 나눠 내면 가격을 합리적인 수준으로 낮출 수 있다고 생각했다. 이 아이디어가 우버로 발전했다. 초기 우버는 상류층 고객을 위한 고급 택시 서비스였다.

76 Shontell (2014).

77 Kolodny (2010).

78 Worthman (2011).

79 Chen (2012).

80 Wright (2015).

81 Licea, Ruby, and Harshbarger (2015).

82 Hu (2017).

83 Walker (2015).

84 Peterson (2015).

85 모든 기사가 인종, 학력, 소득 문항에 답하진 않았다.

86 Garling (2014).

87 Schor (2015).

88 Newton (2013).

89 2015년 10월부로 키친서핑 투나잇은 노동자를 시급 종업원으로 고용했다. 그에 따라 성인 2인 식사비가 50달러에서 59달러로 요금이 인상됐고 8.875%의 판매세가 붙었다. 이후 저렴한 어린이 메뉴도 등장했지만 2016년 4월 회사가 문을 닫았다.

90 Griffith (2015).

91 Fiegerman (2014).

92 Ravenelle (2017b).

## 3장 초기 산업사회로의 회귀

1 줄리엣 쇼어가 이끄는 대학원 연구팀이 MacArthur Foundation Connected Learning Research Network에 소속되어 있고 그 지원금을 받으려면 연구 대상이 18~34세여야 했다. 쇼어는 "그들은 우리가 연구 중이던 사이트들에서도 지배적인 집단이었기 때문에 분석이라는 측면에서도 적합해 보였어요. 그리고 젊은 사람들과 나이든 사람들은 참여 패턴과 동기가 크게 다르기 때문에 우리의 첫 번째 연구 사례인 시간 은행 건에도 잘 맞을 것 같았죠"라고 말했다(개인적 대화, 2017년 10월 3일). 연구팀은 공유경제에서 일하는 그 위 연령층 사람들도 추가로 만난 후 그들을 표본에 포함시켰다.

2 태스크래빗 약관에 "태스크래빗 플랫폼을 이용할 시에는… 플랫폼 외부에서 결제를 처리하거나 청구서에 부정확한 정보를 기입하거나 그 외의 방식으로 부정 청구 행위를 하는 것을 포함해 어떤 식으로든 결제 시스템이나 수수료율을 우회하는 행위는 금지됩니다"라고 명시되어 있다.

3 아파트 난장판 사건은 Arrington (2011) 참고. 마드리드 사건은 Lieber (2015) 참고.

4 Commons (1918).

5 Bliss (1902).

6 Foner ([1947] 1998).

7 Tomlins (1993).

8 Foner ([1947] 1998:80).

9 Foner ([1947] 1998:80).

10 Foner ([1947] 1998:102).

11 Foner ([1947] 1998:102).

12 1828년에 뉴저지주 패터슨의 미성년 노동자들이 벌인 파업은 미국의 공장 노동자 파업 사례 중에서 최초로 기록된 사례다. 이 파업은 공장주들이 점심시간을 정오에서 오후 1시로 변경하려는 시도에 대한 반발로 발생했다. 한 목격자는 "아이들이 들고일어난 이유는 이것을 묵인하면 다음번에는 아예 식사를 못 하게 될 수도 있다는 불안감 때문이었다"고 말했다(Foner [1947] 1998:105).

13 Stansell (1987).

14 Williams and Farnie (1992).

15 로웰을 비롯한 동해안 소재 공장들의 '공장 아가씨'에 대해서는 많이들 들어봤겠지만 초기 공장 노동자는 주로 아동이었다. "슬레이터 공장의 최초 직공 9명은 12살 미만 남아 7명과 여아 2명이었다. 1820년에 전체 공장 노동자 중 절반이 '9~10세의 어린아이들'이었고, 그들은 주급 33~67센트를 받고 하루 12~13시간을 일했다."(Foner [1947] 1998:65) 대가족을 겨냥한 공장 구인 광고가 드물지 않았다.

16 Foner ([1947] 1998:110).

17 US Census Bureau, Census History Staff (2017a; 2017b). 수치는 이 두 사이트에서 나왔다. 퍼센티지는 저자가 계산했다.

18 Stansell (1987).

19 As quoted in Zinn (1999).

20 Zinn (1999:339, 295).

21 Zinn (1999); Walker (2003) 참고.

22 Zinn (1999: especially p. 396) 참고.

23 공정노동기준법이 적용되는 노동자는 일부에 불과했다. Elder and Miller (1979: 10)에 따르면 이 법이 "1938년 10월 24일부로 발효됐을 때 약 3,300만 명의 비관리직 임금 노동자 중에서 1,100만 명만이 최저시급을 25센트로 지정한 규정의 보호를 받았고, 그중에서 1938년 9월에 그보다 적은 시급을 받은 노동자는 30만 명에 불과했다"고 한다. 그리고 세탁, 호텔, 이미용, 식당, 농업, 가사 서비스 노동자는 법 적용 대상에서 제외됐다. 최저시급 규정이 적용되지 않는 노동자의 비율은 남녀가 비슷했지만, 그런 여성 중에서 과반수(62.1%)가 법이 정한 하한선인 800달러에 못 미치는 소득을 올린 데 반해 남성은 그 비율이 35.6%였다(Metter 1994: 652).

24 Ashby and Hawking (2009).

25 Zinn (1999:402).

26 Weil (2014).

27 Weil (2014).

28 Wingfield and Isaac (2015).

29 Kravets (2016).

30 Scheiber and Isaac (2016).

31 Leonard (2013a)와 (2013b) 참고. 후자에서 지적한 대로 공유경제 업체가 피어스에 직접 자금을 지원하지는 않았지만 그 임원과 투자자들이 자금을 댔다.

32 Kessler (2014a).

33 Kessler (2014a).

34 이 의혹에는 어느 정도 신빙성이 있을 수도 있다. 나는 2015년 우버피플닷넷에 연구를 위해 면담할 노동자를 찾는다는 글을 올렸다. 2017년에 기사 임금에 대한 문의 글을 올리자 '스팸'이라는 이유로 삭제됐다.

35 2015년에 크라우드플라워는 저임금 지급을 이유로 제기된 집단소송에서 합의를 봤다. 당초에는 소득 1달러당 1달러를 보상할 계획이었으나 소송의 최종 참가자가 기존에 협상했던 100명보다 훨씬 많은 1만9,992명으로 추산되자 소득 1달러당 47~75센트를 지급하는 것으로 합의했다. Otey et al. v. Crowdflower, Inc. et al., no. 3:2012cv05524—document 226 (N.D. Cal. 2015) 참고.

36 이 프로그램은 골드만삭스의 원자재 트레이더 출신인 Andrew Chapin의 아이디어였다. 그는 기사들이 우버 수익을 이용해 낮은 신용 점수로 인해 발생하는 문제를 우회할 수 있는 대출 프로그램을 만들자고 제안했다. 그는 주로 이민자 출신으로 신용 점수가 낮은 뉴욕의 리무진 서비스 기사들이 리무진 서비스 업체에서 렌트비를 대출받는다는 것을 잘 알았다. Lashinsky (2014), Tiku (2014), Levine (2015) 참고.

37 L. Smith (2016).

38 Newcomer and Zaleski (2016); L. Smith (2016) 참고.

39 Bensinger (2017c).

40 Mose (2011).

41 Mangalindan (2014); Lawler (2014); Huet (2015); Rogers (2016); Roose (2014); *Uber Blog* (2016).

42 Huet (2015); Dickey (2014); Perea (2016).

43 Bensinger (2017a); Bhuiyan (2017).

44 Huet (2015).

45 Green and Levin (2017).

46 Isaac and Benner (2017).

47 우버는 '승객을 운송하는 시간' 계산치를 근거로 자사가 일반 택시보다 친환경적이라고 주장한다.

48 Kerr (2015).

49 Newcomer (2017).

50 Israel (2002:87).

## 4장 업무 중 사고

1 Ehrenreich (2001: 특히 p. 90).

2 Ehrenreich (2001:89).

3 애시빌딩의 근접성에 주목하는 사람이 나만은 아니다. 해마다 화재 추모일이 되면 이스트빌리지 곳곳에서 희생자들이 살았던 아파트 앞에 분필로 각 사람의 이름, 나이, 출생 연도, 사망일, 사인(화재)이 적힌다. 화재 후 남은 건물은 브라운빌딩으로 개명되어 현재 뉴욕대학 캠퍼스의 일부로 사용된다.

4 Kramer (1958); Geerts, Kornblith, and Urmson (1977).

5 Haller (1988); Guyton (1999).

6 Zinn (1999:326).

7 Guyton (1999).

8 화재가 발생하자 인근에서 화재 경보를 듣고 현장으로 달려갔던 사람들은 노동자들이 불길과 연기를 피해 8~9층 창문에서 뛰어내리는 것을 목격했다. 목격자 중에는 훗날 미국 최초의 여성 장관이 된 프랜시스 퍼킨스가 있었다. 훗날 그녀는 1911년 3월 25일을 뉴딜이 시작된 날이라 칭했다. "그 화재가 발생하기 전에는 노조가 독자적으로 사업주들을 상대하는 게 일반적이었다. 이후로는 법이 그들의 편에 섰다."(*The Economist* 2011) 이 화재는 노동부 산

업안전보건청 웹사이트에 100주년 추모 페이지가 만들어질 만큼 미국의 노동환경 개혁에 큰 영향을 미쳤다. www.osha.gov/oas/trianglefactoryfire.html.

9 *New York Times* (1911).

10 Greenwald (2005).

11 Jost (2011).

12 Hamlin (1997).

13 Schor and Attwood-Charles (2017).

14 Clifford (2016).

15 Schor (2014a).

16 뉴욕 택시에는 방탄 칸막이, 카메라, 무음 경보기가 기본적으로 설치된다.

17 Stone and Stevens (2000).

18 Collins (2016); Wise and Burkett (2016); James (2016); Puente (2016); Leone (2016); Bever (2016); Tedesco (2015) 참고.

19 Ladegaard, Ravenelle, and Schor (2017).

20 Chen (2014).

21 Shaffe (2016); Curran (2016).

22 Ellement (2016).

23 Rocha (2016); Ryan, Hawkins, and Pascucci (2015).

24 Young (2016).

25 Guerrero (2016); Bohr (2016); Mahmood (2016) 참고.

26 Mass, Goldfarb, and Shah (2014); Noren (2010); Plaut (2007).

27 Koebler (2015); Strandell (2015); Balsamini (2016) 참고.

28 Manjoo (2016).

29 Kwon (2005).

30 택시, 고급차 서비스, 우버/리프트를 막론하고 뉴욕의 영업용 차량 운전자 중 대다수가 남성이다. 여성의 비율은 추정치가 저마다 다르지만 약 5~7%다. Norén(2010)은 여성 기사의 수가 유독 적은 이유가 뉴욕에서 화장실을 이용하기 어렵기 때문일 수도 있다고 주장했다. 유감스럽게도 나는 면담자 모집 과정에서 뉴욕의 여성 기사를 1명밖에 못 만났고 그녀는 끝내 면담을 거부했다.

31 Dickey (2014).

32 연방정부의 권고에 따르면 시 당국에서 횡단 시간을 정할 때는 보행 신호가 떨어지고 보행자가 갓돌 밖으로 보행을 시작하는 시간, 즉 보행자의 반응 시간을 3초로 계산해야 한다. 하지만 뉴욕시 교통국 프로젝트 매니저 Diniece Peters가 본 뉴요커의 반응 시간은 3초가 채 되지 않았다. 뉴요커들은 인도

에서 차분히 기다리는 사람이든, 성급하게 횡단보도에 나와 있는 사람이든 간에 신호등이 보행 신호로 바뀔 기미가 보이면 곧장 뛰쳐나갔다(Peters, Kim, Zaman, Haas, Cheng, and Ahmed 2015).

33 Belk (2010, 2014); Bocker and Meelen (2017).

## 5장 "공유는 사랑입니다"

1 Sanchez (2016); Biddle (2014).

2 Siegel (2003).

3 Segrave (2013).

4 Larson (1997).

5 Siegel (2003: especially p. 11) 참고.

6 Bergmann (1986:106).

7 Farley (1978, 2017) 참고.

8 Benson and Thomson (1982); MacKinnon (1979).

9 동급자의 희롱은 Gutek (1985) 참고. 하급자의 희롱은 Grauerholz (1989); McKinney (1994) 참고.

10 Welsh (1999); Acker (1990); West and Fenstermaker (1995); Lorber (1994) 참고.

11 Rogers and Henson (1997).

12 Tsotsis (2011).

13 Perez (2014).

14 태스크래빗이 기업용 서비스를 폐지한 후에도 여전히 기업에서는 태스크래빗과 여타 공유경제 서비스를 이용해 노동자를 고용하고 있다. 예를 들어 여러 명의 키친서핑 셰프가 기업 행사나 파티에 요리를 하러 갔다고 말했다. 그리고 출장 시 우버 차량과 에어비앤비 숙소를 이용하면 택시와 호텔을 이용할 때와 마찬가지로 비용을 환급해주는 기업과 조직도 많았다.

15 Rogers and Henson (1997:224).

16 Rogers and Henson (1997:224); 감정노동에 대해서는 Hochschild (1983) 참고.

17 Hall (1993).

18 Rogers and Henson (1997:232).

19 Goffman (1963).

20 Levin (2017).

21 Levin (2017).

22 Rogers and Henson (1997).

23 Scott and Lyman (1968:46).

24 Hondagneu-Sotelo (2001:188).

25 Adshade (2013); Basow and Minieri (2010) 참고.

26 Fermino (2015).

27 '길거리 고기'란 "강황을 넣은 밥에 닭고기나 양고기를 올리고 경우에 따라서는 잘게 썬 양상추와 토마토를 올린 후 화이트소스와 매운 레드소스를 듬뿍 뿌린" 음식을 가리킨다. 뉴욕 곳곳의 노점에서 판매되는 이 음식은 '치킨덮밥'이나 '할랄 음식'이라고도 불리며 가격이 저렴하다. 5~8달러면 큰 스티로폼 용기에 담긴 길거리 고기를 구입할 수 있다(Krishna 2017).

28 Murray (2014).

29 Levin (2017).

## 6장 더럽고 치사한 일

1 Wilson (1996).

2 Bushway and Reuter (1997); Kasinitz and Rosenberg (1996) 참고.

3 Venkatesh (2008).

4 Katz (1989); Merton (1938).

5 나는 근처의 자선단체 사업장에 옷을 배달하는 작업을 올린 것을 계기로 마이클을 만났다.

6 공유경제 업체가 결제를 중개하면서 발생하는 문제는 태스크래빗뿐만 아니라 거의 모든 플랫폼에 존재한다. 키친서핑 인력시장 셰프들은 요리를 위해 자비로 수백, 많게는 수천 달러를 쓴 후, 사측으로부터 환급금이 들어올 때까지 기다려야 했다. 보통은 환급이 차질 없이 진행됐지만, 키친서핑의 열렬한 지지자이기도 했던 한 셰프가 친구의 이야기를 해줬다. 요리와 서비스에 대한 불만이 접수되자 키친서핑은 보수와 환급금 지급을 몇 주간 미뤘고, 해당 셰프는 법적 대응을 고려했다고 한다.

7 Mani, Mullainathan, Shafir, and Zhao (2013).

8 Chan (2005).

9 Chan (2005).

10 Ladegaard, Ravenelle, and Schor (2017).

11 Greenhouse (2008)에 따르면 고용주가 점장에게 주 40시간 이상의 노동을 요구하는 경우가 드물지 않았다. 하지만 점장은 관리직으로 간주되기 때문에 고용주가 잔업 수당을 지급할 의무가 없다.

12 Dougherty and Isaac (2014); Hauser (2015); Siegler (2011).

13 Bialik, Flowers, Fischer-Baum, and Mehta (2015).

14 Office of the Attorney General of the State of New York's Research Department and Internet Bureau (2014); Lovece (2010) 참고.

15 Office of the Attorney General of the State of New York's Research Department and Internet Bureau (2014).

16 Bellafante (2016).

17 언론 보도에 따르면 집주인들은 뉴욕시 주택법원의 자료를 근거로 '문제성' 임차인 블랙리스트를 작성한다. 이 리스트에 오른 사람은 설령 임대인과 소송에서 유리한 판결을 받았다고 하더라도 아파트를 구하기가 어려울 수 있다(Satow 2014).

18 당시 스탠퍼드대학 사회심리학자였던 짐바르도가 팰로앨토를 선택한 이유 중 하나는 거리가 가까워서였지만, 지금에 와서 보면 대단한 선견지명이었다(팰로앨토는 실리콘밸리에 속한다-옮긴이).

19 Kelling and Wilson (1982).

20 Kelling and Wilson (1982).

21 Kelling and Wilson (1982).

22 Kelling and Wilson (1982).

23 Schor and Attwood-Charles (2015).

24 가사 아웃소싱에 대해서는 Hochschild (2012) 참고.

25 Marx (2013).

26 Dawes (1973:26).

27 Craig and McKinley (2014).

28 Craig and McKinley (2014).

29 Dewey (2015).

30 Griebling (2012); Kalleberg (2009); Hacker (2006) 참고.

## 7장 꿈같은 삶?

이 장의 일부는 Alexandrea J. Ravenelle, "A Return to Gemeinschaft: Digital Impression Management and the Sharing Economy," in *Digital Sociologies*, ed. Jessie Daniels, Karen Gregory, and Tressie McMillan Cottom, 27–46 (Bristol, UK: Policy Press/Bristol University Press, 2017)과 Alexandrea J. Ravenelle, "Sharing Economy Workers: Selling, Not Sharing," *Cambridge Journal of Regions, Economy and Society* 10, no.

2 (2017): 281 – 295를 허가에 의해 전재했다.

1 Goffman (1963).

2 Heatherton, Kleck, Hebl, and Hull (2000).

3 Landier (2005); Shepherd and Haynie (2011); Simmons, Wiklund, and Levie (2014).

4 성노동자에 대해서는 Agustin (2013); Vanwesenbeeck (2001) 참고. 최저임금에 대해서는 Newman (1999) 참고. 블루칼라 노동자에 대해서는 Sennett and Cobb ([1972] 1993) 참고.

5 McAfee and Brynjolfsson (2017).

6 키친서핑의 폐업은 2단계로 진행됐다. 먼저 인력시장 서비스(키친서핑 인력시장)를 2015년 말까지 점차적으로 중단했다. 셰프들은 약 한 달 전에 그간 오고간 메시지를 다운받고 필요한 기록을 백업하라는 안내를 받았다. 이후 키친서핑 투나잇이 2016년 4월 15일에 중단됐다.

7 Ravenelle (2017a).

8 사실 사람들이 사진이나 위치와 상관없이 관심을 보일 만큼 가격이 저렴하다면 꼭 아파트가 매력적으로 보이거나 찾기 쉬운 위치에 있을 필요가 없다. 처음 시작하는 호스트들이 흔히 쓰는 전략도 저가로 숙소를 올려 관심을 끌고 후기를 늘리는 것이다.

9 Edelman, Luca, and Svirsky (2017).

10 Edelman, Luca, and Svirsky (2017).

11 Ghoshal and Gaddis (2015).

12 Ahmed and Hammarstedt (2008).

## 8장 결론: 파괴의 결과

1 Entis (2014); Griswold (2016b).

2 Price (2016).

3 Price (2016).

4 Allison Arieff (2016)는 *New York Times Sunday Review* 기사에서 "문제를 해결하기 위해서가 아니라 시장을 '교란'하기 위해(즉, 실제로는 아무에게도 필요하지 않은 것을 시장에 내놓기 위해) 상품과 서비스가 설계된다"고 썼다. 특히 문제가 되는 것은 부유층을 위한 상품에 집중하느라 C. Z. Nnaemeka가 말한 '범상한 하위층'의 문제가 등한시되는 것이다. 이들은 편모, 시골의 가난한 백인, 참전 용사, 50세 이상 실직자, 다시 말해 "불행하게도 눈길을 끌 만

한 요소가 부족한" 사람들이다.

5 Schonfeld (2016).

6 Bureau of Labor Statistics (2012).

7 Leonhardt (2009).

8 Board of Governors of the Federal Reserve System (2015).

9 Hacker et al. (2010).

10 Board of Governors of the Federal Reserve System (2014).

11 Gabler (2016).

12 Pew Research Center (2014).

13 Zumbrun (2016).

14 Board of Governors of the Federal Reserve System (2016, 2017).

15 Morduch and Schneider (2017).

16 Dynan, Elmendorf, and Sichel (2012).

17 Board of Governors of the Federal Reserve System (2017).

18 Strom and Schmitt (2016).

19 Greenhouse (2008).

20 Greenhouse (2008).

21 Strom and Schmitt (2016).

22 O'Donovan and Anand (2017).

23 *The Economist* (2015).

24 연구방법론에 관심 있는 사람이라면 웨스턴일렉트릭 사례에서 호손 효과 Hawthorne effect를 떠올릴지도 모르겠다. 호손 효과는 연구자의 존재가 관찰 대상의 행동에 영향을 미치는 현상을 뜻한다.

25 Greenhouse (2008).

26 Greenhouse (2008).

27 Greenhouse (2008).

28 *New York Times* (1994).

29 Uchitelle and Kleinfield (1996).

30 Greenhouse (2008); 언급된 책은 Schor (1993), Dunlap (1996), Harrison (1997), Fraser (2002), Uchitelle (2006).

31 Streitfeld (2004); Whalen (1995).

32 Mieszkowski (1998).

33 Mieszkowski (1998).

34 Golden (2016).

35 Greenhouse (2014).

36 Greenhouse (2014); Kantor (2014).

37 Ben-Ishai, Matthews, and Levin-Epstein (2014); Chaudry, Pedroza, and Sandstrom (2012).

38 Cass (2013).

39 Cannon and Summers (2014).

40 Autor (2015).

41 Gershon (2017: introduction); Boltanski and Chiapello (2005) 참고.

42 Ladegaard, Ravenelle, and Schor (2017).

43 Giddens (1998: 64-67).

44 Lev-Ram (2014).

45 Hsu (2017).

46 National Employment Law Project (2014); Brescoll, Glass, and Sedlovskaya (2013); Stone and Hernandez (2013) 참고.

47 Kalleberg (2011).

48 Schor (2017).

49 Sundararajan (2016).

50 Galinsky, Bond, and Sakai (2008); Williams, Blair-Loy, and Berdahl (2013) 참고.

51 Stone (2007); Moen et al. (2017).

52 일반적으로 프리랜서가 더 높은 시급을 요구하는 이유는 일이 뜸한 시기가 있고, 건강보험료와 사무실 비용을 자비로 내야 하며, 사회보장연금세와 메디케어세를 더 많이 납부하기 때문이다.

53 Silva (2013).

54 연방거래위원회Federal Trade Commission가 우버를 '고임금'에 대한 약속으로 기사를 기만했다는 취지로 우버를 고소한 후 이 블로그는 우버 웹사이트에서 내려갔다(Weise 2017).

55 Griswold (2014).

56 Isaac (2017).

57 Youshaei (2015).

58 Fottrell (2015).

59 McAfee (n.d.).

60 Rotman (2013).

61 Kolhatkar (2017).

62 Feige (1990:990).

63 Beckert and Wehinger (2012).

64 Portes (1994).

65 Portes (1994:429); Gershuny (1979, 1985); Pahl (1980) 참고.

66 Portes (1994:431); Venkatesh (2006).

67 Zuberi (2006:12).

68 Sapone (2015).

69 Smith (2003); Wilson (1996).

70 Katz (2017).

71 Kolhatkar (2016).

72 주노는 2017년 승차 공유 앱인 겟에 인수됐다. 기사를 평등하게 대우하겠다는 기조로 출발한 주노였지만 겟에 인수된 후 기사들은 유감스럽게도 스톡옵션을 헐값에 교환하라는 압박을 받았다(Lazzaro 2017).

73 Committee on Ways and Means (2007a).

74 Roose (2014).

75 Edelman and Luca (2014); Edelman, Luca, and Svirsky (2017); Griswold (2016a; Ghoshal and Gaddis (2015); Doleac and Stein (2010); Kricheli-Katz and Regev (2016).

76 Hall and Krueger (2015).

77 A. Smith (2016a).

78 Manyika, Lund, Bughin, Robinson, Mischke, and Mahajan (2016).

79 Conley (1999).

80 Institute for Social Research (1994).

81 Asante-Muhammed, Collins, Hoxie, and Nieves (2016).

82 US Department of Labor (2017).

83 US Department of Labor, Wage and Hour Division (2017).

84 Scheiber (2018).

85 *Darrin E. McGillis v. Department of Economic Opportunity* (2017); Griswold (2017); Kokalitcheva (2016).

86 Joint Committee on Taxation (2007).

87 Weber (2015); Lang (2015).

88 Sachs (2015).

89 Harris and Krueger (2015).

90 Buhr (2017); Page (2015).

91 O'Donovan (2017).

92 Shellenbarger (2008).

93 Joint Committee on Taxation (2007).

94 Erb (2014).

95 본래 감세·일자리법Tax Cuts and Jobs Act으로 알려진 이 법은 일자리 창출과 관련된 내용이 부족해 상원 규정에 의해 명칭이 변경됐다. 공식 명칭은 다소

복잡한, '2018 회계연도 예산안 관련 양원 결의안 2장 및 5장에 따른 조정 실행법Act to Provide for Reconciliation Pursuant to Titles II and V of the Concurrent Resolution on the Budget for Fiscal Year 2018'이다.

96 Cohen (2017).

97 Alba (2015).

98 Helfand (2016:153).

99 Helfand (2016:154).

100 Waldman (2014).

101 Christensen (1997).

102 Schor (1992, 1998); Botsman and Rogers (2010).

103 Putnam (2000).

104 Ritzer (1993).

105 Lepore (2014).

106 Lepore (2014).

## 참고문헌


Acker, Joan. 1990. "Hierarchies, Jobs, Bodies: A Theory of Gendered Organizations." *Gender & Society* 4(2):139–58.

Acs, Zoltan J., and David B. Audretsch. 1988. "Innovation in Large and Small Firms: An Empirical Analysis." *American Economic Review* 78(4):678–90.

Adshade, Marina. 2013. *Dollars and Sex: How Economics Influences Sex and Love*. San Francisco: Chronicle Books. 한국어판: 김정희 역. 2013.《달러와 섹스》. 생각의힘.

AFL-CIO. 1981. "A Short History of American Labor." *American Federationist* 88(3).

Agustin, Laura. 2013. "The Sex Worker Stigma: How the Law Perpetuates Our Hatred (and Fear) of Prostitutes." *Salon*, August 17.

Ahmed, Ali M., and Mats Hammarstedt. 2008. "Discrimination in the Rental Housing Market: A Field Experiment on the Internet." *Journal of Urban Economics* 64(2):362–72.

Alba, Davey. 2015. "Instacart Shoppers Can Now Choose to Be Real Employees." *Wired*, May 25.

Albinsson, Pia A., and B. Yasanthi Perera. 2012. "Alternative Marketplaces in the 21st Century: Building Community through Sharing Events." *Journal of Consumer Behaviour* 11(4):303–15.

Alden, William. 2014. "The Business Tycoons of Airbnb." *New York Times Magazine*, November 25.

Alexandersen, Christian. 2017. "Uber Raises Rates in 8 States, including Pa., to Fund

Injury Protection Insurance for Drivers." PennLive, May 9.
Andrus, Paula. 2014. "How to Launch a Business in the Sharing Economy." *Entrepreneur*, December 24.
Arieff, Allison. 2016. "Solving All the Wrong Problems." *New York Times*, July 10.
Aronowitz, Stanley, and William DiFazio. 1994. *The Jobless Future*. Minneapolis: University of Minnesota Press.
Arrington, Michael. 2011. "The Moment of Truth for Airbnb as User's Home Is Utterly Trashed." *TechCrunch*, July 27.
Asante-Muhammed, Dedrick, Chuck Collins, Josh Hoxie, and Emanuel Nieves. 2016. *The Ever-Growing Gap: Without Change, African-American and Latino Families Won't Match White Wealth for Centuries*. Washington, DC: Corporation for Economic Development and Institute for Policy Studies, August 8.
Ashby, Steven K., and C. J. Hawking. 2009. *Staley: The Fight for a New American Labor Movement*. Champaign: University of Illinois Press.
Associated Press. 2013. "US Companies Increasingly Turning to Temporary Workers to Fill Positions." *Fox News*, July 8.
Autor, David H. 2015. "Why Are There Still So Many Jobs? The History and Future of Workplace Automation." *Journal of Economic Perspectives* 29(3):3–30.
Avent, Ryan. 2014. "The Third Great Wave, Special Report: The World Economy." The Economist, October 4. www.economist.com/sites/default/files/20141004_world_economy.pdf.
Baker, Dean. 2014. "Don't Buy the 'Sharing Economy' Hype: Airbnb and Uber Are Facilitating Rip-Offs." *The Guardian*, May 27.
Balsamini, Dean. 2016. "The Longest Ride in Uber History." *New York Post*, December 10.
Basow, Susan A., and Alexandra Minieri. 2011. "You Owe Me: Effects of Date Cost, Who Pays, Participant Gender, and Rape Myth Beliefs on Perceptions of Rape." *Journal of Interpersonal Violence* 26(3):479–97.
Beckert, Jens, and Frank Wehinger. 2012. "In the Shadow: Illegal Markets and Economic Sociology." *Socio-Economic Review* 11(1):5–30, https://doi.org/10.1093/ser/mws020.
Belk, R. 2010. "Sharing." *Journal of Consumer Research* 36(5):715–34.
———. 2014. "Sharing versus Pseudo-Sharing in Web 2.0." *Anthropologist* 18(1):7–23.
Bellafante, Ginia. 2016. "Airbnb and the Battle of Suitcase Alley." *New York Times*, June 24.

Ben-Ishai, Liz, Hannah Matthews, and Jodie Levin-Epstein. 2014. *Scrambling for Stability: The Challenges of Job Schedule Volatility and Child Care*. Washington DC: Center for Law and Social Policy.

Benner, Katie. 2014. "A Secret of Uber's Success: Struggling Workers." *Bloomberg View*, October 2.

Bensinger, Greg. 2017a. "Uber Mistakenly Shortchanged New York Drivers." *Wall Street Journal*, May 24.

———. 2017b. "Uber Plans to Wind Down U.S. Car-Leasing Business." *Wall Street Journal*, August 8.

———. 2017c. "Uber Shutting Down U.S. Car-Leasing Business." *Wall Street Journal*, September 27.

Benson, Donna J., and Gregg E. Thomson. 1982. "Sexual Harassment on a University Campus: The Confluence of Authority Relations, Sexual Interest and Gender Stratification." *Social Problems* 29(3):236–51, doi:10.2307/800157.

Bergmann, Barbara R. 1986. *The Economic Emergence of Women*. New York: Palgrave Macmillan.

Bernstein, Leonard. 1950. "The Working People of Philadelphia from Colonial Times to the General Strike of 1835." *Pennsylvania Magazine of History and Biography* 74(3):322–39.

Bertrand, Marianne, and Sendhil Mullainathan. 2004. "Are Emily and Greg More Employable Than Lakisha and Jamal? A Field Experiment on Labor Market Discrimination." *American Economic Review* 94(4):991–1013.

Bever, Lindsey. 2016. "'She's Getting Violent': Miami Doctor Suspended after Attack on Uber Driver." *Washington Post*, January 22.

Bhuiyan, Johana. 2017. "Uber Admits That It Has Underpaid Tens of Thousands of Drivers in New York since Late 2014." *Recode*, May 23.

Bialik, Carl, Andrew Flowers, Reuben Fischer-Baum, and Dhrumil Mehta. 2015. "Uber Is Serving New York's Outer Boroughs More Than Taxis Are." *Fivethirtyeight.com*, August 10.

Bianchi, Suzanne M., Liana C. Sayer, Melissa A. Milkie, and John P. Robinson. 2012. "Housework: Who Did, Does or Will Do It, and How Much Does It Matter?" *Social Forces* 91(1):55–63.

Biddle, Sam. 2014. "Uber Driver: Here's How We Get around Background Checks." *Valleywag*, June 27.

Bliss, Charles Henry. 1902. "Labor Strikes and Their Effects on Society: A Common Sense Discussion of the Rights and Relations of Labor and Capital." Florida Heritage Collection, unpublished ms. http://palmm.digital.flvc.org/islandora/

object/uwf%3A46777#page/1/mode/1up/search/bliss.

Board of Governors of the Federal Reserve System. 2014. *Report on the Economic Well-Being of U.S. Households in 2013*. Washington, DC: Federal Reserve Board, July.

———. 2015. *Report on the Economic Well-Being of U.S. Households in 2014*. Washington, DC: Federal Reserve Board, May.

———. 2016. *Report on the Economic Well-Being of U.S. Households in 2015*. Washington, DC: Federal Reserve Board, May.

———. 2017. *Report on the Economic Well-Being of U.S. Households in 2016*. Washington, DC: Federal Reserve Board, May.

Bocker, Lars, and Toon Meelen. 2017. "Sharing for People, Planet or Profit? Analysing Motivations for Intended Sharing Economy Participation." *Environmental Innovation and Societal Transitions* 23(June):28–39.

Bohr, Nick. 2016. "Uber Driver Says She Was Sexually Assaulted by Passenger." WISN, February 15.

Boltanski, L., and E. Chiapello. 2005. *The New Spirit of Capitalism*. New York: Verso.

Bort, Julie. 2014a. "Airbnb Banned from Condo Complex after Guest Caused $10,000 of Damage." *Business Insider*, October 9.

———. 2014b. "Airbnb Host: A Guest Is Squatting in My Condo and I Can't Get Him to Leave." *Business Insider*, July 21.

Botsman, Rachel, and Roo Rogers. 2010. *What's Mine Is Yours: The Rise of Collaborative Consumption*. New York: Harper Collins. 한국어판: 이은진 역. 2011.《위 제너레이션》. 모멘텀.

Bradford, Harry. 2014. "Most Airbnb Rentals Go Perfectly: Then There Are These Horror Stories." *Huffington Post*, July 29.

Brescoll, Victoria L., Jennifer Glass, and Alexandra Sedlovskaya. 2013. "Ask and Ye Shall Receive? The Dynamics of Employer-Provided Flexible Work Options and the Need for Public Policy." *Journal of Social Issues* 69(2):367–88.

Bricker, Jesse, Lisa J. Dettling, Alice Henriques, Joanne W. Hsu, Kevin B. Moore, John Sabelhaus, Jeffrey Thompson, and Richard A. Windle. 2014. "Changes in U.S. Family Finances from 2010 to 2013: Evidence from the Survey of Consumer Finances." *Federal Reserve Bulletin* 100(4).

Brynjolfsson, Erik, and Andrew McAfee. (2011). *Race against the Machine: How the Digital Revolution Is Accelerating Innovation, Driving Productivity, and Irreversibly Transforming Employment and the Economy*. Lexington, MA: Digital Frontier Press. 한국어판: 정지훈, 류현정 역. 2013.《기계와의 경쟁》. 틔움.

Buhr, Sarah. 2017. "A U.S. Senator Has Introduced the First Bill to Give Gig Workers

Benefits." *TechCrunch*, May 25.

Bui, Quoctrung. 2017. "A Secret of Many Urban 20-Somethings: Their Parents Help with the Rent." *New York Times*, February 9.

Bureau of Labor Statistics. 2012. *Spotlight on Statistics: The Recession of 2007–2009*. Washington, DC: Bureau of Labor Statistics. www.bls.gov/spotlight/2012/recession/.

———. 2016a. "Business Employment Dynamics: Entrepreneurship and the U.S. Economy: Chart 3. Survival Rates of Establishments, by Year Started and Number of Years since Starting, 1994–2015, in Percent." U.S. Department of Labor. Last modified April 28. www.bls.gov/bdm/entrepreneurship/bdm_chart3.htm.

———. 2016b. *Employee Tenure in 2016*. Washington, DC: Bureau of Labor Statistics.

———. 2017. "Labor Force Statistics from the Current Population Survey." U.S. Department of Labor. www.bls.gov/cps/lfcharacteristics.htm.

Bushway, Shawn, and Peter Reuter. 1997. "Labor Markets and Crime Risk Factors." In *Preventing Crime: What Works, What Doesn't, What's Promising: A Report to the United States Congress*. College Park: Department of Criminology and Criminal Justice, University of Maryland. https://pdfs.semanticscholar.org/7a7e/6871dfbce8940cd88f72ad87664876d8c888.pdf.

Cannon, Sarah, and Lawrence H. Summers. 2014. "How Uber and the Sharing Economy Can Win Over Regulators." *Harvard Business Review*, October 13.

Cantillon, R. 1755. *Essai sur la nature du commerce en general*. London: Macmillan.

Cass, Connie. 2013. "In God We Trust, Maybe, but Not Each Other." AP-GfK Poll. November 30. http://ap-gfkpoll.com/featured/our-latest-poll-findings-24.

Chan, Sewell. 2005. "Taxi Partitions, Born of Danger, May Be Set for a Makeover." *New York Times*, August 9.

Chaudry, Ajay, Juan Pedroza, and Heather Sandstrom. 2012. *How Employment Constraints Affect Low-Income Working Parents' Child Care Decisions*. Brief 23. Washington, DC: Urban Institute.

Chen, Brian X. 2012. "Uber, an App That Summons a Car, Plans a Cheaper Service Using Hybrids." *New York Times*, July 1.

Chen, Michelle. 2014. "Do You Realize How Dangerous It Is to Drive a Taxi?" *The Nation*, October 24.

Christensen, Clayton M. 1997. *The Innovator's Dilemma: When New Technologies Cause Great Firms to Fail*. Boston: Harvard Business School Press. 한국어판: 노우호 역. 1999.《성공기업의 딜레마》. 모색.

Clifford, Catherine. 2015. "Who Exactly Are Uber's Drivers?" *Entrepreneur*, January 22.

———. 2016. "The Sharing Economy Is More Than a Buzzword. It's Changing How We Live." *Entrepreneur*. January 7. www.entrepreneur.com/article/254772.

Close, Kerry. 2015. "Uber Just Keeps on Slashing Fares." *Time*, January 29.

Cohen, Patricia. 2017. "Tax Plans May Give Your Co-worker a Better Deal Than You." *New York Times*, December 9.

Collins, Pat. 2016. "Uber Driver Attacked in Arlington after He Asks Passengers to Stop Drinking in Car." *NBC Washington*, February 22.

Committee on Ways and Means. 2007a. "Hearing on the Effects of Misclassifying Workers as Independent Contractors." Hearing before the Subcommittee on Income Security and Family Support and the Subcommittee on Select Revenue Measures of the Committee on Ways and Means, U.S. House of Representatives, 110th Cong., 1st session, serial 110-37. May 8, 2007. https://waysandmeans.house.gov/Media/transcript/10278.html.

———. 2007b. "Present Law and Background Relating to Worker Classification for Federal Tax Purposes." May 8. Scheduled for a Public Hearing before the Subcommittee on Select Revenue Measures and the Subcommittee on Income Security and Family Support of the House Committee on Ways and Means on May 8, 2007. Prepared by the Staff of the Joint Committee on Taxation. May 7, 2007. JCX-26-07. www.irs.gov/pub/irs-utl/x-26-07.pdf.

Commons, John Rogers. 1918. *History of Labour in the United States*. Vol. 1. London: Forgotten Books.

Conley, Dalton. 1999. *Being Black, Living in the Red: Race, Wealth and Social Policy in America*. Berkeley: University of California Press.

Cox, Brian L., Susan Berger, and Grace Wong. 2017. "Uber Driver Killed in Lincolnwood while Dropping Off Passenger, Cops Say." *Chicago Tribune*, May 31.

Craig, Susanne, and Jesse McKinley. 2014. "New York State Is Set to Loosen Marijuana Laws." *New York Times*, January 4.

Cronin, Brenda. 2013. "In the TaskRabbit Economy, Freelancers Are Hard to Measure." *Digits: Tech News and Analysis from the WSJ*, May 29.

Cruz, Mimi Ko. 2014. "CLRN Researcher Gains National Recognition." Connected Learning Research Network, August 19.

Curran, David. 2016. "Two Uber Drivers Shot and Killed in Separate Incidents." *SF Gate*, March 22.

*Darrin E. McGillis v. Department of Economic Opportunity; and Rasier LLC, d/b/a*

*UBER*, 3D15-2758 (2017).

Dawes, Frank. 1973. *Not in Front of the Servants: A True Portrait of English Upstairs/Downstairs Life*. New York: Taplinger.

Del Rey, Jason. 2017. "Instacart Will Pay $4.6 Million to Settle a Class Action Lawsuit with Its Workers." *Recode*, March 23.

Descant, Skip. 2014. "Airbnb 'Squatter' Checks Out of Palm Springs Condo." *USA Today*, August 21.

DeSilver, Drew. 2014. "For Most Workers, Real Wages Have Barely Budged for Decades." Pew Research Institute Fact Tank, October 9. www.pewresearch.org/fact-tank/2014/10/09/for-most-workers-real-wages-have-barely-budgedfor-decades/.

Dewey, Caitlin. 2015. "Everyone You Know Will Be Able to Rate You on the Terrifying 'Yelp for People'—hether You Want Them to or Not." *Washington Post*, September 30.

Dickey, Megan Rose. 2014. "Uber Will Start Charging More for Some Rides Because It Was Losing Money." *Business Insider*, April 18.

Doleac, Jennifer L., and Luke C. D. Stein. 2010. "The Visible Hand: Race and Online Market Outcomes." *Economic Journal* 123(572):F469 – 92.

Dougherty, Conor, and Mike Isaac. 2014. "Uber to Portland: We're Here; Deal with It." *New York Times*, December 5.

DuBose, Renetta. 2016. "Uber Driver Attacked Taking Intoxicated Man Home." WJBF.com, February 29.

Dunlap, Albert John. 1996. *Mean Business: How I Save Bad Companies and Make Good Companies Great*. New York: Touchstone. 한국어판: 윤재관 역. 1999. 《던랩의 기업수술》. FKI미디어.

Dynan, Karen, Douglas Elmendorf, and Daniel Sichel. 2012. "The Evolution of Household Income Volatility." *B.E. Journal of Economic Analysis and Policy* 12(2).

Eckhardt, Gianna M., and Fleura Bardhi. 2015. "The Sharing Economy Isn't about Sharing at All." *Harvard Business Review*, January 28.

*The Economist*. 2011. "The Birth of the New Deal." March 17.

———. 2013. "The Economist Explains Itself: Is The Economist Left-or Right-Wing?" September 2.

———. 2015. "Digital Taylorism." September 10.

Edelman, Benjamin G., and Michael Luca. 2014. "Digital Discrimination: The Case of Airbnb.com." Harvard Business School, Working Paper No. 14-054.

Edelman, Benjamin G., Michael Luca, and Dan Svirsky. 2017. "Racial Discrimination in the Sharing Economy: Evidence from a Field Experiment." *American Economic Journal* 9(2):1 – 22.

Ehrenreich, Barbara. 2001. *Nickel and Dimed: On (Not) Getting by in America*. New York: Henry Holt. 한국어판: 최희봉 역. 2012.《노동의 배신》. 부키.

Elder, P. K., and H. D. Miller, 1979. "The Fair Labor Standards Act: Changes of Four Decades." *Monthly Labor Review* 102(7): 10 – 16.

Ellement, John R. 2016. "Two Uber Drivers Robbed by Passengers in Jamaica Plain." *Boston Globe*, March 30.

Elliott, Bryan. 2017. "How the Developers of Hello Alfred Created a Personal Butler." *Entrepreneur*, June 21.

Entis, Laura. 2014. "We're the Uber of X!" *Entrepreneur*, August 12.

Erb, Kelly Phillips. 2014. "Credit Cards, the IRS, Form 1099-K and the $19,399 Reporting Hole." *Forbes*, August 29.

Etsy. 2013. "Redefining Entrepreneurship: Etsy Sellers' Economic Impact." Etsy.

Evans, Jon. 2013. "Meet the New Serfs, Same as the Old Serfs." *TechCrunch*, October 5.

EV Grieve. 2015. "Survey: East Village Residents Are Spending 56% of Their Incomes on Market-Rate Apartments." March 2. http://evgrieve.com/2015/03/survey-east-village-residents-are.html.

Farley, Lin. 1978. *Sexual Shakedown: The Sexual Harassment of Women on the Job*. New York: McGraw-Hill.

———. 2017. "I Coined the Term 'Sexual Harassment.' Corporations Stole It." *New York Times*, October 18.

Farrell, Diana, and Fiona Greig. 2016. *The Online Platform Economy: Has Growth Peaked?* New York: JP Morgan Chase Institute.

Feige, Edgar L. 1990. "Defining and Estimating Underground and Informal Economies: The New Institutional Economics Approach." *World Development* 18(7):989 – 1002.

Fermino, Jennifer. 2015. "Airbnb Taking Up 1 out of 5 Vacant Apartments in Popular New York City Zip Codes: Study." *New York Daily News*, July 15.

Fiegerman, Seth. 2014. "Kitchensurfing Raises $15 Million to Bring Private Chefs to Your Home." *Mashable*, March 31.

Fleck, Susan E. 2009. "International Comparisons of Hours Worked: An Assessment of the Statistics." *Monthly Labor Review*, May.

Foner, Philip S. [1947] 1998. *History of the Labor Movement in the United States: From Colonial Times to the Founding of the American Federation of Labor*. New York: International.

Fottrell, Quentin. 2015. "Some TaskRabbit Handymen Can Make $78,000 a Year." *Marketwatch*, March 31.

Fox, Justin. 2014. "Breaking Down the Freelance Economy." *Harvard Business Review*, September 4.

Fraser, Jill Andresky. 2002. *White-Collar Sweatshop: The Deterioration of Work and Its Rewards in Corporate America*. New York: Norton. 한국어판: 심재관 역. 2004.《화이트칼라의 위기》. 한스미디어.

Freeman, Richard B., and James L. Medoff. 1984. *What Do Unions Do?* New York: Basic Books. 한국어판: 박영기 역. 1992.《노동조합의 참모습》. 비봉출판사.

Frenken, Koen, Toon Meelen, Martijn Arets, and Pieter van de Glind. 2015. "Smarter Regulation for the Sharing Economy." *The Guardian*, May 20.

Friedman, Thomas L. 2013. "Welcome to the 'Sharing Economy.'" *New York Times*, July 20.

———. 2014. "Start-Up America: Our Best Hope." *New York Times*, February 15.

Gabler, Neil. 2016. "The Secret Shame of Middle-Class Americans." *The Atlantic*, May.

Galinsky, Ellen, James T. Bond, and Kelly Sakai. 2008. *2008 National Study of Employers*. New York: Families and Work Institute.

Gallagher, Leigh. 2017. *The Airbnb Story: How Three Ordinary Guys Disrupted an Industry, Made Billions… and Created Plenty of Controversy*. New York: Houghton Mifflin Harcourt. 한국어판: 유정식 역. 2017.《에어비앤비 스토리》. 다산북스.

Garling, Caleb. 2014. "Hunting Task Wabbits." *Medium*, December 2.

Gaumer, Elyzabeth. and Sheree West. 2015. *Selected Initial Findings of the 2014 New York City Housing and Vacancy Survey*. New York: New York City Department of Housing Preservation and Development, February 9.

Gee, Kelsey. 2017. "In a Job Market This Good, Who Needs to Work in the Gig Economy?" *Wall Street Journal*, August 8.

Geerts, Achilles, Borris A. Kornblith, and W. John Urmson. 1977. *Compensation for Bodily Harm*. Brussels: Fernand Nathan.

Geron, Tomio. 2013. "Airbnb and the Unstoppable Rise of the Share Economy." *Forbes*, January 23.

Gershon, Ilana. 2017. *Down and Out in the New Economy: How People Find (or Don't Find) Work Today*. Chicago: University of Chicago Press. Kindle edition.

Gershuny, Jonathan. 1979. "The Informal Economy." *Futures* 11(1):3–15.

———. 1985. "Economic Development and Change in the Mode of Provision of Services." In *Beyond Employment: Household, Gender and Subsistence*, ed.

N. Redclif and E. Mingione. Oxford: Basil Blackwell.
Ghoshal, Raj, and S. Michael Gaddis. 2015. "Finding a Roommate on Craigslist: Racial Discrimination and Residential Segregation." May 8. Available at SSRN: https://ssrn.com/abstract=2605853.
Giddens, Anthony. 1998. *The Third Way: The Renewal of Social Democracy*. Cambridge, UK: Polity. 한국어판: 한상진, 박찬욱 역. 2014.《제3의 길》. 책과함께.
Glaser, Barney G., and Anselm L. Strauss. [1967] 1999. *The Discovery of Grounded Theory: Strategies for Qualitative Research*. New York: Aldine De Gruyter. 한국어판: 이병식 역. 2011.《근거 이론의 발견》. 학지사.
Goffman, Erving. 1963. *Stigma: Notes on the Management of Spoiled Identity*. Englewood Cliffs, NJ: Prentice-Hall. 한국어판: 윤선길, 정기현 역. 2009.《스티그마》. 한신대학교출판부.
Golden, Lonnie. 2016. *Still Falling Short on Hours and Pay: Part-Time Work Becoming New Normal*. Washington, DC: Economic Policy Institute.
Goldin, Claudia, and Cecilia Rouse. 2000. "Orchestrating Impartiality: The Impact of 'Blind' Auditions on Female Musicians." *American Economic Review* 90:715–41.
Grauerholz, Elizabeth. 1989. "Sexual Harassment of Women Professors by Students: Exploring the Dynamics of Power, Authority, and Gender in a University Setting." *Sex Roles* 21(11–12):789–801.
Green, Carla, and Sam Levin. 2017. "Homeless, Assaulted, Broke: Drivers Left Behind as Uber Promises Change at the Top." *The Guardian*, June 17.
Greenhouse, Steven. 2008. *The Big Squeeze: Tough Times for the American Worker*. New York: Knopf.
———. 2014. "A Push to Give Steadier Shifts to Part-Timers." *New York Times*, July 16.
Greenwald, Richard A. 2005. *The Triangle Fire, the Protocols of Peace, and Industrial Democracy in Progressive Era New York*. Philadelphia: Temple University Press.
Gregor, Alison. 2014. "The East Village Clings to a Colorful Past." *New York Times*, December 10.
Griebling, Brittany. 2012. "The Casualization of Intimacy: Consensual Non-Monogamy and the New Sexual Ethos." PhD. diss. Available from ProQuest, AAI3550956.
Griffith, Erin. 2015. "Why Kitchensurfing Made Its Independent Contractors into Employees." *Fortune*, September 1.
Griswold, Alison. 2014. "In Search of Uber's Unicorn." *Slate*, October 27.

———. 2016a. "The Dirty Secret of Airbnb Is That It's Really, Really White." *Quartz*, June 23.

———. 2016b. "There Is an Uber for Blood." *Quartz*, April 1.

———. 2017. "New York State Just Dealt Another Blow to Uber's Business Model." *Quartz*, June 13.

Guerrero, Maria. 2016. "Seattle Uber Driver Claims Customer Sexually Assaulted Her: Uber Responds." KIRO7.com, January 4.

Gutek, Barbara A. 1985. *Sex and the Workplace: The Impact of Sexual Behavior and Harassment on Women, Men, and Organizations*. San Francisco: Jossey-Bass.

Guyton, Gregory P. 1999. "A Brief History of Workers' Compensation." *Iowa Orthopaedic Journal* 19:106–10.

Hacker, Jacob S. 2006. *The Great Risk Shift*. New York: Oxford University Press.

Hacker, Jacob S., Gregory A. Huber, Philipp Rehm, Mark Schlesinger, and Rob Valletta. 2010. *Economic Security at Risk: Findings from the Economic Security Index*. New York City: Rockefeller Foundation, July.

Hall, Elaine J. 1993. "Smiling, Deferring, and Flirting: Doing Gender by Giving 'Good Service.'" *Work and Occupations* 20(4):452–71.

Hall, Jonathan, and Alan Krueger. 2015. "An Analysis of the Labor Market for Uber's Driver-Partners in the United States." National Bureau of Economic Research. NBER Working Paper No. 22843.

Haller, John S. 1988. "Industrial Accidents-Worker Compensation Laws and the Medical Response." *Western Journal of Medicine* 148:341–48.

Haltiwanger, John, Ron S. Jarmin, and Javier Miranda. 2013. "Who Creates Jobs? Small versus Large versus Young." *Review of Economics and Statistics* 95(2):347–61.

Hamari, Juho, Mimmi Sjoklint, and Antti Ukkonen. 2015. "The Sharing Economy: Why People Participate in Collaborative Consumption." *Journal of the Association for Information Science and Technology*. Available at SSRN: https://ssrn.com/abstract=2271971.

Hamlin, Suzanne. 1997. "Chefs and Shoes: A Bond Forged in Battle." *New York Times*, November 5.

Hanks, Douglas. 2015. "For Uber, Loyal Drivers and a New Fight for Benefits." *Miami Herald*, May 21.

Harris, Seth D., and Alan B. Krueger. 2015. "A Proposal for Modernizing Labor Laws for Twenty-First-Century Work: The 'Independent Worker.'" Hamilton Project. Discussion Paper No. 2015-10.

Harrison, Bennett. 1997. *Lean and Mean: Why Large Corporations Will Continue to Dominate the Global Economy*. New York: Guilford Press. 한국어판: 최은영, 오은주, 손정원, 장영진 역. 2007.《세계화시대 대기업의 진화》. 한울.

Haughney, Christine. 2010. "When Finding an Apartment Is Only Half the Battle." *New York Times*, November 29.

Hauser, Christine. 2015. "The State of Uber: How It Operates in the U.S." *New York Times*, July 23.

Heatherton, Todd F., Robert E. Kleck, Michelle R. Hebl, and Jay C. Hull, eds. 2000. *The Social Psychology of Stigma*. New York: Guilford Press.

Helfand, Jessica. 2016. *Design: The Invention of Desire*. New Haven, CT: Yale University Press.

Henwood, Doug. 2015. "What the Sharing Economy Takes." *The Nation*, January 27.

Higgins, Michelle. 2013. "The Get-into-School Card." *New York Times*, May 3.

Higgins, Tim, Joseph Ciolli, and Callie Bost. 2014. "Apple Inc. Market Cap Tops US$700B, Double What It Was When Tim Cook Took Over as CEO." *Bloomberg News*, November 25.

Hill, Steven. 2015a. *Raw Deal: How the "Uber Economy" and Runaway Capitalism Are Screwing American Workers*. New York: St. Martin's Griffin.

———. 2015b. "The Unsavory Side of Airbnb." *American Prospect*, October 15.

Hirsch, Barry T., and Edward J. Schumacher. 1998. "Unions, Wages, and Skills." *Journal of Human Resources* 33:201–19.

Hochschild, Arlie Russell. 1983. *The Managed Heart: Commercialization of Human Feeling*. Berkeley: University of California Press. 한국어판: 이가람 역. 2009.《감정노동》. 이매진.

———. [1989] 2002. *The Second Shift*. New York: HarperCollins. 한국어판: 백영미 역. 2001.《돈 잘 버는 여자 밥 잘 하는 남자》. 아침이슬.

———. 2012. *The Outsourced Self: What Happens When We Pay Others to Live Our Lives for Us*. New York: Henry Holt. 한국어판: 류현 역. 2013.《나를 빌려드립니다》. 이매진.

Hondagneu-Sotelo, Pierrette. 2001. *Domestica: Immigrant Workers Cleaning and Caring in the Shadows of Affluence*. Berkeley: University of California Press.

Hsu, Tiffany. 2017. "Ikea Enters 'Gig Economy' by Acquiring TaskRabbit." *New York Times*, September 28.

Hu, Winnie. 2017. "Yellow Cab, Long a Fixture of City Life, Is for Many a Thing of the Past." *New York Times*, January 15.

Huet, Ellen. 2015. "Uber Raises UberX Commission to 25 Percent in Five More Markets." *Forbes*, September 11.

Institute for Social Research. 1994. *Panel Study of Income Dynamics*. Ann Arbor: Survey Research Center, Institute for Social Research, University of Michigan.

Intuit. 2010. *Intuit 2020 Report: Twenty Trends That Will Shape the Next Decade*. Mountain View, CA: Intuit.

Isaac, Mike. 2016. "Judge Overturns Uber's Settlement with Drivers." *New York Times*, August 18.

———. 2017. "Uber's C.E.O. Plays with Fire." *New York Times*, April 23.

Isaac, Mike, and Katie Benner. 2017. "Uber Board Considers 3 Investment Offers to Buy Company's Shares." *New York Times*, August 13.

Israel, Betsy. 2002. *Bachelor Girl: The Secret History of Single Women in the Twentieth Century*. New York: William Morrow.

James, Kimberly. 2016. "Georgia Uber Driver Said Passenger Attacked Him." *Atlanta Journal-Constitution*, February 29.

JB. 2014. "Uber Slashes Prices in New York City and New Jersey." Uber Driver Diaries, July 7.

Joint Committee on Taxation. 2007. *Present Law and Background Relating to Worker Classification for Federal Tax Purposes* (JCX-26-07). Washington, DC: Internal Revenue Service, May 7.

Jost, Micah Prieb Stoltzfus. 2011. "Independent Contractors, Employees and Entrepreneurialism under the National Labor Relations Act: A Worker-by-Worker Approach." *Washington and Lee Law Review* 68(311).

Kahn, Bonnie Menes. 1987. *Cosmopolitan Culture: The Gilt-Edged Dream of a Tolerant City*. New York: Atheneum.

Kahn, Lisa B. 2010. "The Long-Term Labor Market Consequences of Graduating from College in a Bad Economy." *Labour Economics* 17(2):303–16.

Kalamar, Anthony. 2013. "Sharewashing Is the New Greenwashing." OpEdNews.com, May 13.

Kalanick, Travis. 2016. "Uber CEO Travis Kalanick's Gridlock Solution? Carpools for All." *Wall Street Journal*, June 6.

Kalleberg, Arne L. 2009. "Precarious Work, Insecure Workers: Employment Relations in Transition." *American Sociological Review* 74(1):1–22.

———. 2011. *Good Jobs, Bad Jobs: The Rise of Polarized and Precarious Employment Systems in the United States*. New York: Russell Sage Foundation.

Kane, Kat. 2015. "The Big Hidden Problem with Uber? Insincere 5-Star Ratings." *Wired*, March 19.

Kantor, Jodi. 2014. "Working Anything but 9 to 5." *New York Times*, August 13.

Kasinitz, Philip, and Jan Rosenberg. 1996. "Missing the Connection: Social Isolation and Employment on the Brooklyn Waterfront." *Social Problems* 43:180–96.

Katz, Jack. 1989. *The Seductions of Crime*. New York: Basic Books.

Katz, Lawrence F., and Alan B. Krueger. 2016. "The Rise and Nature of Alternative Work Arrangements in the United States, 1995–2015." National Bureau of Economic Research. NBER Working Paper No. 22667.

Katz, Miranda. 2017. "A Growing Number of Startups Are Ditching the Uber Model and Hiring Full-Time Workers." *Business Insider*, April 23.

Kaye, Leon. 2012. "Why Sharing Makes Sense in an Over-consuming World." *The Guardian*, January 12.

Kelling, George L., and James Q. Wilson. 1982. "Broken Windows." *The Atlantic*.

Kerr, Dara. 2015. "To Tip or Not to Tip Drivers, That Is Uber's Question." *CNET*, February 16.

Kessler, Sarah. 2014a. "Peers Says Its New Focus Is Helping Sharing Economy Workers." *Fast Company*, November 12.

———. 2014b. "Pixel and Dimed—n Not Getting By in the Gig Economy." *Fast Company*, March 18.

———. 2015a. "The Gig Economy Won't Last Because It's Being Sued to Death." *Fast Company*, February 17.

———. 2015b. "The "Sharing Economy" Is Dead, and We Killed It." *Fast Company*, September 14.

Kirchner, Elyce, David Paredes, and Scott Pham. 2014. "Is Uber Keeping Riders Safe?" *NBC Bay Area*, April 24.

Knight, Frank H. 1921. *Risk, Uncertainty, and Profit*. Boston: Houghton Mifflin. 한국어판: 이주명 역. 2018.《위험과 불확실성 및 이윤》. 필맥.

Koebler, Jason. 2015. "Anatomy of a Seven-Hour, $583 Uber Ride." *Motherboard*. June 17. https://motherboard.vice.com/en_us/article/pga4n9/anatomy-of-a-seven-hour-583-uber-ride.

Kokalitcheva, Kia. 2016. "Uber's Employment Fight Just Got More Complicated." *Fortune*, March 4.

Kolhatkar, Sheelah. 2016. "Juno Takes on Uber." *New Yorker*, October 10.

———. 2017. "Welcoming Our New Robot Overlords." *New Yorker*, October 23.

Kolodny, Lora. 2010. "UberCab Ordered to Cease and Desist." *TechCrunch*, October 24.

Kortum, Samuel, and Josh Lerner. 2000. "Assessing the Impact of Venture Capital on Innovation." *Rand Journal of Economics* 31:674–92.

Kosoff, Maya. 2015. "2 Harvard Students Were Sick of Their Dirty Apartments, So

They Built a Company That Will Do Your Chores for You." *Business Insider*, June 17.

Kravets, David. 2016. "Judge Calls Uber Algorithm 'Genius,' Green-Lights Surge-Pricing Lawsuit." *Ars Technica*, April 4.

———. 2017. "Lyft Agrees to Pay $27 Million to Settle Driver Classification Lawsuit." *Ars Technica*, March 18.

Kricheli-Katz, Tamar, and Tali Regev. 2016. "How Many Cents on the Dollar? Women and Men in Product Markets." *Science Advances* 2(2).

Krishna, Priya. 2017. "How Street Meat Conquered New York." *Grub Street*. www.grubstreet.com/2017/11/halal-cart-chicken-and-rice-oral-history.html.

Krugman, Paul. 2007. *The Conscience of a Liberal*. New York: W.W. Norton. 한국어판: 예상한, 한상완, 유병규, 박태일 역. 2012.《폴 크루그먼 새로운 미래를 말하다》. 엘도라도.

Kurtzleben, Danielle. 2015. "The Rise of the Servant Economy." *Vox*, February 6.

Kwon, Haegi. 2005. "Public Toilets in New York City: A Plan Flushed with Success?" Master's thesis, Department of Urban Planning, Columbia University.

Ladegaard, Isak, Alexandrea J. Ravenelle, and Juliet Schor. 2017. "'I'm Probably Going to Get One Star': Responsibilization and Worker Vulnerabilities in the Digital Age." Unpublished ms.

Lagorio-Chafkin, Christine. 2014. "How Uber Is Going to Hire 1,000 People This Year." *Inc*., January 15.

Lamberton, Cait Poynor, and Randall L. Rose. 2012. "When Is Ours Better Than Mine? A Framework for Understanding and Altering Participation in Commercial Sharing Systems." *Journal of Marketing* 76(4):109–25.

Landier, Augustin. 2005. "Entrepreneurship and the Stigma of Failure." November. Available at SSRN: http://ssrn.com/abstract=850446

Lang, Noah. 2015. "Employee or Contractor? Online Businesses Like Uber Need a New Category." *Newsweek*, June 21.

Larson, Jane E. 1997. "Even a Worm Will Turn at Last": Rape Reform in Late Nineteenth-Century America," *Yale Journal of Law & the Humanities* 9(1). http://digitalcommons.law.yale.edu/yjlh/vol9/iss1/1.

Lashinsky, Adam. 2014. "Uber Banks on World Domination." *Fortune*, September 18.

Lawler, Ryan. 2014. "Uber Slashes UberX Fares in 16 Markets to Make It the Cheapest Car Service Available Anywhere." *TechCrunch*, January 9.

Lazzaro, Sage. 2017. "Juno Drivers File Class Action Lawsuit after Getting Stiffed in

Gett Acquisition." *Observer*, June 20.

Lee, Aileen. 2013. "Welcome to the Unicorn Club: Learning from Billion-Dollar Startups." *TechCrunch*, November 2.

Leicht, Kevin T., and Scott T. Fitzgerald. 2013. *Middle Class Meltdown in America: Causes, Consequences, and Remedies*. Milton, Oxfordshire, UK: Taylor and Francis.

Leonard, Andrew. 2013a. "The Sharing Economy Gets Greedy." *Salon*, July 31.

———. 2013b. "Who Owns the Sharing Economy?" *Salon*, August 2. Leone, Hannah. 2016. "St. Charles Man Charged with Attacking Uber Driver." *Aurora Beacon-News*, March 22.

Leonhardt, David. 2009. "Broader Measure of U.S. Unemployment Stands at 17.5%." *New York Times*, November 6.

Lepore, Jill. 2014. "The Disruption Machine." *New Yorker*, June 23.

Levin, Sam. 2017. "Sexual Harassment and the Sharing Economy: The Dark Side of Working for Strangers." *The Guardian*, August 23.

Levine, Dan. 2015. "Uber, Santander Partnership on Car Loans Is Over." *Reuters*, July 23.

Levintova, Hannah. 2016. "Uber Just Got Hit with Another Legal Fight." *Mother Jones*, October 7.

Lev-Ram, Michal. 2014. "Uber and Airbnb Are Complicating Corporate Expense Reports." *Fortune*, July 29.

Lewis, H. Gregg. 1983. "Union Relative Wage Effects: A Survey of Macro Estimates." *Journal of Labor Economics* 1(1):1-27.

Licea, Melkorka, Elizabeth Ruby, and Rebecca Harshbarger. 2015. "More Uber Cars than Yellow Taxis on the Road in NYC." *New York Post*, March 17.

Lieber, Ron. 2015. "Airbnb Horror Story Points to Need for Precautions." *New York Times*, August 14.

Lieber, Ron, and Tara Siegel Bernard. 2017. "What's in the Tax Bill, and How It Will Affect You." *New York Times*, December 16.

Lien, Tracey, and Andrea Chang. 2014. "Now Worth $40 billion, Update Uber Outraces Other Tech Models." *LA Times*, December 4.

Lightfeldt, Alan. 2015. "Bright Lights, Big Rent Burden: Understanding New York City's Rent Affordability Problem." *Streeteasy*, March 1.

Linder, Marc. 1989. *The Employment Relationship in Anglo-American Law*. New York: Greenwood Press.

Lorber, Judith. 1994. *Paradoxes of Gender*. New Haven, CT: Yale University Press.

Lorenzetti, Laura. 2014. "Airbnb's Valuation Set to Reach $13 Billion after Employee

Stock Sale." *Fortune*, October 24.

Lovece, Frank. 2010. "New Law Bans Short-Term Co-op and Condo Rentals." *Habitat Magazine*, July 25.

MacKinnon, Catharine A. 1979. *Sexual Harassment of Working Women: A Case of Sex Discrimination*. New Haven, CT: Yale University Press.

Mahmood, Omar. 2016. "Uber Driver Suspended, Responds to Anti-Semitism Accusations." *Michigan Review*, March 28.

Mangalindan, J. P. 2014. "In Price Wars, Some Uber and Lyft Drivers Feel the Crunch." *Fortune*, May 28.

Mani, Anandi, Sendhil Mullainathan, Eldar Shafir, and Jiaying Zhao. 2013. "Poverty Impedes Cognitive Function." *Science* 341(6149):976–80.

Manjoo, Farhad. 2016. "Car-Pooling Helps Uber Go the Extra Mile." *New York Times*, March 30.

Manning, Robert D. 2000. *Credit Card Nation: The Consequences of America's Addiction to Credit*. New York: Basic Books. 한국어판: 강남규 역. 2002. 《신용카드 제국》. 참솔.

Manyika, James, Susan Lund, Jacques Bughin, Kelsey Robinson, Jan Mischke, and Deepa Mahajan. 2016. "*Independent Work: Choice, Necessity and the Gig Economy*," McKinsey Global Institute, October.

Marx, Patricia. 2013. "Outsource Yourself." *New Yorker*, January 14.

Mass, Alon Y., David S. Goldfarb, and Ojas Shah. 2014. "Taxi Cab Syndrome: A Review of the Extensive Genitourinary Pathology Experienced by Taxi Cab Drivers and What We Can Do to Help." *Review of Urology* 16(3):99–104.

Mathews, Joe. 2014. "The Sharing Economy Boom Is about to Bust." *Time*, June 27. http://time.com/2924778/airbnb-uber-sharing-economy/.

May, Patrick. 2015. "Apple Says It's Created 1 Million Jobs, App Store Is Going Gangbusters." *San Jose Mercury News*, January 8.

McAfee, Andrew. N.d. "The Great Decoupling of the US Economy." Andrew McAfee (website). http://andrewmcafee.org/2012/12/the-great-decouplingof-the-us-economy/.

McAfee, Andrew, and Erik Brynjolfsson. 2017. *Machine, Platform, Crowd: Harnessing Our Digital Future*. New York: W. W. Norton. 한국어판: 이한음 역. 2018.《머신 플랫폼 크라우드》. 청림출판.

McKinney, K. (1994). "Sexual Harassment and College Faculty Members." *Deviant Behavior* 15(2):171–91.

McKinney, Sarah. 2013. "A Growing Segment of Sharing Economy Users? Entrepreneurs." *Forbes*, November 9.

Merton, Robert K. 1938. "Social Structure and Anomie." *American Sociological Review* 3:672 –82.

Mettler, S. 1994. "Federalism, Gender, and the Fair Labor Standards Act of 1938." *Polity* 26(4): 635 –54.

Mieszkowski, Katharine. 1998. "Don't Wanna Be Your (Temp) Slave." *Fast Company*, August 31.

Mills, C. Wright. 1959. *The Sociological Imagination*. New York: Oxford University Press. 한국어판: 강희경, 이해찬 역. 2004.《사회학적 상상력》. 돌베개.

Mishel, Lawrence, Elize Gould, and Josh Bivens. 2015. *Wage Stagnation in Nine Charts*. Washington, DC: Economic Policy Institute.

Moen, Phyllis, Erin L. Kelly, Shi-Rong Lee, J. Michael Oakes, Wen Fan, Jeremy Bray, David Almeida, Leslie Hammer, David Hurtado, and Orfeu Buxton. 2017. "Can a Flexibility/Support Initiative Reduce Turnover Intentions and Exits? Results from the Work, Family, and Health Network." *Social Problems* 64(1):53 –85.

Molz, Jennie Germann. 2013. "Social Networking Technologies and the Moral Economy of Alternative Tourism: The Case of Couchsurfing.org." *Annals of Tourism Research* 43:210 –30.

Morduch, Jonathan, and Rachel Schneider. 2017. *The Financial Diaries: How American Families Cope in a World of Uncertainty*. Princeton, NJ: Princeton University Press.

Morgenson, Gretchen. 2008. "Given a Shovel, Americans Dig Deeper into Debt." *New York Times*, July 20.

Mose, Tamara. 2011. *Raising Brooklyn: Nannies, Childcare, and Caribbeans Creating Community*. New York: New York University Press.

Moss-Racusin, Corinne A., John F. Dovidio, Victoria L. Brescoll, Mark J. Graham, and Jo Handelsman. 2012. "Science Faculty's Subtle Gender Biases Favor Male Students." *PNAS* 109(41):16474 –79.

Murray, Rheana. 2014. "Uber, Lyft Drivers and Customers Kiss and Tell." *ABC News*, July 30.

Nadeem, Shehzad. 2015. "On the Sharing Economy." *Contexts* (Winter).

Nanos, Janelle. 2013. "The End of Ownership." *Boston*, May.

National Employment Law Project. 2014. "*The Low-Wage Recovery: Industry Employment and Wages Four Years into the Recovery*." New York: National Employment Law Project.

Newcomer, Eric. 2017. "In Video, Uber CEO Argues with Driver over Falling Fares." *Bloomberg*, February 28.

Newcomer, Eric, and Olivia Zaleski. 2016. "Inside Uber's Auto-Lease Machine, Where Almost Anyone Can Get a Car." *Bloomberg*, May 31.

Newman, Katherine S. 1999. *No Shame in My Game: The Working Poor in the Inner City*. New York: Knopf.

Newton, Casey. 2013. "Tempting Fate: Can TaskRabbit Go from Side Gigs to Real Jobs?" *The Verge*, May 23.

New York Communities for Change and Real Affordability for All. 2015. *Airbnb in NYC: Housing Report*. New York: New York Communities for Change and Real Affordability for All.

*New York Times*. 1911. "Seek Ways to Lessen Factory Dangers." March 26.

———. 1994. "Proctor and Gamble Company Reports." January 28.

Noren, Laura. 2010. "Only Dogs Are Free to Pee: New York Cabbies' Search for Civility." In *Toilet: Public Restrooms and the Politics of Sharing*. Ed. Harvey Molotch and Laura Noren. NYU Series in Social and Cultural Analysis. New York: NYU Press. Kindle edition.

Occupational Safety and Health Administration. 2010. *OSHA FactSheet: Preventing Violence against Taxi and For-Hire Drivers*. Washington, DC: U.S. Department of Labor.

O'Donovan, Caroline. 2017. "A Senator Just Introduced the First-Ever National Gig Economy Bill." *BuzzFeed*, May 25.

O'Donovan, Caroline, and Priya Anand. 2017. "How Uber's Hard-Charging Corporate Culture Left Employees Drained." *BuzzFeed*, July 17.

Office of the Attorney General of the State of New York's Research Department and Internet Bureau. 2014. *Airbnb in the City*. New York: Office of the Attorney General of the State of New York.

Organisation for Economic Co-operation and Development (OECD). 2017. *Hours Worked: Average Annual Hours Actually Worked*. Paris: OECD Employment and Labour Market Statistics.

Oxford Economics. 2014. "An Assessment of Paid Time Off in the U.S.: Implications for Employees, Companies, and the Economy." Oxford, UK: Oxford Economics.

Page, Susan. 2015. "Sen. Mark Warner: Rethinking the Social Contract in the Age of Uber." *USA Today*, June 3.

Pahl, R. E. 1980. "Employment, Work and the Domestic Division of Labour." *International Journal of Urban and Regional Research* 4(1):1–20.

Parlapiano, Alicia. 2017. "How the 'Small-Business Tax Cut' Would Also Be a Tax Cut for the Wealthy." *New York Times*, December 20.

Perea, Christian. 2016. "What's the Real Commission That Uber Takes from Its Drivers?" *The Rideshare Guy* (blog), July 25.

Perez, Sarah. 2014. "TaskRabbit for Business Service Portal Quietly Disappears." *TechCrunch*, April 1.

Peters, Diniece, Lee Kim, Raiyyan Zaman, Greg Haas, Jialei Cheng, and Shakil Ahmed. 2015. "Pedestrian Crossing Behavior at Signalized Intersections in New York City." *Transportation Research Record: Journal of the Transportation Research Board* 2519:179–88.

Peterson, Latoya. 2015. "Uber's Convenient Racial Politics." *Fusion*, July 23.

Pew Research Center. 2014. *Views of Job Market Tick Up, No Rise in Economic Optimism*. Washington, DC: Pew Research Center.

Piketty, Thomas. 2014. *Capital in the Twenty-First Century*. Cambridge, MA: Harvard University Press. 한국어판: 장경덕 역. 2014.《21세기 자본》. 글항아리.

Piketty, Thomas, and Emmanuel Saez. 2003. "Income Inequality in the United States, 1913–1998." *Quarterly Journal of Economics* 118(1):1–39.

Plaut, Melissa. 2007. *Hack: How I Stopped Worrying about What to Do with My Life and Started Driving a Yellow Cab*. New York: Random House.

Portes, Alejandro. 1994. "The Informal Economy and Its Paradoxes." In *Handbook of Economic Sociology*, ed. Neil J. Smelser and Richard Swedberg, 426–49. Princeton, NJ: Princeton University Press.

Poston, Ben, and Andrew Khouri. 2015. "Ousted Tenants Sue after Their Former Rent-Controlled L.A. Apartments Are Listed on Airbnb." *Los Angeles Times*, December 17.

Potts, Monica. 2015. "The Post-ownership Society." *Washington Monthly*, June–August.

Price, Emily. 2016. "This 'Uber for Dog Poop' App Is Definitely Fake—orry, Sharing Economy Enthusiasts." *Fast Company*, July 29.

PricewaterhouseCoopers. 2015. *The Sharing Economy*. Consumer Intelligence Series. PricewaterhouseCoopers. April. www.pwc.com/us/en/services/consulting/library/consumer-intelligence-series/sharing-economy.html.

Puente, Kelly. 2016. "Uber Passenger, Captured on Viral Video Drunkenly Slapping and Hitting Driver, Sues Driver for $5 Million." *Orange County Register*, January 17.

Pugh, Allison J. 2015. *The Tumbleweed Society: Working and Caring in an Age of Insecurity*. Oxford: Oxford University Press.

Pulos, Will. 2015. "Map of Average Rent by NYC Neighborhood." *Time Out New York*, August 21.

Putnam, Robert D. 2000. *Bowling Alone: The Collapse and Revival of American Community*. New York: Simon and Schuster. 한국어판: 정승현 역. 2016.《나 홀로 볼링》. 페이퍼로드.

Putnam, Robert D., and Lewis Feldstein. 2003. *Better Together: Restoring the American Community*. New York: Simon and Schuster.

Ravenelle, Alexandrea J. 2017a. "A Return to Gemeinschaft: Digital Impression Management and the Sharing Economy." In *Digital Sociologies*, ed. Jessie Daniels, Karen Gregory, and Tressie McMillan Cottom, 27–46. Bristol, UK: Policy Press / Bristol University Press.

———. 2017b. "Sharing Economy Workers: Selling, Not Sharing." *Cambridge Journal of Regions, Economy and Society* 10(2): 281–95.

Ritzer, George. 1993. *The McDonaldization of Society*. New York: Sage. 한국어판: 김종덕, 김보영, 허남혁 역. 2017.《맥도날드 그리고 맥도날드화》. 풀빛.

Rocha, Veronica. 2016. "Man Found Shot to Death in Bullet-Riddled Car with Uber Sticker in Lincoln Heights." *Los Angeles Times*, February 9.

Rogers, Jackie Krasas, and Kevin D. Henson. 1997. "Hey, Why Don't You Wear a Shorter Skirt?": Structural Vulnerability and the Organization of Sexual Harassment in Temporary Clerical Employment." *Gender & Society*, 11(2):215–37.

Rogers, Kate. 2016. "Uber Cuts Prices in More Than 100 US Cities." *CNBC*, January 11.

Roose, Kevin. 2014. "Does Silicon Valley Have a Contract-Worker Problem?" *New York*, September 18.

Rosario, Frank, C. J. Sullivan, and Joe Tacopino. 2014. "Airbnb Renter Returns to 'Overweight Orgy.'" *New York Post*, March 14.

Rosenfield, Jake, Patrick Denice, and Jennifer Laird. 2016. "Union Decline Lowers Wages of Nonunion Workers." *Economic Policy Report*, August 30.

Ross, Joel L., Lilly Irani, M. Six Silberman, Andrew Zaldivar, and Bill Tomlinson. 2010. "Who Are the Crowdworkers? Shifting Demographics in Mechanical Turk." Paper presented at the Conference on Human Factors in Computing Systems, Atlanta, GA, April 10–15.

Rotman, David. 2013. "How Technology Is Destroying Jobs." *MIT Technology Review*, June 12. www.technologyreview.com/s/515926/how-technology-isdestroying-jobs/.

Ryan, Kennedy, Kirk Hawkins, and Christina Pascucci. 2015. "Police in West Covina Investigate Discovery of Woman's Body in Possible Uber Vehicle." KTLA.com, August 26.

Rybczynski, Witold. 1993. "Alexis de Tocqueville, Urban Critic." *City Journal*, summer.

Sachs, Benjamin. 2015. "A New Category of Worker for the On-Demand Economy?" *On Labor*, June 22.

Sacks, Danielle. 2011. "The Sharing Economy." *Fast Company*, April 18.

Said, Carolyn. 2014. "TaskRabbit Makes Some Workers Hopping Mad." *San Francisco Chronicle*, July 18.

Sanchez, Karizza. 2016. "How Safe Is Uber in New York City?" *Complex*, May 20.

Sapone, Marcela. 2015. "The On-Demand Economy Doesn't Have to Imitate Uber to Win." *Quartz*, July 10.

Satow, Julie. 2014. "On the List, and Not in a Good Way." *New York Times*, October 16.

Scheiber, Noam. 2018. "Tax Law Offers a Carrot to Gig Workers, But It May Have Costs." *New York Times*, January 1.

Scheiber, Noam, and Mike Isaac. 2016. "Uber Recognizes New York Drivers' Group, Short of a Union." *New York Times*, May 10.

Schoar, Antoinette. 2010. "The Divide between Subsistence and Transformational Entrepreneurship." *Innovation Policy and the Economy* 10(1):57-81.

Schonfeld, Zach. 2016. "How a Fake Dog Poop App Fooled the Media." *Newsweek*, July 29.

Schor, Juliet B. 1992. *The Overworked American: The Unexpected Decline of Leisure*. New York: Basic Books.

———. 1998. *The Overspent American: Why We Want What We Don't Need*. New York: Basic Books.

———. 2010. *True Wealth: How and Why Millions of Americans Are Creating a Time-Rich, Ecologically Light, Small-Scale, High-Satisfaction Economy*. New York: Penguin.

———. 2013. "After the Jobs Disappear." *New York Times*, October 14.

———. 2014a. "Debating the Sharing Economy." *Great Transition Initiative*, October. www.greattransition.org/publication/debating-the-sharingeconomy.

———. 2014b. "Risks and Rewards of Cultivating a Sharing Economy." *Brink*, December 23.

———. 2015. "The Sharing Economy: Reports from Stage One." Unpublished paper.

———. 2017. "Does the Sharing Economy Increase Inequality within the Eighty Percent?: Findings from a Qualitative Study of Platform Providers." *Cambridge Journal of Regions, Economy and Society* 10(2):263-79.

Schor, Juliet B., and William Attwood-Charles. 2015. "Platform Providers in the

'Sharing' Economy." *Work in Progress: Sociology on the Economy, Work and Equality*, July 28. https://workinprogress.oowsection.org/2015/07/28/platform-providers-in-the-sharing economy/.

———. 2017. "The 'Sharing' Economy: Labor, Inequality, and Social Connection on For-Profit Platforms." *Sociology Compass* 11.

Schor, Juliet B., and Connor Fitzmaurice. 2015. "Collaborating and Connecting: The Emergence of a Sharing Economy." *Handbook on Research on Sustainable Consumption*. Cheltenham, UK: Edward Elgar.

Schor, Juliet B., Connor Fitzmaurice, Lindsey B. Carfagna, William Attwood-Charles, and Emilie Dubois Poteat. 2016. "Paradoxes of Openness and Distinction in the Sharing Economy." *Poetics* 54:66–81.

Schumpeter, Joseph A. 1942. *Capitalism, Socialism, and Democracy*. New York: Harper. 한국어판: 이종인 역. 2016.《자본주의 사회주의 민주주의》. 북길드.

Scott, Marvin B., and Stanford M. Lyman. 1968. "Accounts." *American Sociological Review* 33(1): 46–62.

Segrave, Kerry. 2013. *The Sexual Harassment of Women in the Workplace, 1600 to 1993*. Jefferson, NC: McFarland.

Sennett, Richard, and Jonathan Cobb. [1972] 1993. *The Hidden Injuries of Class*. New York: Norton.

Shaffe, Nima. 2016. "Detroit Police Arrest Suspect in Shooting Death of Uber Driver." WXYZ.com, March 22.

Shellenbarger, Sue. 2008. "Work at Home? Your Employer May Be Watching." *Wall Street Journal*, July 30.

Shepherd, Dean A., and J. Michael Haynie. 2011. "Venture Failure, Stigma and Impression Management: A Self-Verification, Self-Determination View." *Strategic Entrepreneurship Journal* 5:178–97.

Shipler, David. 2004. *The Working Poor: Invisible in America*. New York: Knopf. 한국어판: 나일등 역. 2009.《워킹 푸어, 빈곤의 경계에서 말하다》. 후마니타스.

Shontell, Alyson. 2014. "All Hail the Uber Man! How Sharp-Elbowed Salesman Travis Kalanick Became Silicon Valley's Newest Star." *Business Insider*, January 11.

Siegel, Reva B. 2003. "A Short History of Sexual Harassment." In *Directions in Sexual Harassment Law*, ed. Catherine A. MacKinnon and Reva B. Siegel. New Haven, CT: Yale University Press.

Siegler, M. G. 2011. "Uber CEO: I Think I've Got 20,000 Years of Jail Time in Front of Me." *TechCrunch*, May 25.

Silva, Jennifer M. 2013. *Coming Up Short: Working-Class Adulthood in an Age of*

*Uncertainty*. Oxford: Oxford University Press. Kindle edition.

Simmel, Georg [1902] 1964. "The Metropolis and Mental Life." In *The Sociology of Georg Simmel*, ed. and trans. by K. H. Wolff, pp. 409–24. New York: Free Press.

Simmons, Sharon A., Johan Wiklund, and Jonathan Levie. 2014. "Stigma and Business Failure: Implications for Entrepreneurs' Career Choices." *Small Business Economics* 42:485–505.

Sinclair, Upton. 1906. *The Jungle*. New York: Grosset and Dunlap. 한국어판: 채광석 역. 2009.《정글》. 페이퍼로드.

Smith, Aaron. 2016a. *Gig Work, Online Selling and Home Sharing*. Washington, DC: Pew Research Center. November.

———. 2016b. Shared, *Collaborative and On Demand: The New Digital Economy*. Washington, DC: Pew Research Center. May.

Smith, Lindsey J. 2016. "Wall Street Loans Uber $1 Billion to Offer Subprime Auto Leases." *The Verge*, June 3.

Smith, Sandra Susan. 2003. "Exploring the Efficacy of African Americans' Job Referral Networks: A Study of the Obligations of Exchange around Job Information and Influence." *Ethnic and Racial Studies* 26(6):1029–45.

Standing, Guy. 2014. *The Precariat: The New Dangerous Class*. London: Bloomsbury Academic. 한국어판: 김태호 역. 2014.《프레카리아트 새로운 위험한 계급》. 박종철출판사.

Stansell, Christine. 1987. *City of Women: Sex and Class in New York, 1789–1860*. Champaign: University of Illinois Press.

Stevenson, Howard H., and David E. Gumpert. 1985. "The Heart of Entrepreneurship." *Harvard Business Review* (March–April): 85–94.

Stone, Brad. 2012. "My Life as a TaskRabbit." *Bloomberg Business*, September 13.

Stone, Jeff. 2014. "Sharing-Economy Moves the Small Town Mindset Online." When You Put It That Way, June 7. http://whenyouputitthatway.com/sharing-economy-moves-the-small-town-mindset-online/.

Stone, John R., and Daniel C. Stevens. 2014. "Effectiveness of Taxi Partitions: Baltimore, Maryland, Case Study." *Transportation Research Record: Journal of the Transportation Research Board*, no. 1731.

Stone, Pamela. 2007. *Opting Out? Why Women Really Quit Careers and Head Home*. Berkeley: University of California Press.

Stone, Pamela, and Lisa Ackerly Hernandez. 2013. "The All-or-Nothing Workplace: Flexibility Stigma and 'Opting Out' among Professional Managerial Women." *Journal of Social Issues* 69:235–56.

Strandell, Joe. 2015. "Can You Beat My Longest Uber Ride Ever?" *The Rideshare Guy* (blog), March 17. https://therideshareguy.com/can-you-beat-my-longestuber-ride-ever/.

Strauss, Anselm, and Juliet Corbin. 1994. "Grounded Theory Methodology." In *Handbook of Qualitative Research*, ed. N. K. Denzin and Y. S Lincoln, 217–85. Thousand Oaks, CA: Sage.

Streitfeld, David. 2004. "No Gain, Know Pain." *Los Angeles Times*, March 2.

Strom, Shayna, and Mark Schmitt. 2016. *Protecting Workers in a Patchwork Economy*. New York: Century Foundation, April 7.

Sundararajan, Arun. 2016. *The Sharing Economy: The End of Employment and the Rise of Crowd-Based Capitalism*. Cambridge: MIT Press. 한국어판: 이은주 역. 2018.《4차 산업혁명 시대의 공유경제》. 교보문고.

Surowiecki, James. 2013. "Airbnb's New York Problem." *New Yorker*, October 8.

Tanz, Jason. 2014. "How Airbnb and Lyft Finally Got Americans to Trust Each Other." *Wired*, April 23.

Tedesco, Austin. 2015. "Boston Police Officer Indicted for Allegedly Assaulting Uber Driver." Boston.com, April 2.

Thompson, Derek. 2011. "America's Post-ownership Future." *The Atlantic*. April 25.

Tiku, Nitasha. 2014. "Uber and Its Shady Partners Are Pushing Drivers into Subprime Loans." *Valleywag*, November 4.

Tomlins, Christopher. 1993. *Law, Labor and Ideology in the New Republic*. Cambridge: Cambridge University Press.

Tonnies, Ferdinand. 1957. *Community and Society: Gemeinschaft und Gesellschaft*. Translated and edited by Charles P. Looms. East Lansing: Michigan State University Press. 한국어판: 곽노완, 황기우 역. 2017.《공동사회와 이익사회》. 라움.

Tsotsis, Alexia. 2011. "TaskRabbit Turns Grunt Work into a Game." *Wired*, July 15.

Uber Blog. 2016. "Lower Prices; Increased Demand." January 29. www.uber.com/blog/new-york-city/lower-prices-increased-demand/.

Uchitelle, Louis. 2006. *The Disposable American: Layoffs and Their Consequences*. New York: Vintage.

Uchitelle, Louis, and N. R. Kleinfield. 1996. "On the Battlefields of Business, Millions of Casualties." *New York Times*, March 3.

US Census Bureau. 2015. *Educational Attainment in the United States: 2014*. Washington, DC: U.S. Census Bureau, January 20.

US Census Bureau, Census History Staff. 2017a. "Pop Culture: 1820," last revised July 18. www.census.gov/history/www/through_the_decades/fast_facts/1820_fas

t_facts.html.
———. 2017b. "Pop Culture: 1860," last revised July 18. www.census.gov/history/www/through_the_decades/fast_facts/1860_fast_facts.html.
US Department of Labor. 2017. "Fair Labor Standards Act Advisor. Am I an Employee?" Retrieved December 22. http://webapps.dol.gov/elaws/whd/flsa/scope/ee13.asp.
US Department of Labor, Wage and Hour Division. 2011. "The Fair Labor Standards Act of 1938, as Amended." May.
———. 2017. "Employment Relationship under the FLSA Presentation." Retrieved December 22. www.dol.gov/whd/flsa/employmentrelationship.ppt.
US Equal Employment Opportunity Commission. 2015. "Testimony of Fatima Goss Graves." January 14.
Vanwesenbeeck, Ine. 2001. "Another Decade of Social Scientific Work on Sex Work: A Review of Research, 1990–2000." *Annual Review of Sex Research* 12:242–89.
Veblen, Thorstein. [1899] 1994. *The Theory of the Leisure Class*. New York: A.M. Kelley. 한국어판: 박홍규 역. 2019.《유한계급론》. 문예출판사.
Venkatesh, Sudhir Alladi. 2006. *Off the Books: The Underground Economy of the Urban Poor*. Cambridge, MA: Harvard University Press.
———. 2008. *Gang Leader for a Day: A Rogue Sociologist Takes to the Streets*. New York: Penguin. 한국어판: 김영선 역. 2009.《괴짜사회학》. 김영사.
Wachsmuth, David, David Chaney, Danielle Kerrigan, Andrea Shilolo, and Robin Basalaev-Binder. 2018. *The High Cost of Short-Term Rentals in New York City*. Montreal: Urban Politics and Governance, McGill University.
Waldman, Katy. 2014. "Let's Break Shit: A Short History of Silicon Valley's Favorite Phrase." *Slate*, December 5.
Walker, Edward T. 2015. "The Uber-ization of Activism." *New York Times*, August 7.
Walker, Mark. 2003. "The Ludlow Massacre: Class, Warfare, and Historical Memory in Southern Colorado." *Historical Archaeology* 37(3):66–80.
Weber, Lauren. 2015. "What If There Were a New Type of Worker? Dependent Contractor." *Wall Street Journal*, January 28.
Weber, Lauren, and Rachel Emma Silverman. 2015. "On-Demand Workers: 'We Are Not Robots.'" *Wall Street Journal*, January 27.
Weber, Max. [1905] 2002. *The Protestant Ethic and the Spirit of Capitalism and Other Writings*, edited by Peter Baehr and Gordon Wells. New York: Penguin.
Weil, David. 2014. *The Fissured Workplace*. Cambridge, MA: Harvard University

Press. Kindle edition. 한국어판: 송연수 역. 2015.《균열 일터》. 황소자리.

Weise, Elizabeth. 2017. "Uber Deceived Drivers with Promise of Lofty Pay, FTC Says." *USA Today*, January 19.

Weiss, Robert S. 1994. *Learning from Strangers: The Art and Method of Qualitative Interview Studies*. New York: Free Press.

Welsh, Sandy. 1999. "Gender and Sexual Harassment." *Annual Review of Sociology* 25:169–90.

West, Candace, and Sarah Fenstermaker. 1995. "Doing Difference." *Gender & Society* 9(1): 8–37.

Whalen, John. 1995. "You're Not Paranoid: They Really Are Watching You." *Wired*, March 1.

Whitford, Emma. 2016. "Airbnb: We're Bringing 'Economic Opportunity' to NYC's Black Neighborhoods." *Gothamist*, April 21.

Williams, Joan C., Mary Blair-Loy, and Jennifer L. Berdahl. 2013. "Cultural Schemas, Social Class, and the Flexibility Stigma." *Journal of Social Issues* 69:209–34.

Williams, Mike, and D. A. Farnie. 1992. *Cotton Mills in Greater Manchester*. Lancaster, UK: Carnegie.

Wilson, William Julius. 1996. *When Work Disappears: The World of the New Urban Poor*. New York: Vintage.

Wingfield, Nick, and Mike Isaac. 2015. "Seattle Will Allow Uber and Lyft Drivers to Form Unions." *New York Times*, December 14.

Wise, Scott, and Jon Burkett. 2016. "'He Was Trying to Kill Me': Uber Driver Attacked on I-95." WTVR.com, April 25.

Worstall, Tim. 2016. "US Median Household Income Is Now Back to Prerecession Peak." *Forbes*, August 8.

Worthman, Jenna. 2011. "With a Start-Up Company, a Ride Is Just a Tap of an App Away." *New York Times*, May 3.

Wright, Colleen. 2015. "Uber Says Proposed Freeze on Licenses in New York City Would Limit Competition." *New York Times*, July 1.

Young, Maggie. 2016. "I Was Sexually Assaulted by My Uber Passenger." *Bustle*, February 26.

Youshaei, Jon. 2015. "The Uberpreneur: How an Uber Driver Makes $252,000 a Year." *Forbes*, February 4.

Yuhas, Alan. 2015. "Airbnb Hosts Return to Find Home Trashed after 'Drug-Induced Orgy.'" *The Guardian*, April 30.

Zelizer, Viviana A. 2005. *The Purchase of Intimacy*. Princeton, NJ: Princeton University Press. 한국어판: 숙명여자대학교 아시아여성연구소 역. 2008.

《친밀성의 거래》. 에코리브르.
Zervas, Georgios, Davide Proserpio, and John W. Byers. 2015. "First Look at Online Reputation on Airbnb, Where Every Stay Is above Average." *Social Science Research Network*, January 28.
Zinn, Howard. 1999. *A People's History of the United States, 1492–Present*. New York: HarperCollins. 한국어판: 유강은 역. 2008.《미국민중사》. 이후.
Zuberi, Dan. 2006. *Differences That Matter: Social Policy and the Working Poor in the United States and Canada*. Ithaca, NY: Cornell University Press.
Zukin, Sharon. 2009. *Naked City: The Death and Life of Authentic Urban Places*. New York: Oxford University Press. 한국어판: 민유기 역. 2015.《무방비 도시》. 국토연구원.
Zumbrun, Josh. 2016. "Voter Discord Isn't over Wages." *Wall Street Journal*, August 7.

## 찾아보기

ㅇ